한국현대
생활문화사
1970년대

한국현대
생활문화사
1970년대

새마을운동과 미니스커트

김성보 김종엽 이혜령 허은 홍석률 기획 | 김경일 외 지음

창비

역사는 인간이 만들어나간다

극단의 세기라 불리는 지난 세기 동안 한반도만큼 그 극단을 격렬하게 체험한 지역도 드물다. 20세기가 파시즘, 자본주의, 공산주의 이념이 경합한 시대였다고 한다면 한반도는 20세기에 이 모든 것을 경험했다. 20세기 전반기를 채운 일제 강점기에 식민지 조선인들은 일제 파시즘의 지배를 뼈저리게 경험했다. 후반기인 제2차 세계대전 종전 후에는 동족상잔의 전쟁을 거치며 고착된 체제 대립을 받아들여야 했으며, 내적으로는 파시즘적 정권의 독재를 장기간 감내해야 했다. 그리고 오늘날의 한반도는 여전히 냉전시대가 남긴 분단의 굴레에서 벗어나지 못하고 있다.

20세기를 총력전의 시대라 부른다면 한반도는 전쟁의 영향을 지속적으로 받고 또한 강도 높게 경험한 대표적인 지역이라 할 수 있다. 일제 강점기 한반도가 양차 세계대전의 전쟁터가 되는 것은 다행히 모면했다 하더라도, 수많은 청년과 여성들이 강제로 징병·징용되어 전쟁터로 내몰렸다. 해방 이후 3년간의 잔혹한 전쟁, 여기에 베트남전 참전까지 더한다면 대한민국 수립 이후 한국현대사는 '전쟁을 끌어안은 역사'라 해도 과언이 아니다.

　현재 우리의 모습은 극단의 20세기 한반도에 거주한 사람들이 마을 주민에서 대도시민까지 다양한 층위의 지역사회 공동체 구성원으로서, 농민·노동자·자본가 같은 계급적 존재로서, 가정주부·학생·회사원·군인 같은 사회적 직분의 존재로서, 그리고 국민국가의 국민으로서 삶을 영위하며 각각의 정체성을 형성해간 결과물이다. 제국과 국가, 거대 자본이 강요하는 인간형과 이를 위한 제도와 장치, 담론이 체계적으로 작동하는 현실에서 한국인들은 순응, 일탈, 저항 등을 거듭하며 국민, 노동자, 여성, 학생 등 다양한 주체에 새로운 정체성을 불어넣었다. 이는 좀더 인간다운 삶을 누리기 위한 수많은 희망과 선택 그리고 다양한 이해와 욕망이 맞물리는 과정이었다. 역사는 늘 우리의 예상을 뛰어넘어 전개되었고, 그 과정에서 거듭되는 광기와 퇴행을 목도하면서도 우리는 희망의 끈을 놓지 않았다. 역사는 인간이 만들어나간다는 자명한 사실을 알기 때문이다.

　21세기 한국사회는 냉전·분단시대가 남긴 굴레를 끊어버리고 근본적인 변화를 모색해야 하는 과제에 직면해 있다. 냉전, 전쟁, 분단 그리고 불평등과 부정 속에서 희망을 일구어간 지난 세기 역사에 대한 성찰은 새로운 변화의 출발점을 찾는 작업이다. 여전히 구시대가 남긴 분단의 굴레에서 벗어나지 못하고, 생활문화에 적극 개입해 대중의 행위와 의식을 철저히 통제한 유신체제가 신화화되는 현실을 마주하고 있기에 한국사회의 변화에 대한 갈구가 더욱 큰 것인지도 모른다. 변화가 어느 순간에 어떠한 방식으로 또 올지는 예견할 수 없으나 구시대의 유제를 털어버리기 위한 정치투쟁을 일상의 영역에서부터 벌이며 조그마한 변화를 만들어갈 때 거대한 변화가 이루어진다는 점은 분명하다.

『창작과비평』 창간 50주년을 기념해 내놓는 '한국현대 생활문화사' 시
리즈의 기획의도는 다양한 조건과 행위가 맞물리며 역사가 창조되는 공
간으로서 생활문화 영역, 일상 생활문화를 통해 시대의 특성을 불어넣는
인간들의 행위, 그리고 그 과정에서 만들어지는 새로운 주체의 등장과 변
화를 풍부하게 보여주고자 하는 데 있다. 즉 이 시리즈가 '생활문화사'를
중심으로 한국현대사를 성찰하는 목적은 정치사, 경제사, 외교사, 지성사,
사회사 등과 같은 다른 분야사와 대립각을 세우기 위함이나, 일상사나 신
문화사의 중요성을 부각하려는 데 있지 않다.

생활문화사는 국제정치 질서나 자본주의 경제 질서 또는 이데올로기
같은 구조적 요인에 의해 인간 행위와 선택이 규정된다고 보는 관점이나
사건사 중심으로만 역사를 설명하는 방식은 비판하나, 생활문화를 구성
하고 변화를 일으키는 정치, 경제, 사회, 문화의 모든 요인들을 주목한다.
또한 생활문화 영역을 정치와 분절된 영역이 아니라 정치적 성격을 강하
게 띤 영역으로서 주목한다. 20세기 제국과 국가 그리고 자본은 정치적·
경제적 목적으로 대중의 일상생활 영역에 목적의식적으로 개입하고 지배
하려 했다. 남과 북은 이념과 체제를 달리했음에도 불구하고 국민/인민을
만들기 위해 대중 계몽과 생활양식 개편에 힘을 쏟았다.

1950년대부터 1980년대까지 10년 단위로 4권의 책으로 펴내는 '한국
현대 생활문화사' 시리즈는 3년간의 전쟁, 4·19혁명과 5·16군사쿠데타,
고도경제성장, 유신체제의 압제와 민주화운동 그리고 냉전체제 해체의
격변 속에서 이어져온 주체들의 삶을 다양한 각도에서 조명하고 있다. 한
국뿐만 아니라 북한 생활문화의 주요한 변화상도 2~3개의 장들로 비중
있게 다루고 있어 남과 북을 함께 살펴볼 수 있게 했다. 책의 처음과 끝에
도 공을 들였다. 각 권은 시대를 개관한 「크게 본 ○○○○년대」로 열고,

동시대 중국과 일본의 상황을 들여다볼 수 있는 「그때 동아시아는?」으로 닫는 형식으로 구성해, 미시적으로 다룬 생활문화사들을 거시적이며 비교사적인 맥락에서 파악하는 데 도움을 주고자 했다.

끝으로 지난 2년여의 시간 동안 생활문화 영역을 통해 한국현대사를 재조명하는 데 힘을 쏟으신 필자 여러분께 진심으로 감사를 드린다. 모쪼록 '한국현대 생활문화사' 시리즈가 한국사회의 현재를 성찰하고 긍정적인 변화를 만들어가는 데 힘을 보태기를 소망한다.

2016년 여름
한국현대 생활문화사 기획위원
김성보 김종엽 이혜령 허은 홍석률

1970

차
례

北

일러두기

1. 이 책의 외국 인명과 지명의 표기는 국립국어원 외래어표기법을 따랐다.
2. 몇몇 용어의 경우 역사적 맥락과 시대상황을 고려해 표기했다.
- 당대의 용어는 가급적 그대로 표기했다. 예) 국민학교
- 널리 알려져 형태가 굳어진 북한어는 두음법칙을 적용해 표기했다. 예) 조선노동당
- 남북한 국가명은 한국과 북한으로 표기하되, 역사적 맥락에 따라 구분해 표기했다. 예) 한국과 북한, 남한 과 북한, 대한민국과 조선민주주의인민공화국
- 재난(災難)과 난리(亂離)가 공존한 시대상황을 반영하고, 재난이 난리를 포괄하는 개념으로 파악하는 국립 국어원의 해석을 준용해 '재난을 피해 멀리 옮겨간다'는 의미의 '피난'과 '난리를 피해 옮겨간다'는 의미 의 '피란'을 구분하지 않고 '피난'으로 표기했다.
3. 단행본과 잡지, 신문 등의 정기간행물은 『 』, 기사, 논문, 영화, 예술작품 등은 「 」, 노래 제목은 ' '로 묶었다.

[크게 본 1970년대]

불신의 시대,
일상의 저항에서 희망을 일구다

허은

1970

불신의 시대,
삶의 현장에서의 고투

유신시대는 총력안보태세 확립이란 기치 아래 국민총화, 총화단결을 일상적으로 외친 시대였다. 그러나 역설적이게도 총화와 단결을 그토록 중시한 유신체제는 불신의 시대를 열었다. 박정희 정권은 장기집권을 위해 국가안보와 정권안보가 혼재된 안보위기론을 주창하며 국민의 정치적 불신을 조장했고, 유신체제를 비판하며 민주주의 개혁을 요구하는 이들을 불신의 대상으로 만들었다. 정권은 새마을운동과 개발정책의 성공으로 이상촌 건설이 실현되고 복지국가의 실현도 멀지 않았다고 외쳤지만, 농민은 농촌을 떠나고 산업전사라 불린 노동자들은 목숨을 걸고 생존권 보장을 호소하는 상황이 전개되었다.

1973년 김수환 추기경을 비롯한 한국사회의 저명한 인사들은 국민 저변에 확산되고 있는 불신과 불안감을 불식시키지 않는 한 '국가 유지'가 불가능하다는 사실을 자각하라고 절박하게 호소했다. 하지만 박정희 정권은 전혀 다른 방식으로 대응했다. 국민의 불신과 불안을 불식시키는 대신 대중의 일상생활을 지배하고 전국의 마을마다 감시체계를 수립해 불신이 확산되지 못하도록 하는 방안을 취한 것이다. 박정희 대통령이 비극적인 죽음을 맞이할 때까지 민중항쟁을 폭력적으로 탄압해야 한다는 의지를 밝혔다는 사실로 미뤄볼 때, 아마도 그는 유신체제가 불신의 근원임을 끝까지 자각하지 못한 것으로 보인다. 이청준의 소설 제목대로 유신체제가 '당신들의 천국'이라면, 천국은 여기에 속하지 못한 수많은 이들을 디스토피아로 몰아넣어야 유지되는 곳이었다.

총화단결을 외치지만 불신과 사회·경제적 양극화가 확대되는 이율배반의 두 얼굴을 지닌 체제가 작동될 때, 공동체 구성원의 가치관과 이해가 격렬하게 충돌하며 변화가 일어나지 않는다면 오히려 이상하다. 가진 것 하나 없는 노동자 전태일의 분신으로 시작된 1970년대는 18년 동안 모든 것을 가졌던 박정희 대통령의 파국적인 죽음으로 마감되었다. 또한 강남의 구석빼기라고 할 수 있는 성남 광주대단지로 내몰린 도시빈민의 절규로 시작된 1970년대는 탐욕의 '프리미엄 시대'를 상징하는 새로운 강남 아파트 공화국의 탄생을 낳은 시대이기도 했다.[1]

유신시대 국가권력은 규율과 통제, 자신의 폭력성을 노골적으로 과시하며 지배에 순응하는 주체를 만들고자 했지만, 이는 성공할 수 없었다. 대중은 결코 무지몽매한 계몽의 대상이 아니었고, 오히려 삶의 현장에서 순응, 일탈, 저항을 전략적으로 선택하며 대항담론을 만들어가는 존재였다. 유신시대 역사 전개는 유신과 반유신의 대립이란 큰 구도가 축을 이루었지만 그 안에서 여러 주체들의 희망과 욕망, 이해 등이 폭넓게 흩어지며 또한 맞물리고 충돌했기에, 이 시대 역사에 대한 단순화는 금물이다. 역사는 역사를 만드는 동시대인들의 예측을 훨씬 뛰어넘어 진행되는 경우가 적지 않다. 다행히 민주화를 위한 많은 이들의 투쟁, 그리고 삶의 현장에서 벌인 대중의 고투가 모인 결과 1970년대 역사는 불신의 시대를 낳은 유신체제를 해체하는 방향으로 움직였다.

유신체제의
등장과 붕괴

1969년 7월 닉슨독트린Nixon Doctrine 선언 이후 미국과 중국은 새로운 동아시아 질서를 만들어갔다. 닉슨Richard M. Nixon 정부는 중국과의 관계 개선을 통해 수렁과도 같은 베트남전에서 빠져나오고 더불어 소련을 견제하고자 했다. 중국도 1969년 국경에서 무력충돌까지 벌인 소련을 견제하기 위해서 미국과의 관계 개선이 필요했다. 1971년 7월 미 대통령 안보 보좌관 헨리 키신저Henry A. Kissinger가 비밀리에 북경을 방문했으며, 1972년 2월에는 닉슨 대통령이 중국을 공식 방문했다. 곧이어 1972년 9월에 일본과 중국도 국교를 정상화했다. 미국과 중국의 관계 개선 도모는 중화민국(타이완)에 커다란 충격을 가했다. 1971년 10월 중화민국은 중화인민공화국이 유엔 가입과 함께 상임이사국으로 선출되면서 유엔에서 축출되었고, 또한 1972년 미국과 일본이 중화인민공화국을 '중국의 정통정부'로 인정함에 따라 국제적으로 고립되는 상황에 처했다.

이처럼 급변한 동북아 국제질서를 놓고 보면 박정희 대통령이 1972년 10월 17일 유신선포 특별선언문에서 국제정치의 냉혹한 현실에 대응하기 위한 체제를 시급히 구축해야 한다는 논지를 편 것은 일견 타당해 보이기도 한다. 그러나 동북아 국제질서의 변화가 전국에 비상계엄을 선포하고 민주헌정질서를 무너뜨리는 극단적인 권위주의 체제를 수립해야 할 정도로 한국을 위기상황에 빠뜨렸다는 근거는 없다. 오히려 박정희 정권은 한국이 미중관계 개선을 위한 희생양이 되지 않을 것이라는 사실을 잘 알고 있었으며, 남북 대화를 진행하고 있는 북한이 경제개발을 위해 군비 축소를 바라고 있으며 전쟁을 원치 않는다는 점도 인지하고 있었다.[2] 이미 1971년 남북 대화를 시작할 때부터 박정희 정권은 북한을 '즉각적인 군사위협'으로 여기지 않았다. 또한 미국정부의 주한미군 철군이나 북한의 군사적 위협이 억압적인 통치체제를 정당화시킬 정도의 상황을 만들어내지도 않았다.[3]

안보문제만큼 경계가 모호하고 국가 구성원의 가치관에 따라 판단 기준에 큰 차이를 보이는 사안도 없다. 따라서 안보문제는 무엇보다 민주주의의 가치에 따라 논의하고 의사를 모아가는 과정이 중요하다. 하지만 박정희 대통령은 자신의 독자적인 판단에 근거해 민주헌정질서를 무력화하고 억압적인 지배체제를 구축했다. 왜 이러한 선택을 했을까? 근본적으로 3선 개헌을 통해 장기집권을 추진한 박정희 대통령이 정권안보를 국가안보와 직결시켜버렸다는 데 원인이 있다. 정권안보와 국가안보가 동일시되는 상황에서 정책 비판과 정권교체 시도는 민주공화국의 정상적인 작동을 보여주는 지표가 아니라, 국가안보(의 수호자)를 위기에 빠뜨리는 행위로 매도될 수밖에 없는 것이다.

1·21사태, 울진·삼척 지역 대규모 무장간첩 침투 등의 사건이 일어났던 1968년에 한정하면 박정희 정권이 안보위기를 주장하며 총력안보체제 확립을 역설한 것은 납득이 된다. 정권은 북의 군사모험주의 노선에 대응하기 위해 향토예비군을 창설하고, 학생군사훈련 강화를 강력히 추진했다. 그러나 총력안보 역설과 이를 위한 학원병영화 방침은 적실성이 떨

어지고 사회 민주화 요구를 억누르는 수단에 불과하다는 반대에 직면했다. 1971년 대학가는 교련 철폐를 요구하는 시위로 뒤덮였다. 대학생들이 볼 때 기존 60만 대군에 향토예비군까지 창설되어 그 어느 때보다 강력한 안보태세가 갖추어졌고, 더구나 국제적으로 화해 분위기가 조성되는 상황에서 대학을 병영화할 이유가 없었다.[4]

대학생들은 실제 '위기'는 '국가 위기'가 아니라 '정권 위기'라고 반박했다. 또한 학생들은 집권 이래 '정보폭압정치'를 행하는 박정희 정권이 정권안보를 위해 '민족안보'를 희생시켜온 과거 정부의 구태에서 벗어날 가능성은 희박하다고 판단했다.[5] 이처럼 민주화운동 세력과 박정희 정권의 현실인식과 대처 방안은 완전히 달랐다. 학생들과 지식인들은 남북교류와 데탕트가 진행되는 상황, 즉 정부 차원에서 남북교류 및 공산국가와의 교류를 추진하는 상황에서 적실성을 상실한 반공법과 국가보안법은 개정할 필요가 있다고 보았다.[6]

1971년 4월 실시된 제7대 대통령 선거에서 박정희는 투표 직전 종신집권을 추진한다는 의구심을 무마하기 위해 '마지막 대통령 출마'라고 공표할 정도로 힘든 선거를 치렀다. 뒤이어 5월 25일 실시된 국회의원 총선거에서는 야당의원 89명이 당선되었다. 이는 독단적인 법안 개정을 저지할 수 있는 숫자였다. 이해는 각계각층에서 민주화를 요구하는 목소리가 터져나왔다. 언론인과 국·공립대학 교수가 언론 및 학문사상의 자유에 대한 억압을 비판했고, 가톨릭 원주교구의 부정부패 철폐, 정보부 해체, 반공법 폐기 촉구는 각 종교단체로 확산되었다.

박정희 정권은 학원병영화 반대와 사회 민주화 요구를 강경하게 탄압했다. 1971년 10월 15일 서울시 일원에 위수령을 선포하고 7개 대학에 군대를 투입해 대학생들을 대거 연행했다. 박정희 정권은 이 모든 조치를 국가안보 위기 상황으로 정당화시켰다. 11월 말 정부는 북한이 단기간에 서울을 점령하기 위한 군사작전을 채택했다고 발표했지만 미국정부와 국내 주요 언론으로부터 북한 군사위협을 과장해 위기의식을 고조시키고 있다는 비판을 받았다.[7] 그럼에도 박정희 정권은 '북한의 노골적인 남침책동 강화' '중국의 유엔안보리 진출에 따른 국제정세 악화' 등을 주요 명분으로 들며 12월 6일 '국가비상사태'를 선언했다. 12월 27일 새벽 전격 통과된 '국가보위에 관한 특별조치법'은 비상시국에 대통령이 인적·물적 동원에서부터 경제행위, 집회 및 시위, 단체교섭권 등 국민의 기본권까지 통제할 수 있다는 내용을 담았다.

1972년 남북 대화를 진행하며 다른 한편에서 종신집권을 위한 개헌을 도모하던 박정희 대통령은 동북아 국제질서의 변화를 주요한 구실로 들어 비상계엄을 선포한 뒤 유신체제를 수립했다. 신헌법에 의해 대통령은 입법·사법·행정 3권을 장악한 존재가 되었다. 유신헌법에 새롭게 추가된 '비상조치권'은 입법부의 통제에 구애받지 않고 대통령이 비상사태를 독자적으로 판단해 긴급조치를 내릴 수 있는 권한이었다.

유신체제는 폭력성을 노골적으로 드러내지 않으면 지속될 수 없는 체제였다. 공안사건의 조작은 유신체제 수립 직후부터 붕괴할 때까지 반복적으로 일어났고, 1973년 12월 '개헌청원 100만인 서명운동'이 폭발적인 지지를 끌어내자 박정희 정권은 긴급조치 1, 2호를 발동해 헌법 개정 및 폐정과 관련한 일체의 논의를 금지시키고, 이를 주도한 장준하와 백기완을 비상 군법회의 재판에 회부했다. '비상사태'란 단어가 실제로 지배체제와 정권의 위기를 의미함을 그대로 보여준다 하겠다.

1975년 박정희 대통령이 신년사에서 "중대 시국을 바로 보지 못하고 국론 분열만 일삼으면 안보가 정쟁의 희생물이 되고 결국 북한의 재침을 자초하는 비극을 낳는다."라고 경고하자, 천주교정의구현전국사제단은 현 상황은 일인독재를 위한 정보정치 억압과 집권세력의 안보 때문에 국가안보가 위협받는 상황이며 이를 결코 용납할 수 없다고 반박했다.[8]

이해 4월 '월남 패망'이란 호재가 없었다면 유신정권은 더 일찍 붕괴했을지 모른다. 정부는 대학총장에서부터 초등학생까지 동원한 대대적인 안보궐기대회를 개최했고, 이렇게 조성된 안보정국은 1975년 5월 '국가 안전과 공공질서 수호를 위한 대통령 긴급조치 제9호' 선포로 연결되었기 때문이다. 긴급조치 9호는 유신헌법에 대해 어떠한 이견도 허용하지 않았고, 위반자를 영장 없이 체포·구금할 수 있도록 했다.

중동 건설 붐과 강남 개발 붐이 많은 한국인을 들썩거리게 했지만, 1970년대 초부터 사회적 문제로 제기되었던 경제적 불평등과 양극화는 점점 더 심해졌다. 1970년대 생산직 노동자 임금은 사무직 노동자의 절반 수준에 불과했고, 대부분의 여성 노동자는 남성 노동자의 절반 수준밖에 안 되는 임금을 받았다. 대부분의 노동자들은 노동3권과 생존권을 보장받지 못한 채 열악한 근로조건을 감내해야 했다. 이러한 현실을 보며 재야 민주화 인사들은 1977년 12월에 노동조건 개선과 자율적인 노조활동을 달성하기 위해서는 유신체제를 해체해야 한다고 주장했다.[9] 이들이 볼 때 안보위기는 외부로부터 오는 것이 아니라 인권과 생존권이 위협당하는 곳에서 오고 있었다.

1978년 12월 12일 국회의원 선거 결과 야당인 신민당이 여당인 공화당의 득표율을 앞질렀다. 비록 1퍼센트라는 근소한 차이지만 엄혹한 유신체제하에서 그리고 9대 총선보다 높은 투표율을 보인 선거의 결과였기에 민심이 집권세력에서 떠났음을 보여주는 지표로 읽히며 정권 핵심부에 상당한 충격을 주었다.[10] 1979년 8월 11일 경찰이 신민당 당사에서 농성 중인 YH무역의 여성 노동자 200여 명을 강제 해산하는 와중에 여공 김경숙이 추락사했으나 공안당국은 생존권 투쟁을 벌인 여공들을 용공주의자로 몰며 책임을 회피했다. YH사건 이후 정부와 야당의 대립은 극으로 치달았고, 야당총재 김영삼의 의원직 박탈이라는 초유의 사건을 낳았다.

투기 열풍과 빈부격차의 확대, 생존권조차 보장되지 않는 저임금 노동 조건, 제2차 석유파동으로 인한 불경기와 가계경제를 짓누르는 고물가, 여기에 정치적 독단까지 더해지면서 유신체제에 대한 대중의 분노는 폭발 직전에 이르렀다. 대중의 분노는 그해 10월, 부산대학교 학생들의 유신 철폐 가두시위에 대한 시민들의 대거 동참으로 나타났다.[11] 부마항쟁은 비상계엄령 선포와 공수부대 투입으로 겨우 진압되었지만, 항쟁의 충격은 권력 핵심부의 균열을 초래할 정도로 컸다. 부마항쟁은 대규모 항쟁의 전조였다. 중앙정보부장 김재규는 민주화 항쟁이 다시 일어나면 대규모 유혈사태를 일으켜서라도 강경 진압하려 했던 박정희 대통령과 입장을 달리했다. 1979년 10월 26일 박정희는 김재규로부터 총격을 받고 생을 마감했다.

—

생활영역의 지배와
감시체제의 구축

유신시대 국가가 대중의 일상생활에 노골적으로 개입하고 개개인을 규율·감시하고자 한 까닭은 유신정권이 고리타분한 윤리관이나 계몽관을 지녔거나 박정희 대통령이 일제 강점기 사범학교 출신이기 때문이 아니며, 또한 대중이 무지하거나 타락했기 때문도 아니다. 유신정권이 집요하게 생활영역을 지배하고자 한 까닭은 근대국가와 자본주의가 만들어내는 근대성까지 파고들어가 설명할 필요도 있지만, 무엇보다 이는 정보정치라는 통치 방식, 총력안보체제라는 특성, 그리고 냉전질서 변화에 대한 대처 방식 등과 같은 유신체제를 규정하는 특성들과 밀접한 관련이 있다.

'정보정치'는 유신체제 구축 이전부터 박정희 정권의 통치 방식을 특징짓는 용어였다. 이 용어는 두 가지 의미를 지니고 있다. 하나는 '정보폭압정치'라는 용어로 더 많이 표현되었다는 사실에서 알 수 있듯이 정보·사찰기관을 동원한 '국가폭력성'을 주요한 집권수단으로 활용하는 통치 방식을 의미한다. 또다른 의미는 국가권력이 정보·사찰기관을 활용해 대중의 생활영역에 깊게 개입하고 지배한다는 것이다. 1969년 3선개헌 추진을 강력히 반대한 이들은 단지 장기·영구집권만을 우려했던 것이 아니다. 이들이 우려한 점은 '정보기관의 보이지 않는 손'이 국민 생활의 구석구석까지 침투해 사생활까지 감시하고, 이로써 국민들 서로가 불신하고 경계하게 만드는 현실이 더욱 심화될 수 있다는 것이었다.[12] 이들은 또한 이러한 상황이 결국 국민의 정치적 자유와 신체적 자유를 말살하는 '병영국가'의 등장으로 마침표를 찍을 것이라 내다보았다. 당시 대학생들은 "국민대중의 일체의 정치적 자유를 마비·질식시키는 공포의 병영국가가 탄생하리라는 것을 입증하는 단계에 돌입했다."라고 지적하면서, 사찰기구가 "대중의 모든 조직과 생활영역에 침투하여 지배"하고 있다고 강력히 비판했다.[13] 언론도 한계가 애매한 국가안보라는 대의명분으로 대중의 생활을 감시하는 정보활동은 인권을 유린하는 계기가 되기 십상이며, 그 결과 낮잠을 자는 농부가 이적행위로 구속되는 황당한 상황도 발생할 수 있다고 우려했다. 불행히도 이러한 우려는 '막걸리 긴급조치'라는 말까지 낳은 유신체제의 등장으로 현실이 되었다.

박정희 대통령은 1968년 1·21사태 후 "현대는 군사·정치·경제·과학·문화 등의 총체적인 국력이 승패를 좌우하는 총력전의 시대"라고 강조했다. 총력전 대비에 치중하는 국가는 국민을 전쟁 자원으로 중시하게 되고, 평시에 이를 위한 정신교육과 군사교육에 힘을 쏟게 마련이다. 국가가 안보를 중시하고 현대전에 대비하는 것 자체는 문제가 되지 않는다. 그보다는 민주주의가 배제된 총력안보태세가 수립되는 것이 더 큰 문제이다. 이는 국민의 동의를 획득하지 못하고 결국 국민을 강압적으로 통제·동원하는 체제의 수립으로 귀결되기 때문이다. 이러한 상황은 일제 강점기 식민지 조선인들이 뼈저리게 체험했던 현실과 다를 바 없었다.

1972년 3월 정부는 『난국 타개를 위한 우리의 생활지표』라는 홍보책자를 배포하며 국민 개개인에게 '확고부동한 국가관' '건전한 생활태도' '건실한 생활력' 등을 갖춰 완벽한 총력안보태세를 확립하는 데 앞장서라고 역설했다. 유신체제 구축 3주년이 되는 1975년 10월에도 문화공보부는 『유신 이념의 생활화』라는 선전책자를 발간하여 가정주부, 노동자, 학생, 기업인 등 여러 주체들에게 생활태도에 대한 세세한 지침을 하달했다.[14] 일례로 이 지침에 따르면 유신체제의 가정주부가 되기 위해서는 국가의 기본단위가 가정이며 국력배양도 가정에서부터 시작된다는 점을 항상 자각하고 있어야 했다.

1975년 문화공보부는 유신체제가 3년이 경과하면서 확고하게 정착되어 '능률적인 민주제도'가 발전하고 있다고 자평했다. 그러나 이해는 개헌청원 100만인 서명운동에 대한 대응으로 정권이 유신헌법의 신임을 묻는 투표를 실시해야 할 정도로 유신체제에 대한 반대가 고조되었던 해였다. 이해에 월남 패망이라는 호재와 긴급조치 9호라는 극단적인 조치가 시행되지 않았다면, 학도호국단제 부활, 민방위대 발족, 반상회 실시 같은 전시동원체제 확립은 불가능했다. 따라서 국가권력이 사회구성원 모두의 일상생활까지 시시콜콜하다는 말이 무색할 정도로 간섭한 이유는 문화공보부의 언급처럼 총력안보를 주창하는 유신체제가 확고해져서가 아니라 반대로 정권이 대중의 지지를 얻지 못한 데 있었다.

대통령이 국가안보제일주의를 외치고 '전체 질서를 파괴하는 일'은 용납될 수 없다고 천명하는 시대에[15] 조금이라도 총화단결의 약화를 초래한다는 혐의를 받는 문화는 배격의 대상이 되었다.[16] 이러한 상황에서 문화공보부가 제시한 이상적인 언론인의 모습은 관을 추종하고 국력배양 기여를 최우선하는 태도를 갖춘 인물이었다.

끝으로 동북아 데탕트와 남북관계의 변화에 대한 정부의 대처 방식이 대중의 의식과 생활의 통제를 낳았다는 점을 주목할 필요가 있다. 1968년 1·21사태 이후 정부는 '반공(이념)의 생활화'가 국방태세를 확립하기 위한 주요 방안 중의 하나라고 역설했다. 1970년대에 들어서며 남북 대화가 본격화될수록 '반공의 생활화'는 축소되지 않고 오히려 더욱 강조되었다.

1971년 9월 통일교육의 방향을 모색하기 위한 자리에서 학자들은 하향 통제식 정부시책을 비판하며 민주주의 정치의식을 생활화·내면화할 때 통일 성취를 위한 기반을 마련할 수 있다는 의견을 제시했다.[17] 그러나 승공통일의 입장을 견지한 정부는 반공을 일상 속에서 실천하도록 만들어 반공이념(유신선포 이후에는 유신이념)을 내면화하는 방안을 중시했다. 1971년 12월 국가비상사태 선언 직후 김종필 국무총리는 "반공하는 국민정신을 실현시키는 데 총력을 기울여달라."라고 전국의 교육감들에게 당부했다.[18] 이후 학교가 국민교육헌장 정신의 내면화, 반공이념의 내면화, 유신이념의 내면화를 달성하기 위한 공간으로 개편되어갔음은 물론이다.

1970년대를 불신의 시대라 부를 수밖에 없는 이유는 사실상 모든 국민이 불신의 대상이 되었기 때문이다. 박정희 정권은 전국민을 대상으로 반공이념의 내면화를 추진하며 동시에 치밀한 감시망을 구축해갔다. 남북 적십자 회담 개최가 진행될 때 지역 경찰당국은 대공태세 확립을 위한 대민 반공계몽 활동을 대대적으로 실시했다.[19] 한편 1975년 '월남 패망'을 빌미로 박정희 정권은 이·동장, 새마을 지도자를 활용한 '범국민 대공조직'을 구축했다. 그러나 주된 감시대상은 외부의 적보다 내부의 잠재적인 적이었다. 총력안보체제에서 근면·자조·협동의 새마을 건설과 불신의 감시체제가 작동되는 새마을 건설은 동전의 양면을 이루었다. 유신시대 대중은 개인의 자각 여부와 상관없이 치밀한 감시체계 속에서 살아가야 했다.

—

희망의 발굴과
새로운 변화의 모색

대중은 유신체제가 만든 상호불신과 감시체제하에서 살아가야 했지만 각자 삶의 현장에서 때론 침묵하거나 일탈하고, 때론 저항하며 변화의 물결들을 만들어갔다. 이 책의 각 장들은 학생, 노동자, 농민, 지식인, 서민 등 다양한 주체들의 생활문화 영역을 다루며 이를 탐색하고 있다.

학교는 근대 국민국가에서 국민을 재생산하는 역할을 부여받았다. 국민주권의 민주공화국에서 모든 이들에게 균등한 교육을 받을 권리를 부여하고자 하는 이유는 공교육이 각자의 권리를 누리고 의무를 이행하는 국민이란 주체를 형성하는 데 근간을 이루기 때문이다. 허은의 「유신시대 학교와 학생의 일상사」는 유신시대 학생의 학교생활을 깊이 있게 살피며 학교가 민주공화국의 국민이란 주체를 형성하는 공간이 아닌 유신체제 유지를 위한 인간형을 재생산하는 공간으로 전락했음을 보여준다. 지배체제 재생산의 공간이 된 학교는 유신이념의 내면화를 위해 학교 공간을 치밀하게 배치하고 일기 검열에서부터 교련 검열까지 다양한 규율 방식을 활용해 학생의 의식과 생활태도를 지배하고자 했다. 학도호국단 부활이 상징하듯 유신시대 학교는 병영화되었으나, 이러한 학교정책에 학생들이 전적으로 동의했다고 볼 수는 없다. 폐품 수집에서 혼·분식 장려까지, 하달되는 국책을 수행하려는 교사에 대해 어린 학생들은 불신과 불만을 드러냈고, 강도 높은 교련 훈련에 여고생들이 집단농성까지 벌였다. 1960~70년대 박정희 정권의 교육방침에 따라 성장한 학생들이, 정권의 의도와는 정반대로 반유신과 민주화의 봄을 여는 주체로 등장한 이유가 여기에 있다.

김경일의 「산업전사에서 민주투사까지, 도시로 간 여공의 삶」은 산업화 과정에서 가난에서 벗어나기 위해 농촌을 떠나 서울로 간 수많은 '순이'들이 1970년대 민주노조운동을 이끄는 여성 노동자로 변화하는 과정을 상세히 다루고 있다. 이 시기 노동자는 산업전사로 불렸지만 노동자의 단결권을 총체적으로 부인한 유신체제는 노동자를 국민국가 구성원의 자격에서 배제한 체제였다. 특히 여성 노동자는 '남성 생계자 이데올로기'와 폭력적인 성차별이 자행되는 공장생활에서 총화단결의 기만성을 가장 절절하게 느끼는 존재였다. 김경일은 여성 노동자들이 노동현장의 현실을 하나씩 극복하며 고유의 정체성을 형성해갔음을 잘 보여준다. 성장배경, 주거환경, 노동환경을 포함한 일상의 모든 것이 교육과 단결의 소재가 되었고, 여공들은 민주노조운동을 전개하며 대안의 인간관계와 언어들을 만들어갔다. 그리고 이들은 지금도 여전히 삶의 현장에서 다양한 방식으로 새로운 세상을 만들기 위해 투쟁하고 있다. 이들 여공들이 있었기에 유신체제가 시작된 1972년은 또다른 의미를 갖는다. 이해는 최초로 여성 노조 지부장이 선출됨으로써 민주노조운동의 진정한 시작을 알리는 해이기도 한 것이다.

1970년대에는 박정희 정권의 대표적인 치적으로 회자되는 새마을운동이 대대적으로 전개되었음에도 순이를 포함한 수많은 사람들이 농촌을 떠났다. 이 시기 새마을운동의 전개와 농촌의 변화상을 예의주시한 황병주의 「새마을운동과 농촌 탈출」에 따르면 관 주도의 새마을운동은 자율적인 이상촌 건설과 거리가 멀었고, '잘살아보세'를 아침마다 부르게 한 운동은 오히려 마을에 막대한 부채를 안겼다. 이 시기 농민들도 새마을운동이 자신들의 소득 증대에 별반 기여하지 못한다고 보았으며, 1970년대 농민의 실질소득도 도시민의 소득을 능가한 적이 없었다. 그럼에도 긍정적인 경험으로서 새마을운동에 대한 기억이 지금까지 반복되고 있다. 이와 관련해 황병주는 농촌에 남은 농민들은 주의주의, 민족주의, 발전주의로 채워진 새마을운동 이념의 세례를 받으며 평등한 국민의 일원으로서 정체성을 부여받았고, 농촌은 전통을 수호하고 한국적 민주주의를 실천하는 곳으로 부각되었다는 사실을 지적한다. 그러나 현실과 괴리된 지배 담론이 실질적으로 농민을 포섭하기는 어려웠다. 대신 농민을 사로잡았던 것은 이윤 추구와 소비 욕망이었다. 새마을운동의 최대 성과는 농민을 자본주의적 인간형으로 재편한 데 있다는 황병주의 지적은 신화로 둘러싸인 새마을운동의 실체를 바라보게 한다.

한편 유신정권은 문화계에 대한 사전심사와 검열을 강화했다. 정권 비판의 소지가 조금이라도 있다고 판단되면 사회질서 문란, 불신풍조 조장 등의 명분을 걸어 퇴출시켰다. 그러나 이상록의 「문화계, 획일주의에 맞선 저항의 우회로」에 따르면 유신정권의 치밀하고도 폭력적인 문화영역 통제와 장악 시도는 대중과 지식인들의 다양한 저항 문화활동으로 인해 성공할 수 없었다. 이상록은 이러한 문화활동을 '저항 대 순응'의 구도로만 파악하면 오히려 저항의 의미를 제대로 읽어낼 수 없다고 지적하며, 당시 유신과 반유신 세력 모두에게 비난받았던 '청년문화'의 의미를 재탐색한다. '청년문화'는 반유신 세력이 비판하듯이 체제순응적인 행위도 아니며, 유신정권의 규정처럼 퇴폐풍조 행위도 아니었다. 청년문화는 총화단결을 강요받던 대중들이 일상 속에서 일탈과 반항을 하는 하나의 양식으로서 의미를 지니고 있었다.

서민의 입장에서도 유신정권의 총화단결의 역설은 기만적으로 들렸을 것이다. 양극화 확대로 1970년대 후반 한국사회는 '소비'할 수 있는 자와 소비 억제를 강요받는 자 사이의 예민한 계급적 긴장관계를 형성했다. 이상록의 「고도성장기 서민의 체감경제」에서는 소비주체의 불평등한 위치에 대한 자각은 '총화단결'을 이념으로 하는 유신체제와 권력에 대해 불신을 증폭시켰으며, 일상생활에서 유신체제와 권력을 뒤흔들 수 있는 문화적 요인이었음을 날카롭게 지적한다.

이 시기 대중의 생활문화는 텔레비전을 빼놓고 논할 수 없다. 임종수의 「안방극장과 대중의 문화생활」은 텔레비전으로 인해 가족을 단위로 한 '근대적 삶'이 어떻게 변화했는가를 흥미롭게 파헤치고 있다. 텔레비전은 '안방극장'이란 용어가 상징하듯이 가족을 한옥의 안방이나 아파트의 거실로 모이게 하고 안방과 거실이 지닌 주거공간의 성격을 변화시켰다. 또한 텔레비전은 대중문화에 지대한 영향을 끼치고 가족관계까지 변화시켰다. 임종수는 가족 구성원이 텔레비전을 매개로 소통하면서 표준화된 정보에 종속될 위험성이 큰 개별화된 관계로 바뀌어갔음을 지적한다. 텔레비전은 냉전·반공이념 주입이나 정권홍보를 의도한 '목적극'뿐만 아니라 일일극, 다큐멘터리, 뉴스쇼, 스포츠 경기를 안방으로 전달하며 많은 이들을 때론 울리고 때론 환호하게 했지만, '표절과 모방'이라는 표현이 전혀 무색하지 않을 정도로 일본과 미국으로부터 지대한 영향을 받았다. 오늘날에는 생활 자체가 미디어화되었다고 할 정도로 다양한 매체가 활용되고, 대중도 더이상 수동적인 수용자가 아니다. 그럼에도 불구하고 유신시대에나 있음직한 집권세력의 미디어 장악 시도가 주요 뉴스를 장식하는 상황을 접하면서 개인과 공동체의 삶을 위한 미디어 정책의 중요성에 대한 임종수의 지적에 공감하지 않을 수 없다.

대의민주주의 정치제도의 작동은 생활영역과 무관하다고 생각하기 쉽다. 대통령 선거나 국회의원 선거는 몇 년마다 돌아오는 이벤트이며, 특히 이미 틀이 정해진 정치판은 대중의 이해와 무관한 그들만의 리그로 비춰지기 때문이다. 홍석률의 「사랑방 좌담회와 바람몰이, 그리고 지역 대결」은 이러한 '잘못된' 상식을 뒤집는다. 공화당이 대대적으로 전개한 '사랑방 좌담회'가 상징하듯이 박정희 정권의 정치는 시골마을 사랑방까지 파고들어 지역사회의 생활문제를 주요 의제로 다루었다. 1970년대를 거치면서 유권자는 계급·계층적인 측면보다 혈연·지연의 연장선상에서 지역의 이해를 크게 중시하는 방향으로 기울었다. 홍석률은 유권자가 공적인 이해보다 사적인 이해에 경도되어 전략적인 선택을 하게 된 배경에는 공권력에 의해 이미 기울어져 있던 선거판과 불균등한 상승이동을 추구하는 근대화 논리의 확산이 있었다고 날카롭게 지적한다. 정치판을 지역사회의 실리추구의 장으로 만드는 경향이 약화되기보다 강화되는 경향을 보이는 오늘날, 생활 속의 정치 또는 풀뿌리 정치를 왜곡시킨 박정희 정권에 대한 홍석률의 비판은 과거의 평가가 아닌 현실 비판으로 생생하게 다가온다.

천현식의 「북한의 대중운동과 음악정치」, 박영자의 「강반석과 김정숙을 본받아」 두 글은 박정희가 '민족의 영도자'로 부각된 남한과 유사하게 북한에서도 지도자와 대중의 위계적인 관계를 수립하는 기획들이 전개되었음을 보여준다. 천현식은 1970년대에 들어 북한이 예술공연을 통해 음악을 정치와 연결시키는 '음악정치'를 대대적으로 전개했음을 주목한다. 혁명가극은 항일무장투쟁의 감성으로 대중을 수령제 국가에 통합시키는 수단이었고, 혁명가극을 바탕으로 한 '「피바다」 근위대' '「꽃 파는 처녀」 근위대'는 비현실적인 가극 주인공의 삶을 작업장이란 현실로 옮겼다. 음악은 공연장에서 느낀 감정을 불러일으키는 유용한 수단으로 극장과 작업장의 경계를 허물어버린다. 천현식은 음악을 통한 사상적 일체화가 북한체제 지속에 기여했을지 몰라도 위로부터 강제되고 위계화가 작동되는 음악정치는 주체의 진정한 해방을 이루기 어려운 방식이었다고 비판한다.

박영자는 1970년대 북한의 여성상이 퇴행적이었다고 비판한다. 절대권력의 가계세습 체제는 여성을 가정과 어머니라는 울타리에 다시 가두었고, 이는 직장과 가정에서 양성평등이 퇴조하는 경향을 낳았다. 1960년대 여성의 혁명화와 노동계급화가 역설되던 시기에는 여성 혁신노동자가 '노동자의 어머니'로서 이상적인 여성상으로 제시되었으나, 1970년대 들어서는 수령에 대한 충성을 모범적으로 보여주고 자녀를 훈육하는 여성상이 전범으로 제시되었다. 박영자에 따르면 1970년대 여성상은 경제 위기 속에서 능동적으로 생존을 책임지는 북한 여성의 삶과 북한사회 유지를 이해하는 변수이다. 북한체제가 변화를 겪으며 북한 여성의 생활과 의식도 많은 변화를 보였다. 그러나 여전히 북한정권은 가정과 국가에 충성하는 1970년대식 여성상을 요구하며 주체적인 여성상의 등장을 막고 있다고 박영자는 비판한다.

　데탕트, 석유파동이 맞물린 격동의 1970년대는 일본과 중국에 다른 방식으로 영향을 미쳤다. 강진아의 「그때 동아시아는?」은 1970년대 일본과 중국의 변화를 짚어준다. 제1차 석유파동은 일본 경제가 전후 처음으로 마이너스 성장을 할 정도로 충격을 가했고, 그 결과 일본은 고도성장 시대에서 저성장 시대로 접어들었다. 생활 방식도 크게 달라졌다. 1970년대 초반까지는 소비가 미덕인 풍요로운 대중소비 시대였지만, 1975년 이후 인원 감축과 가혹한 합리화, 대폭 하락한 임금상승률 등으로 소득격차가 벌어지며 계층별소비 시대로 넘어갔다. 한편 중국의 1970년대는 대내적으로 극심한 사회적 혼란을 초래하고 대외적으로 고립을 초래한 문화대혁명으로부터 벗어나는 기간이었다. 강진아에 따르면 문화대혁명 10년 동안 진행된 전쟁에 대비한 군사산업화와 무리한 중공업 투자는 경제문제의 근원이 되었지만, 한편으론 1980년대 중국이 수출지향 공업화로 경공업을 급격히 발전시킬 수 있는 기반이 되었다. 1970년대 중국사회에는 1980년대 개혁·개방이란 거대한 변화를 준비하는 흐름들이 대두되고 있었다. 농촌에서는 농업 종사자와 비농업 종사자 간의 생활격차가 커졌고, 문화대혁명 시기 여성의 사회적 진출도 크게 증대되었다. 또한 고급 인력의 양성을 위해 문화대혁명 시기 중단되었던 대학입학시험이 부활했다. 1960년대에는 잔뜩 움츠러들었던 중국이 1970년대부터 경쟁사회로 들어가기 위해 꿈틀대고 있었다.

　한국사회에서 유신체제가 사라지고 '민주화 이후 민주화'를 모색한 지도 오래되었지만 유신시대의 잔재는 여전히 뿌리를 깊게 내리고 있는 듯하다. 부정 선거개입, 불법도청 등 정보정치와 관련된 추문은 끝이 없다.

게다가 민주적 입장에서 안보의 내용과 방향을 정리하지 못한 채 구시대적 이념 논리로 불신을 조장해, 오히려 국민들이 안전·안보 불안에 빠지게 하는 상황 역시 여전히 반복되고 있다. 심지어 유신시대 새마을운동의 부활까지 외치는 실정이다. 이러한 현실은 잘못된 신화를 해체하고 유신시대를 역사적 성찰의 대상으로 만드는 일이 중요한 과제임을 보여준다. 디스토피아적인 시대를 살면서도 더 나은 삶에 대한 소망을 실현하기 위해 고투했던 수많은 사람들의 일상이 모여 거대한 변화가 이루어졌음을 유신시대는 보여준다. 이를 읽어내려는 이 책의 필자들의 작업은 새로운 시대를 모색하기 위한 자그마한 실천이라 할 수 있다. 1970년대 생활문화사를 다룬 이 책의 발간이 유신시대의 무엇을 평가해야 하고, 무엇을 비판해야 할지에 대해 많은 생각을 나누는 계기가 되길 바란다.

유신시대 학교와
학생의 일상사

허은

1970

여고생들의
집단농성 에피소드?

1979년 7월 19일『동아일보』에 한양여고 야간부 학생 1400여 명이 교련 검열 대비를 위한 강도 높은 훈련 강요에 반발하며 농성을 벌였다는 짤막한 기사가 실렸다.

서울 성동구 사근동 한양여고 야간부 학생 1400여 명은 18일 오전 10시 반부터 학교 운동장에 모여 학교 측이 아침부터 훈련을 시키는 데 항의, 5시간 동안 농성을 벌였다. 학생들에 따르면 20일에 있을 교련 검열에 대비, 한 달 전부터 수업을 거르면서 하루 두 시간씩 붕대법 훈련을 받아왔다는데 학교 측이 18일 갑자기 검열 종목이 열병으로 바뀌었다며 아침 8시 반부터 학교에 집합시키고 훈련을 시키자 학생들이 이에 반발, 농성을 벌인 것.

교련 훈련을 받는 여학생
1970년대 고등학생들은 교련에서만큼은 남녀차별이 없었다. 검열을 앞두고는 한 달 전부터 수업을 거르고 하루 몇 시간씩 교련 훈련을 받기 일쑤였다. 결국 곳곳에서 불만이 터져나왔다.

YH무역 여성 노동자들의 신민당 농성에서부터 부마항쟁까지 이어지는 정치적 격변과 석유파동으로 휘청거리는 한국의 경제상황이 신문의 전면을 장식했던 1979년에 이 토막 기사는 필시 독자들로부터 큰 관심을 받지 못하고 잊혔을 것이다. 그러나 에피소드 같은 이 사건은 유신체제의 붕괴를 알리는 전조 중 하나였다. 여고생들의 농성은 학교를 유신체제에 순응하는 인간형을 양성하는 기관으로 만들고자 한 박정희 정권의 프로젝트가 실패했음을 보여주는 사건이자, 10·26 직후 박정희 정권 시기에 초·중등 과정을 마친 각 대학 학생들이 학원 민주화와 병영집체훈련 반대를 외쳤던 까닭을 보여주는 사건이기 때문이다.

박정희 정권은 학생들을 국가안보 논리를 추종하는 국민으로 만들기 위해 1969년부터 국민교육헌장을 외우게 하고, 많은 대학생들의 반대를 억누르며 학원을 병영화하기 시작했다. 1975년에 고등학교까지 학도호국단 체제로 재편하면서 학원병영화를 마무리지었지만, 정권안보를 위해 현실에 부합하지 않는 안보위기론을 내세우며 학생을 군사 자원으로 양성하는 교육정책이 학생들의 지지를 받을 수는 없었다. 한양여고 여학생들의 집단농성은 유신체제 교육정책에 반발하는 학생들의 저항감이 표출된 사건이었다. 유신정권은 총력안보체제 확립을 주창하며 '학교'를 유신체제 재생산 기반으로 만들고자 했지만, 이러한 시도는 학교 안에서부터 붕괴되고 있었던 것이다.

유신체제하 학교의 상황은 왜 여학생들이 집단농성을 벌이는 지경에까지 이르게 되었을까? 1970년대 박정희 정권 시기 중·고등학교 학생들의 학교생활을 살펴보며 그 이유를 찾아보자.

—

새로운 국민상을
강요하다

근대로 접어들며 학교는 귀족과 같은 특정 지배층을 양성하는 기관이 아니라 주권자로서 권리와 의무를 행사할 국민을 양성하는 기관으로 변화해갔다. 따라서 학교는 학문적 지식을 전수하기 위한 과목 외에도 윤리의식과 체육 그리고 다양한 능력을 함양시키기 위한 교육을 진행해왔다. 대한민국도 분단과 전쟁이 초래한 역경을 극복해가는 중에도, 국민들의 교육 열망을 수렴하는 한편 국가가 필요로 하는 인재들을 양성하고자 힘을 쏟았고 이는 의무교육 대상자의 급격한 확대로 나타났다. 그러나 근대 역사가 잘 보여주듯이 근대의 학교는 주체적이며 자율적인 국민을 형성하는 기관으로서만 기능하지 않았다. 가령 일제 식민통치자들이 볼 때 학교는 그 어느 기관보다 식민 지배체제 재생산에 효율적인 수단이었고, 침략전쟁 시기에 학교를 전쟁 수행에 필요한 인력 동원기관으로 만들어버렸다.

유신시대 학교도 지배체제 재생산의 수단으로 전락했다. 유신선포 직후 박정희 정권은 유신과 남북 대화에 대한 정부시책을 학교 교육에 반영하기 위해 사회, 국사, 반공 교과서를 대대적으로 손질했다. 중등과정의 경우 한 권에 불과했던 반공교과서가 각 학년별로 구분되어 세 권으로 바뀌었다. 1968년 1·21사태 이후부터 강조된 반공교육이 단지 양적인 확대가 아닌 체계적인 교육을 실시하는 방향으로 정리된 것이다.*

반공교육의 체계화는 반공정신의 '생활화'를 주요한 목표로 삼았다. 이러한 반공교육 방침의 변화 기조는 유신체제 수립 전부터 드러나 있었다. 1970년에 이미 교육현장에서는 반공교육이 공산당은 무조건 나쁘다는 인식을 불어넣는 데 그쳐 반공의 중요성을 절박하게 인식하도록 만들지 못했다는 비판이 제기되었다. 또한 실천으로 이어지지 않는 반공교육은 '통일대업'에 참여하는 국가 구성원으로서의 정체성도 불어넣지 못한다는 비판도 나왔다.[1] 이러한 기존 반공교육 한계를 극복하기 위한 방안으로 강조된 것이 반공정신의 생활화였다. 반공정신의 생활화나 올바른 국민 정체성이 강조된 배경에는 남북 대화가 이루어지면서 한국사회에서

---

* 1968년 1월 21일에 청와대 습격과 정부 주요 인사 암살 지령을 받은 북한군 특수부대원들이 서울 세검정 고개까지 침투하는 사건이 일어나자 문교부는 2월 9일 전국 대학총장 및 각 시도 교육감 회의를 개최하고 "북괴의 도발에 대응하여" 반공교육을 일층 강화할 것을 천명했다. 곧이어 매주 한 시간 이상의 반공과목을 넣고 주 4회 이상 조회시간을 통해 반공교육을 실시할 것, 교원들도 반공과목 보수교육을 받을 것 등의 강화책을 각 학교에 시달했다. 『동아일보』 1968년 2월 13일자.

평화통일에 대한 기대가 커지는 상황을 우려스럽게 보는 박정희 정권의 인식이 깔려 있었다.

그렇다면 유신체제에 부합하는 '건전한 국민상'의 실체는 무엇이었을까? 박정희 정권의 안보위기론과 유신선포를 지지한 교육자들은 유신선포로 '민족 주체'를 제대로 양성할 수 있는 여건이 마련되었다고 보았다. 이들이 구상한 '민족 주체'는 국가지상주의 사고와 태도를 철저히 받아들인 국민이었다. '민족 주체'의 태도는 '자신과 국가의 동일시' '국가와 민족의 우위성 긍정' '국가와 민족의 목표에 동화' '국가·민족 발전을 위해 부여된 임무의 자각과 완수'로서 설명되었다.[2]

국가지상주의 교육목표가 주창되는 현실에서 국가가 사회의 부조리를 개혁할 수 있는 국민을 양성하는 교육이 제대로 이루어질 리 없었다. 교사도 자칫 잘못하면 의혹의 눈초리를 피하기 어려운 상황이었다. 당시 한 국민학교 교장의 표현을 빌리면 "흐리멍덩한 국가관이나 그러한 국가관에서 헤어나지 못한 교사"는 "참으로 곤란한 문제"로 간주되던 시절이었다. 1970년대 들어 학교는 학생들이 산업과 국방에 동원될 자원으로서 자격을 갖추었는지 여부를 반복되는 시험과 군사 검열을 통해 검증하는 기관으로 전락해갔다.

국가에 의한, 국가를 위한 학교

유신시대 박정희 정권은 교육목표를 언급할 때 '생활화'라는 용어가 빠지면 뭔가 허전하다는 느낌을 줄 정도로 이를 빈번하게 사용했다. '생활화'란 용어가 그토록 자주 쓰인 이유는 박정희 정권이 이를 교육이념의 '내면화'에 가장 유용한 방안이라 여겼기 때문이다. 생활화를 실천하는 방안은 실로 다양했다. 예를 들어 국민학교에서는 애국조회를 통한 훈화 지도, 다양한 집단훈련을 통한 생활지도, 아침 학급협의와 생활지도, 그리고 생활일기 쓰기를 통한 지도 등을 통해 학생들의 의식과 일상을 규율해 나갔다. 여기에 반공단 활동 같은 특별활동도 학생들을 박정희 정권이 주창한 이념을 실천하는 존재로 만드는 주요한 방안이었다.

학교의 환경도 철저히 유신이념의 생활화 또는 내면화를 위해 바뀌었다. 이를 위해 교원들은 교실환경, 복도환경, 교정환경의 조성에 크게 신경을 써야만 했다. 학생들이 대부분의 시간을 보내는 교실의 각종 알림판들은 그 전달 효과가 극대화될 수 있도록 치밀하게 고려해 배치했다. 유신시대 학교가 매 학기마다 학급 등수를 매겨가며 교실 환경미화를 독려했던 주된 이유는 학생들의 건강이나 학습환경 개선에 있지 않았던 것이다. 학교는 학생들이 교실을 나와 복도로 그리고 운동장으로 달려가도 자연스럽게 유신정권의 교육이념을 반복적으로 학습할 수 있도록 환경을 조성하고자 했다.

국민학교, 중학교 교실 밖 복도에는 '반공관' '새마을관' '안보교육관' '유신관' 또는 '국민교육헌장관' '향토관' '화랑관' 등이 만들어져 관련 내용을 다룬 다양한 패널들이 전시되었다. 여건이 되는 학교는 복도 전시가 아닌 특별교실을 운영했고 이는 지역사회 주민들의 교육 공간으로 다시 활용되었다. 교정에는 국민교육헌장에서 주창한 올바른 인간상을 실천한 인물로 평가된 이순신 장군과 세종대왕의 동상이 세워졌고, 학교에 따라서는 화랑정신 계승을 맹세하기 위한 서석誓石이 설치되기도 했다. 동상이나 비석 외에도 교실과 교정에 반공정신이나 국가·민족의식을 고취하기

교실 밖 이순신 장군과 교실 안 배치도

학교는 학생들이 교실을 나와 운동장으로 달려가도 자연스럽게 유신정권의 교육이념을 습득할 수 있도록 장치를 마련했다. 교실 안에는 각종 알림판이 교실 밖에는 '성웅 이순신' 동상이 세워졌다.

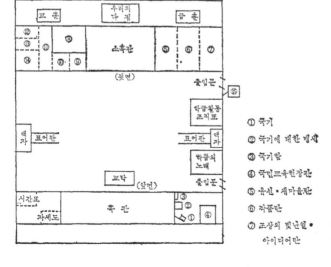

① 국기
② 국기에 대한 맹세
③ 국기함
④ 국민교육헌장판
⑤ 유신·새마을판
⑥ 작품판
⑦ 교상의 빛난얼 · 아이디어판
⑧ 세계지도(인쇄된지도)
⑨ 학급예고판
⑩ 시사판
⑪ 학급새마을란
⑫ 출석통계표
⑬ 훈본식통계표
⑭ 저축통계표
⑮ 설명판(아크릴)

위한 구호들이 다양한 방식으로 게시되었음은 물론이다.

한편 학생들의 정체성 형성에 큰 역할을 하는 학교 행사 또는 의례의 내용도 변화했다. 근대 학교는 입학식과 졸업식으로 대표되는 다양한 '의식'을 치르며 학생들에게 학교에 대한 유대감과 졸업생으로서의 정체성을 불어넣어왔다. 물론 국가 구성원으로서의 정체성을 고취하는 내용도 포함되어 있었다. 하지만 유신시대 학교에서는 학교에 대한 유대감보다 국가에 대한 충성심을 불어넣는 의례들이 큰 비중을 차지했고, 이 의례들은 국방 차원에서 국가의식을 고취하는 데 중점을 두었다. 정기 국기하기식이나 교련조례가 대표적이다.

고등학교의 국기하기식은 매일 약식으로 실시되다 일주일에 한 번 전교생이 교련복을 입고 참여하는 정기 국기하기식으로 시행되었다. 교련조례는 국방 차원의 국가의식 고취에 초점을 맞춘 전형적인 학교의례였다. 교련조례의 일반적인 식순은 "임석상관에 대한 경례-개회사-국민의례(국기에 대한 경례와 국민교육헌장 낭독)-열병-훈시-분열-구호제창-임석상관에 대한 경례"로 구성되었다. 교련조례의 실시 목적은 국방의식 및 반공통일 의식의 고취, 군사적 자원의 양성, 국가에 봉사하는 태도의 고취 등이 제대로 이루어지고 있는가 여부를 점검하는 데 있었다.*

유신시대의 학교는 정부시책을 수행하는 곳으로 전락했다. 각 교실에는 유신체제 이념과 정책을 선전하는 알림판뿐만 아니라 혼·분식통계표,

---

* 1971년 한 고등학교 교사는 교련 실시의 목적을 다음과 같이 크게 세 가지로 제시했다. "첫째, 국방의식의 중요성을 인식시키고 반공통일 신념에 투철한 애국애족 정신을 기른다. 둘째, 군사에 관한 지식과 기능을 습득시키고 강인한 체력을 배양하여 국토방위에 공헌할 수 있는 기초능력을 기른다. 셋째, 단체훈련을 통하여 규율생활을 익히고 단결심을 굳게 함으로써 활달한 기풍과 국가에 봉사하는 태도를 기른다." 정택구 「교련교육이 학생들에게 주는 영향」, 『계우(桂友)』 45호, 1971, 33면.

저축통계표 같은 해당 반의 정부시책 달성 정도를 학생들에게 공지하는 알림판이 걸렸다. "월요일은 애국조회와 복장검사, 화요일은 도시락 검사, 수요일은 저축의 날, 목요일은 또 도시락 검사, 금요일은 충·효일기 검사, 토요일은 자연정화의 날, 대청소." 이는 유신시대 거의 모든 중학교 학생들이 소화한 일주일 일정이다. 1976년 한 중앙일간지 신문기사에 실린 "날짜까지 정해주고 갖고 오라는 수업료 독촉, 혼·분식 이행하라, 폐품 갖고 오라, 수업분위기 제대로 지켜라, 복장 단정히 하라, 청소 잘하라, 분식센터 가지 마라 등등 아침저녁 듣는 선생님의 말은 수업하고는 관계없이 우리를 상당히 피곤하게 만들어요."라는 여고 2학년생의 볼멘소리는 뜬금없는 불평이 아니었다. 학생들은 매달 치르는 시험 준비하랴 정부시책 수행하랴, 이래저래 바쁘고 지치는 학교생활을 보내야 했다.

정부가 학교에 하달했던 제반 국가시책이 야기한 근본적인 문제는 교육의 취지 자체를 왜곡시켰다는 데 있었다. 박정희 정권이 학교에 하달한 대표적인 시책이라 할 수 있는 혼·분식 실시를 보자. 중학교와 국민학교 교실에서는 일주일에 두 번씩 혼·분식 도시락 검사가 실시되었다. 도시락 검사는 강압적인 수준을 넘어 매우 폭력적인 방식으로 실시되었다. 경제형편 때문에 도시락이나 혼·분식 도시락을 싸오지 못하는 학생들도 혼·분식 불이행자로 찍혀 가정환경 조사를 받고 부모가 소환되기도 했다. 목표 달성에 대한 조바심 때문에 일부 교사들은 학생에 대한 인격적인 모욕도 서슴지 않았다. 한 여자중학교 교사는 혼·분식 단속에서 시책 불이행자로 분류된 학생들의 벌점을 '도덕 과목' 점수에 반영했다. 이 교사는 시책 불이행의 근원이 '정신'이 제대로 서지 못한 데 있다고 보았던 것 같다.

"매일 교육청에서 단속을 나와 어쩔 수 없다."라고 한 교사의 하소연에서 짐작할 수 있듯이 학생들을 불신하며 도시락의 보리알을 세는 교사 뒤에는 교사의 보고를 의심하며 조회시간까지 순시하며 직접 도시락 검사를 하는 교장이 있었고 또 그 뒤에는 예고 없이 학교 시찰을 나오는 장학사가 있었다. 시책 완수를 위해 학생을 질책하는 교사, 다시 그 교사를 교장과 장학사가 층층이 감시하는 구조 속에서 학생들은 교사를 교육자로서만 바라보기 힘들었다. 게다가 시책 완수와 관련된 업무들이 제대로 된 수업 준비조차 할 수 없게 만드는 상황에서 학과목 교육이 충실히 될 리 없었다. 혼·분식이 국가의 식량안보 확보에 얼마나 기여했는지는 몰라도 교육적 폐해는 실로 컸다.

—

검열받는 학교,
동원되는 학생

학교가 유신이념의 생활화·내면화 기관으로 전락한 것만큼이나 중요한 변화는 '학원의 병영화'였다. 학원을 병영화하고 학생들을 군사력으로 동원하기 위한 정부시책은 이미 1960년대 말부터 시작되었다. 1968년 북한이 저지른 1·21사태는 학원병영화의 주요한 계기였다. 박정희 정권은 사태 직후인 2월에 반공교육 강화를 천명한 데 이어, 4월에는 1969년 신학기부터 남자 고교 2·3학년생과 ROTC교육에서 제외된 대학생들에게 군사교육을 실시한다는 방침을 발표했다. 1968년 8월 말부터 각 시도의 11개 시범고등학교에서 시범훈련이 실시되었다. 또한 문교부는 1969학년도부터 군사훈련에 '교련'이란 정규 학과목 명칭을 부여하고 매주 2시간씩 실시하는 방침을 세웠다. 교련시간에 고교생들은 도수각개훈련 등 기초과정을, 고등전문학교·초급대학·교육대학 및 대학 1·2학년생들은 전술학 등 초급과정을, 그리고 대학 3·4학년은 사격술 등 고급과정의 군사훈련을 받는 세부 계획도 마련했다. 교련 실시는 1970년 2학기부터 여고생과 여대생에게까지 확대 적용되었다.

1971년 대학생들의 반대시위가 대대적으로 터져나왔다. 특히 대학 4년 동안 총 수업시간의 20퍼센트에 해당하는 시간을 교련에 할애하고 현역 장교로부터 직접 교육을 받아야 한다는 정권의 과도한 방침은 대학생들의 반발을 사기에 충분했다. 그러나 당시 대학생들이 교련 철폐를 외치며 격렬한 시위를 벌였던 이유는 다른 데 있었다. 첫째, 학생들은 냉전질서의 재편과 남북 대화 국면을 박정희 정권과는 다른 식으로 이해했다. 학생들은 대규모의 정규군이 있고 여기에 예비군까지 편성한 상황에서 학교까지 병영화해야 하는 절박한 안보위기 상황도 아니며, 미중 화해와 남북 대화가 진행되는 국면에서 학원병영화 추진이 평화적인 민족문제 해결을 위한 방침도 아니라고 판단했다. 둘째, 긴박한 안보위기가 없는 상황에서의 교련교육 강화는 1971년 대통령 선거와 국회의원 총선거를 앞두고 3선 개헌 등 박정희 정권의 정책을 비판하는 데 앞장서왔던 대학생들을 통제하려는 조치, 달리 말하면 '국가안보'가 아닌 '정권안보'를 위한 방침으로밖에 비치지 않았다.

박정희 정권의 교련 강화 방침이 대학에서 격렬한 반대시위에 부딪쳤던 데 비해 고등학교 교련교육은 순조롭게 추진되었다. 교련훈련의 목적은 당연히 군인으로서 요구되는 정신과 육체를 구비하도록 만드는 데 있었다. 교련과목 담당 교사들은 학생이 개인훈련, 조별훈련, 부대훈련의 단계를 거치며 부대의 일원으로시 징제성을 갖도록 유도했다. 유신시대 고등학생들이 3년 동안 이수해야 하는 교련교육 시간은 총 216시간이었다. 이는 당시 입대한 신병들이 받았던 전반기 군사교육 246시간과 차이가

교련 반대 운동

1·21사태는 다른 곳으로 불똥이 튀어, 국가는 학원병영화의 계기로 삼았다. 대학 4년 내내 총 수업시간의 20퍼센트에 해당하는 시간 동안 현역 장교에게 군사훈련을 받아야 했던 대학생들은 참지 않고 교문 밖으로 뛰쳐나왔다.

〈표 1〉 유신시대 말기 고등학교 연중행사 일정

월	행사 내용
3	입학식, 신입생·재학생 상견례, 신입생 장학적금 신규가입, 새마음회 조직, 환경미화심사, 정부 급장 임명, 실력고사 및 모의 연합고사
4	새마음 갖기 결의 실천대회, 1일 승공학교 입교, 심리검사, 체육주간 행사, 실력고사 및 모의 예비고사
5	교내 축구대회, 콜레라 예방접종, 신체검사
6	교련 실기 지구별 예선대회, 교내 합창대회, 반공웅변 및 글짓기, 포스터 그리기 지구별 예선대회, 전국 종별 육상 선수권 대회, 교내 학력 경시대회
7	인문고교 연합고사, 1학기 종업식, 자매부대 입영
8	3학년 모의고사, 개학식
9	대입 체력검사, 3학년 모의 예비고사, 1·2학년 실력고사
10	전국체전 참가, 3학년 중간고사, 1·2학년 실력고사, 교내 예술제, 소풍 및 백일장
11	1·2학년 2학기 중간고사, 대입 예비고사, 3학년 모의고사
12	종업식
1·2	졸업식

• 출처: 「경복의 자취」, 『경복』 41호, 1979, 90~91면 재구성.

없다. 여기에 고등학교 교련교육은 체육 및 윤리교육과 연계되었다는 점을 고려하면 고교생들이 받았던 군사교육은 신병들의 전반기 교육보다 적다고 볼 수 없었다.[3]

표 1에서 확인되듯이 각 학교 학도호국단 간부들은 '자매부대 입영' 체험을 가졌다. 2박 3일의 짧은 입영기간이었지만 학생들은 반공교육뿐만 아니라 새로운 총검술과 실탄사격 훈련까지 소화했다. 실제 총을 받고 사격을 하는 경험은 학생들에게 표현할 수 없는 뿌듯함과 '방위산업' 발전에 대한 자긍심을 불러일으켰다.[4] 이처럼 '총력안보체제'를 외친 유신정권은 군대와 학교를 군사교육의 교육-피교육자 관계로 연결해놓았다. 학교의 모든 구성원들이 이러한 관계를 잊을라치면 반복적인 학생 교련 검열을 통해 깨닫게 해주었다.

교련이 정규 교과목이 된 1969년부터 문교부와 국방부 합동의 학생 교련 검열이 실시되었다. 학생들의 정신교육과 교련교육 내용뿐만 아니라 교사들의 협조 정도도 평가했기 때문에 교련 검열은 사실상 '학교' 전체의 병영화 정도를 검열하는 자리였다. 교장 이하 교원들은 학교 전체가 평가받는 교련 검열을 빈틈없이 준비하고자 했고, 이는 고스란히 학생들의 부담으로 이어졌다. 1970년 10월 파주군 문산북고에서는 합동 교련 검열에 대비해 교련 수업시간 외에도 강도 높은 훈련과 기합이 계속되자 3학년생들이 집단으로 훈련을 거부하는 일이 발생했다. 그 직후 문교부는 전국 학교에 '과잉 교련'을 자제하라는 지시를 내렸다. 교련 검열에 대비한 '과잉 교련'이 이 학교만의 문제가 아니었음을 짐작게 한다. 그러나 총력안보체제의 완비를 주창하며 1975년 학도호국단제를 부활시킨 정권 아래서 학교 당국이나 학생이 받는 부하가 줄어들 리 없었다. 1970년대 중반 한 고등학교는 교지에 합동 검열관들을 안내하는 교장의 사진을 싣고, 학교 '사령관'이신 교장 선생님이라 소개했다. 유신시대 병영화된 학교의 서글픈 자화상이라 하겠다.

한편 유신정권은 합동 교련 검열만 잘한다고 학생들이 훌륭한 군사자원이 된다고 보지 않았다.

> (교련 검열) 의식행사가 끝나고 3학년 700명 학생이 단결된 힘을 과시하는 집총체조의 시범이 진행되었다 (…) 이어서 남쪽 운동장에 배낭을 메고 M1실총을 휴대한 1개 소대와 완전무장한 시범조가 등장했다. 먼저 200미터 트랙에 의복과 요대 각반 배낭 방독면 등 휴대한 장비를 5개 코스에 차례로 풀어 놓은 다음 출발선에서 내의 차림으로 달리기 시작해서 각 코스에서 의복과 장비를 완전히 착용하고 마지막에는 방

독면을 쓰고 결승점에 골인하는 내용으로 어느 학교에서도 볼 수 없었던 새로운 방법의 경기였다.

다음으로 "체력! 체력!" 구호 소리도 우렁차게 장애물 훈련 시범조가 구보로 등장하였다. 구령을 붙여가며 4회 반복의 준비체조(육군 단련체조에서 발췌)로 시작하여 제1코스부터 제9코스까지 한 단계, 한 단계 "체력 단련"이란 구호를 외치며 단련 동작을 시범하였다. 끝으로 1400명의 1·2학년 학생들이 밀물처럼 체조 대형으로 입장하여 국군 도수체조를 녹음 구령에 맞춰 구릿빛 억센 힘을 운동장에 가득히 내보임으로써 마지막을 장식하였다.[5]

유신정권은 총력안보체제를 위해 학생들이 '국방체력'을 구비할 것을 역설했고, 인용문의 '체력단련'을 외치는 시범행사의 내용은 이를 반영한 것이었다. 트랙을 달리며 군장을 갖추는 경기는 일제가 아시아태평양 침략전쟁에 학생들을 동원할 때 식민지 조선의 학교에서도 실시된 경기 방식이었다.

교련경기와 체력단련 양자는 불가분의 관계였다. 교련경기 실시는 교련교육 강화 방안의 일환으로 실시된 '교련실기대회'와 밀접한 관련이 있다. 1970년부터 대학생 전국교련실기대회가 개최되었고, 1972년부터는 고등학생 교련실기대회도 본격적으로 시행되었다. 1972년 1월 문교부는 박정희 대통령의 총력안보체제 구축 역설과 보조를 맞추어 '국가비상사태에 기여할 수 있는' 대폭 강화된 고교 교련교육 시행지침을 하달했다. 문교부는 시행지침 중 하나로 긱 시노별로 매년 무장경기, 화기분해결합, 사격, 행군, 장애물경기, 수류탄투척, 환자운반, 구급법 시술 등을 포함한 교련실기대회를 실시하라고 지시했다.

유신체제 수립 이후 대규모 고교 교련실기대회가 개최되었다. 1974년 문교부는 전쟁 24주년을 맞아 서울시내 140여 개 학교, 1개 사단 규모의 1만 2000여 명을 동원한 교련 합동검열 및 실기대회를 '5·16광장'에서 개최했다. 1976년에는 규모가 더욱 커져 5만 명의 서울시 학생이 동원되었다. 동원된 학생들에게 대규모 교련실기대회와 뒤이은 시가행진 또는 구보행군은 마냥 즐거운 일이 아니었다. 1972년 7월 개최된 제1회 경북6지구 교련실기대회에서는 무더위에도 실기대회와 무리한 행군을 강행해 13명이 졸도하고 이중 한 명이 정신착란 증상까지 보이는 일이 발생하기도 했다. 학생을 군사동원 대상이자 총력안보체제 구축의 선전수단으로 여긴 보여주기 행정이 낳은 어이없는 결과였다.

국민학교와 중학교 학생들은 전시동원 대상은 아니었지만 박정희 정권은 국민학교, 중학교도 국방 자원의 양성에 일익을 맡을 것을 주문했다. 이는 국민학교, 중학교 학생의 체력 증진을 전투력 측면에서 사고하는 경향으로 나타났다. 유신정권의 국민학교 '운동회'에 대한 이해는 이를 잘 보여준다. 국민학교 운동회는 운동회비 징수가 문제가 되어 1975년 문교부에 의해 일시 중단되었다. 하지만 국민학교 운동회는 아동의 체력 향상은 물론 지역사회의 일체감 조성에 기여한다는 유신정우회의 건의를 받아들인 박정희 대통령의 지시로 1976년에 부활했다. 이에 문교부가 새로운 운동회 실시요령을 각 시도교육위원회에 하달했는데, 그 내용이 자못 흥미롭다. 문교부는 가마니짜기, 새끼꼬기 같은 새마을정신을 고취하기 위한 경기뿐만 아니라 대피운동, 모래주머니 나르기, 화생방 대비 경기 같은 '총력안보 국방경기'를 운동회 경기로 제시했다.[6] 당시 언론은 이를 놓고 어린이의 꿈과 정서가 발휘되어야 할 운동회에서 "살벌하고 딱딱한 종목"을 "획일적으로" 실시하게 만드는 조치를 납득할 수 없다고 비판했다.[7]

〈표 2〉 유신시대 중학교 연중행사 일정

월	행사 내용
3	시업식 및 입학식, 정의교육추진위원회 조직, 교외생활선도위원회 조직, 예방접종, 애향난 조직, 월말고사(교사: 반공도덕 담당교사 명단 제출)
4	표준화검사 실시, 교내 환경심사, 식목일 행사, 연합고사 실시, 월말고사
5	유신기장 수여, 연합고사, 월말고사, 교내 구기대회, 체력검사, 변검사, 소풍
6	반공웅변대회 실시, 방첩연합훈련 실시, 국기 달기 지도, 연합고사, 월말고사, 우수 아이디어 창안 시상, 소년체육대회 참가, 농번기 일손 돕기
7	국기 달기 지도, 연합고사 실시, 퇴비 증산, 우수학급표창(생활종합평가)
8	상설새마을학교 개강, 하계위생지도, 가정방문, 연합 봉사단 활동
9	2학기 시업식, 월말고사, 연합고사 실시, 교내 환경심사, 교내 그리기대회, 고입 체력장 검사
10	추계소풍, 저축우수학생 표창, 농번기 일손 돕기, 월말고사
11	연합고사, 재학생 체육대회 (*교사: '교원안보정세보고회' 참가)
12	월말고사 및 졸업고사, 우수학급표창(생활평가)
1·2	학년말 고사 실시

• 출처: 군산중학교 『유신과업 수행을 위한 학급경영계획서』, 1977, 69~71면 재구성.

　문교부의 이러한 조치가 전혀 뜬금없이 내려졌던 건 아니다. 유사한 경기들의 도입이 교육현장에서 고려되고 벌써 시행되기도 했기 때문이다. 1975년 7월 경상남도 교육연구원은 초등·중등 학생들이 운동놀이·경기·집단훈련 등을 하면서 "멸공·안보·국가관 확립들을 고취"할 수 있는 실외 경기들을 개발해 자료집으로 발간했다.[8] 이 자료집에는 국민학교 고학년을 대상으로 한 '짝짓기'라는 경기가 있는데, 명칭과 달리 경기 방식은 유신정권의 총력안보 강조 시책이 잘 반영된 것이었다. 학생들은 교사가 '멸공'을 외치면 2명씩 짝을 짓고, '새마을'을 외치면 3명씩, '국가 안보'를 외치면 4명씩 그리고 '간첩 잡아라'하면 5명씩 짝을 지어야 했다. 중학교 학생들을 대상으로 고안된 '긴급 출동'이라는 게임은 앞서 고등학생들이 교련 시범 발표에서 보여준 경기와 흡사하다. 경기 방식은 양 팀의 주자가

"분쇄하자 공산당"
유신시대에는 국민학교 운동회에도 살풍경이 벌어졌다. 조막만한 손으로 던진 오자미가 박을 터뜨리면 "분쇄하자 공산당"이란 구호가 흘러내렸다.

총을 메고 출발해 중간에 놓인 개인장비 상자에 가서 교련복 상하의, 각반, 수통, 모자, 배낭 순으로 갖추고 반환점을 돌아오는 방식이다. '적진 돌격'이라는 경기도 있다. 학생들이 운동장에 대기하고 있다가 신호가 떨어지면 달려가 학교주변 가까운 동산의 정상에 놓인 적진 표시기를 먼저 차지하면 우승하는 경기이다. 자료집에 진주중학교가 '적진 돌격' 경기를 실시하는 사진이 실려 있어 이미 일부 중학교에서 도입되었음을 알 수 있다.

유신시대 모든 고등학생들이 대학 입학을 위해 치렀던 과목이 체력장 검사이다. 체력장 실시는 국방체력 강화라는 정부의 의도가 강하게 반영된 결과였다. 1968년부터 대한체육회의 주도 아래 '체력장제도'의 도입이 제기되었다. 대한체육회는 '국민체육장제도'를 도입해 학생들의 신체능력 검증 결과를 입학시험에 적용하고, 청장년의 결과는 국방력과 직결되는 징집기준 및 취업에 적용시킨다는 구상안을 제시했다. 유신선포를 전후하여 학생 체력장제도는 확고하게 자리 잡았다. 1971년에 국민학교 5학년생부터 고등학교 3학년생까지 체력장제도가 실시되었고, 1972년에 고교입시 적용된 데 이어 1973년에는 대학입시에까지 체력장 제도가 적용되었다.

1972년부터 중학생들은 모의 수류탄으로 멀리던지기 시험을 치르기 시작했다. 쇠뭉치에 고무를 입힌 모의 수류탄은 잘못 맞으면 졸도하거나 심지어 두개골 파열을 일으킬 정도로 위험했다. 일선 학교의 교체 요구에도 불구하고 문교부는 "국방의식을 고취"하기 위해 국방부의 협조까지 받아 도입한 방식이기 때문에 바꿀 수 없다는 입장을 취했다. 모의 수류탄은 1979년 5월에 가서야 소프트볼로 바뀌었다.[9]

학생들의 소리,
그들의 지향

학교가 지배체제 재생산의 핵심기관으로 개편된 상황에서 초등·중등 교육과정을 이수한 학생들은 유신이념과 체제에 영향을 크게 받았다. 고등학교 학도호국단 간부들이 지매부내에 입소하여 군사훈련을 받은 뒤 교지에 실은 감상문이나, 경주 화랑교육원 연수를 마친 학생들이 교지에 실은 체험기에서 박정희 정권의 국민 형성 정책이 성공적으로 이루어졌음을 쉽게 확인할 수 있다.

그러나 유신시대 학생들을 본래부터 수동적인 존재로 여기거나 유신이념을 '내면화'한 존재로 단정해서는 안 된다. 왜냐하면 반유신 민주화운동과 1980년대 전반기 민주화운동에 동참한 그 많은 학생들은 유신시대에 중등교육 과정을 마쳤기 때문이다. 박정희 정권 기간에 성장해 '박정희 키즈'라 불러도 틀리지 않는 이들 세대가 민주화운동에 동참한 까닭을 이해하기 위해서는 1980년 '서울의 봄'과 '5·18민주화운동' 같은 역사적 상황을 물론 고려해야 한다. 하지만 중·고등학교 시기 이들이 가졌던 국가관, 사회관, 개인관 등에 대한 고찰도 중요하다. 민주화 시위 지지와 참여는 곧 고교시절까지 박정희 정권이 주입한 '국가안보제일주의'의 부정과 동전의 양면을 이루고 있기 때문이다.

유신이념 또는 총력안보체제의 이념의 내면화 정도나 여부를 이해하기 위해서는 먼저 학생이 처했던 사회적·교육적인 여건을 충분히 고려할 필요가 있다. 1979년까지 교육환경 특히 대도시의 교육환경은 과밀학급이라는 열악한 상황에서 전혀 벗어나지 못했다.[10] 학급당 70여 명이 넘는 콩나물 교실에서 정상적인 교육은 기대하는 것조차 무리였다. 한 교육 관계자는 과밀학급은 수업 진행과 학생들의 안전을 위해 철저한 통제가 가해질 수밖에 없으며 그 결과 학생들은 타율적이 되고, 권위에 묵종하는 태도를 배우게 된다고 지적했다.[11] 당시 교육자들의 언급대로 '내면화'가 "그렇게 하지 않고서는 못 견딘다는 심정"을 의미한다면 '내면화'와 '권위에 대한 묵종'은 다른 의미이다. 후자는 강압에 의해 침묵하거나 외면하는 태도이므로 반발과 저항의 소지가 있기 때문이다. 콩나물 교실에서 더구나 정부시책의 완수를 놓고 교사와 학생이 만나는 상황에서 유신체제를 위한 국민을 주조하는 일은 쉽지 않았다. 교육과정이 높아진다고 그 실현가능성도 따라서 높아지지 않았다.

1971년 고등학생들이 한 학생여론조사 결과는 정권이 안보위기와 총력안보체제 구축을 강조했을 당시 학생들은 무슨 생각을 했는지 부족하나마 우리에게 보여준다. 여론조사 결과에 따르면 학교 교육에 긍정적인 평가를 하는 학생들은 그리 많지 않았다. 중·고등학교 교육이 인격 형성에 미친 영향이 무엇인가라는 질문에 학생들은 "학력이 나의 인격이나 사상에 끼친 영향은 극히 희소하다." "지적인 면에서 국민학교나 중학교 때보다 많은 진전이 있으나 인격도야나 사상에 있어서는 별로 큰 변화가 없고 물질적인 인간이 되어가는 듯한 느낌이다." "너무나도 치우친 교육 형태에서 실상 키워야 할 자기 나름대로의 인생관이나 세계관을 형성하지 못했다." "현재의 이러한 식의 교육은 학생들을 기계로 만들고 있다. 학생들은 기계처럼 하루 종일 앉아서 딱딱하고 일률적인 강의를 받고 있다." 등의 비판적인 답변을 했다.[12]

국가봉사와 같은 추상적이고 피상적인 목표를 제시하고, 입시경쟁에서 승리하기만을 요구하는 강압적인 교육 방식은 학교 당국에 대한 학생들의 불신과 불만을 초래할 뿐이었다.[13] 자율적 존재가 아닌 도구적 존재가 되어가는 현실 앞에서 학생들은 학교에 대해 강한 불신과 불만을 가졌고, 발언의 기회가 생겼을 때 분명하게 자신들의 생각을 밝혔다.

그렇다면 1972년 유신체제 수립 이후 학생들에 대한 통제와 동원이 더욱 강화되어갈 때, 학교를 다닌 학생들은 다른 생각을 가졌을까? 오히려 학생들의 침묵은 학교에서 자유롭게 의사를 개진할 수 있는 상황이 사라진 탓일지 모른다. 유신체제 전까지 고등학교 교지에서는 학생들의 다양하고 비판적인 견해들이 확인된다. 그러나 유신체제 수립 이후 교지에서는 학생들의 정부, 사회 그리고 학교에 대한 비판을 찾기가 어렵다. 반면

1975년 학도호국단이 설치된 이후 후반기로 갈수록 학도호국단 운영 소감이나 교련 검열 소감, 자매부대 입소경험담이 늘어났다. 학도호국단제가 실시되고 매년 교련 검열을 받는 학교라는 공간은 전처럼 학생들이 자유롭게 의사를 개진할 수 있는 곳이 아니었을 것이다.

학생들의 인식을 제대로 파악하기 위해서는 사회현실에 대한 이들의 이해를 살펴보는 것이 중요하다. 학교라는 공간에서 대부분의 시간을 보내지만 학생들은 사회라는 더 큰 공동체에 속한 존재이고 이를 바라보는 나름대로의 관점을 키워갔기 때문이다. 1971년 고등학교 재학생들은 1960년대 후반 고도경제성장을 직접 체감했기에 정부의 경제발전 정책에 긍정 일변도의 평가를 내렸을 것이라 생각하기 쉽다. 하지만 여론조사에서 확인한 학생들의 인식은 이러한 예상과 크게 다르다. 박정희 정권의 발전 방향이 정상적이고 희망적이라 보는 학생들은 소수였다.* 학생들은 차관에 의존한 경제발전, 중공업 중시 정책에 따른 불균형 경제발전과 도시와 농촌의 빈부격차, 사회 지도층의 부정부패 등에 대해 매우 비판적이었다.[14]

학생들의 국가안보 인식도 간단치 않았다. 베트남전 참전에 대해 다수의 학생들은 '반공자유 우방'을 지원하여 인류 평화에 기여한다는 데 가장 큰 의의가 있다고 답했고, 뒤이어 경제발전 기여, 국력 과시, 실전경험 축적을 통한 국군의 전투력 강화 등을 들었다. 이러한 답변은 당시 학생들이 냉전논리와 국가주의 논리에 크게 물들어 있었음을 보여준다. 그런데 안보위기론과 관련된 질의에 대한 답변은 학생들이 박정희 정권의 안보

---

* 중앙고등학교 학생들이 실시한 여론조사 결과 다른 학교 학생들 중 불과 20퍼센트만이 발전 방향에 대해 긍정적으로 평가했다. 「특집/10대 내면세계의 조감도: 우리는 무엇을 생각하고 있는가?」, 『계우(桂友)』 45호, 1971.

교련복을 입은 학생과 교련 검열

교련복이 아니라 그 어떤 옷을 입어도 생기 넘치는 나이의 남녀학생들에게 1970년대 학교는 답답한 곳이었다. 인격도야나 사상의 진전보다는 딱딱하고 일률적인 강의만 있는 학교에서 그들은 비판의 목소리를 높였다.

위기론을 그대로 따르지 않았음을 보여준다. "주한미군의 감축 내지 철수로 북괴의 도발이 한층 더하리라고 생각하는데 과연 그런지요?"라는 질의에 '그렇다'라는 답변이 33.3퍼센트인 반면, '반드시 그렇지 않다'라는 답변은 57.3퍼센트에 달했다. 아마도 교사였을 설문조사 담당자는 이러한 결과에 크게 놀라 "북괴가 절대 남침을 못한다는 확신에서" 답변을 했더라도, 이러한 인식은 곤란하다고 지적하며 "반드시 남침이 또 있으리라는 계산하에 우리의 국방을 점검해야 하겠으며 정신 자세를 반공, 승공으로 공고히 하여야" 한다고 주의를 주었다.[15] 이는 당시 많은 고등학생들이 정부의 안보위기론을 곧이곧대로 믿지 않았음을 짐작게 했다.

1971년 여론조사에서는 고등학생들의 사회참여 의식도 읽을 수 있다.

다수의 고등학생들은 자신들을 사회개혁의 주체로 생각하며 사회참여를 당연하게 여겼다. 고교생의 사회참여에 대한 의견을 묻는 질문에 과반수가 넘는 학생들이 찬성 의사를 표명하며, 이해타산이 없고 정의 실현에 충만한 학생들의 사회참여는 당연하다는 의견을 제시했다.[16] 이러한 고등학생들의 사회참여 의사를 권위주의 정권에 대한 비판이나 반독재 민주화 운동의 실천 의지로 읽을 수는 없다. 하지만 이들이 정권의 교육방침에 맹목적으로 순응하기보다 사회 현실에 대해 객관적이고 비판적인 태도를 견지하려는 존재였음은 분명히 보여준다.

민주화의 진전과
군사동원 체제의 해체

총력안보체제 확립을 목표로 박정희 정권이 추진한 학교 개편 정책은 1975년 학도호국단의 설치로 완결되었다. 이승만 정권하에서 관변 동원 조직으로 전락해 겨우 유지되다 4·19혁명 직후 폐지된 학도호국단제도가 부활한 것이다.[17] 학원에 대한 통제가 강화될수록 비판적인 인식을 가진 학생들은 자신의 생각을 개진하기 쉽지 않았을 것이고, 다수의 학생은 대학 입학과 사회 진출을 위해 군사동원 기관으로 전락한 학교 현실을 감내했을 것이다.

그러나 1979년 한양여고 학생들의 집단농성은 학생들 스스로 의식하지 못했더라도 그들이 학생을 통제와 동원의 수단으로 만드는 체제에 저항하고자 했음을 잘 보여준다. 그리고 병영화된 학원의 폐해를 가장 잘 아는 '박정희 키즈'들은 1980년 민주화의 봄 시기 각 대학에서 학도호국단

제 폐지와 전방입소거부 운동을 전개하며 학원 민주화를 외쳤다.

국가안보의 이름으로 민주화를 외치는 시민과 학생을 학살하며 신군부가 권력을 장악함으로써 학도호국단제도는 몇 년 더 연장될 수 있었다. 하지만 1984년 학원자율화 조치 이후 각 대학 학생들이 학도호국단제를 거부하고 학생회를 부활시키자, 전두환 정권도 이를 더 유지하지 못하고 1985년 3월 공식적으로 폐지했다. 같은 해 고등학교에서도 2학기부터 학생회제도가 부활했다. 학도호국단제도 폐지 이후 교련교과에서 제일 먼저 군사실기와 관련된 영역이 축소되었다. 1994년 고교 군사훈련은 완전히 폐지되어 안전교육으로 대체되었고, 1996년에는 '교련'이라는 교과명도 '안전 보건'으로 바뀌었다.

유신시대 학생의 일상과 지금 학생의 일상은 크게 달라 보인다. 그러나 남북의 분단·대립이 강화되고 민주주의가 약화되면 국가안보를 명분으로 억압적인 지배체제를 정당화하는 정권이 다시 등장하고 교육정책도 퇴보할 수 있다. 2016년 교과서 국정화라는 유신시대 교육정책의 부활은 학교를 자율적인 배움의 공간이 아닌 억압적인 체제의 재생산 기반으로 삼으려는 사고방식이 여전히 불식되지 않고 뿌리 깊게 남아, 언제든지 신세대의 학교 교육을 왜곡시킬 수 있음을 보여준다. 유신시대 학교를 다닌 기성세대가 학교생활을 사진첩 속 아련한 추억으로 넘기지 말고 비판적인 성찰을 해야 하는 가장 큰 이유가 여기에 있다.

산업전사에서 민주투사까지,
도시로 간 여공의 삶

김경일

1970

앵두나무 처녀와
영자의 전성시대

앵두나무 우물가에 동네 처녀 바람났네
물동이 호미자루 나도 몰래 내던지고
말만 들은 서울로 누굴 찾아서
이쁜이도 금순이도 단봇짐을 쌌다네

김정애의 노래로 널리 알려진 「앵두나무 처녀」의 1절에서는 농촌에 사는 이쁜이와 금순이가 서울 바람이 들어 무단 상경을 하지만, "찾아갈 곳 못 되"는 서울은 이쁜이를 "새빨간 그 입술에 웃음 파는 에레나"로 만들었다(제3절). 이 노래가 나온 1950년대 중·후반은 산업화가 본격 진행되기 이전의 시기였으므로 서울로 올라간 이쁜이가 "웃음 파는 에레나"가 되는 것 외에 다른 일자리를 찾기는 힘들었을 것이다. 앵두나무 처녀를 찾아 서울로 올라온 동네 총각 복돌이가 "헛고생을 말고서 고향에 가자"며 이쁜이를 달래는 이 노래의 3절은 실제와는 무관하게 두 사람이 고향으로 돌아가서 행복하게 살았을 것이라는 해피엔딩을 암시하고 있다.

1950년대에 나온 이 노래의 배경은 여러 가지 면에서 「영자의 전성시대」김호선, 1975가 보이는 시대상과 대조된다. 1970년대 초 조선작이 『세대』에 발표한 소설을 바탕으로 한 이 영화는 시골에서 서울로 올라와 식모에서 시작해 직공과 버스 차장을 거쳐 창녀로 전락해가는 영자에 관한 이야기이다. 웃음 파는 에레나가 되는 것 말고는 다른 대안이 별로 없던 이쁜이와 영자의 삶은 다르다. 산업화의 중심 도시는 성장한 중산층의 가정부 일이나 공장과 대중교통 수단에서의 일자리 같은 다양한 노동을 영자에게 제공한다. 이쁜이가 서울로 간 것은 전쟁 이후 농촌의 빈곤 때문이었지만, 그럼에도 그때는 앵두나무가 흐드러진 가운데 봄바람이 그것을 덮어버릴 수 있었다. 그러나 1970년대 산업화의 강력한 바람은 이러한 외피를 대기로 날려버렸다. 오로지 영자는 궁핍과 기아에서 벗어나기 위해 서울로 가게 되었을 따름이다. 그에게는 자신을 찾아와 고향으로 함께 가자고 할 복돌이도 없다. 대신 영자와 마찬가지로 도시의 하층을 전전하는 목욕탕 때밀이 창수가 있을 뿐이다. 이쁜이가 복돌이를 따라 돌아갈 고향은 영자와 창수에게는 이미 소멸되어버린 공간이다.

이쁜이와 영자의 이야기에서는 1950년대로부터 불과 20여 년이 지난 1970년대에 이르러 한국사회가 얼마나 급격하게 변화했는지가 잘 드러난다. 흔히 한국은 동아시아의 다른 국가·지역과 함께 수출주도형 산업화를 통한 경제발전 전략을 채택하여 고도경제성장을 달성한 대표 사례로 거론된다. 1962년 제1차 경제개발 5개년 계획이 시작된 이래 특히 1960년대 후반기(1966~69년)와 1970년대 중반기(1973~78년)에는 연평균 경제성장률이 각각 11.9퍼센트와 11.2퍼센트에 이를 정도로 높은 성

영자의 전성시대

보따리만 들고 무작정 도시로 올라
온 여성의 삶은 그 자체로 영화가 되
었다. 1970년대의 도시는 그들에게
가정부, 버스 차장 등 다양한 일자리
를 제공했다. 그럼에도 이 시대 수많
은 영자들은 가난에서 벗어나기 힘
들었다.

장률을 기록했다.[1] 수출지향형 산업화 전략에 따른 고도의 경제성장은 한국사회를 전통 농업사회에서 근대 산업사회로 완전히 바꿔놓았다. 1970년대는 이러한 변화 과정이 집약되어 나타난 시기였던 것이다.

산업화의 급속한 진전에 따라 산업노동력이 형성되면서 노동력의 내부 구성도 빠른 속도로 변화했다. 산업별 취업자 구성에서 제조업 부문 노동자가 큰 비중을 차지했으며, 내부의 업종별 구성도 섬유, 의류나 음식료품과 같이 노동집약의 경공업 중심에서 벗어나기 시작했다. 1970년대 초 경공업 중심의 수출지향 산업화가 한계에 부딪히면서 단순 조립·가공에서 중간기술의 조립제품으로 주요 수출산업의 구조 변화가 시도되었다. 이른바 중화학공업화 정책이 시행되면서 석유·화학공업과 기계·금속산업이 급속하게 팽창함에 따라 1980년대 초에 이르면 중화학공업 비중이 경공업 부문의 비중과 거의 같거나 더 높아지게 되었다.[2]

이러한 변화에도 불구하고 섬유·의류·음식료 부문의 노동자는 조립 금속·석유·화학 부문 노동자와 함께 1980년대 중반에 이르러서도 제조업에서 가장 많은 비중을 차지했다. 더구나 조립 금속에 포함되어 있는 전자산업의 예에서 알 수 있듯이 중화학공업이라고 하더라도 사실상 노동집약의 경공업과 다를 바 없었다.[3] 1973년 이래 추진된 중화학공업화 정책과 그것이 과시하는 효과에도 불구하고 1970년대 노동력의 주류는 노동집약의 경공업 분야에 있었던 셈이다.

이 시기 노동자들의 대부분은 여공이었던 영자나 철공소 직공이었던 창수처럼 농업 부문에서 왔다. 농촌에서 도시로의 인구 유출 추이를 보면 1966~70년과 1976~80년의 두 시기에 이동이 집중된 사실을 알 수 있는데,[4] 이는 앞에서 말한 경제성장률이 두드러지게 높게 나타난 두 시기와 대체로 일치한다. 늘어난 도시 인구 중 이농자가 차지하는 비중은

1965~70년에 무려 70.2퍼센트에 달했으며 그후로도 50퍼센트 선을 유지했다.[5] 이는 이 시기에 이르기까지도 산업노동자들의 많은 부분이 어떠한 형태로든지 농촌과 농민을 배경으로 하고 있었다는 사실을 확인하게 한다.

짧은 시기에 대규모의 이농이 이루어지면서 이들의 거주지가 도시의 특정 지역에 형성되었다는 점도 이 시기 노동계급이 지니는 또다른 특징이다. 한국의 노동계급은 빠른 시간에 대도시와 지방의 공업 중심 도시에 집중되는 경향을 보였다. 지역 단위의 공업 밀집도는 울산, 포항, 마산, 창원 같은 지방의 공업도시가 훨씬 더 높았음에도 불구하고, 이들의 절반에 가까운 많은 인구가 서울과 경기 지역에 집중하는 경향을 보였다.[6] 이러한 사정 때문에 짧은 시기에 노동자들이 집중된 경인 지역은 1970년대 노동운동의 중심지가 되었다.

마지막으로 이 시기에 등장한 공장 노동자 중에서 여성의 비중이 높았다는 사실도 지적되어야 할 것이다. 이 시기 공장 노동자의 대부분은 소년이나 청년층이었고, 특히 여성의 경우에는 80퍼센트 정도가 이 연령층에 속했다. 1960년대에서 1980년대에 이르기까지 남성 노동자에 비해 여성 노동자는 더 빠른 속도로 늘어났다. 여성 노동자는 1970년대 중반까지 현저하게 증가했는데, 그 이후부터 점차 증가세가 둔화되기 시작했다.[7]

공장 노동자의 구성에서 여성의 비중이 높았던 것은 산업화의 햇수가 짧은 탓도 있지만, 수출지향형 산업화 과정의 주력 산업이 노동집약의 경공업이어서 노동에 대한 자본의 수요가 값싼 미숙련·반숙련 노동에 과도하게 집중되어 있었기 때문이다. 이 시기 여성 노동자들의 대부분은 수도권을 중심으로 한 경공업 분야에 진출했고, 산업화가 본격화되는 과정에서 노동자 1세대를 구성했다.

수출전사와 산업전사,
일하면서 싸운다

노동집약에 의거한 수출지향형 경제발전은 1960년대 말에 이르러 점차 그 한계를 드러냈다. 앞뒤 시기와 비교해볼 때 1970년대 초반의 경제성장률은 한 자릿수로 떨어졌으며, 이에 따라 정부는 해외 직접투자를 적극 유치해 수출을 좀더 강화하는 방식으로 위기를 타개하고자 했다. 수출자유지역이 설정(1969년)되었고 외국인 투자 기업에서 노동조합과 노동쟁의를 규제하는 임시특례법이 제정(1970년)되었으며, '수출 입국' '수출 제일주의'라는 슬로건 아래 수출기업에 여러 형태의 지원과 특혜가 집중되었다. 동시에 이 시기는 이른바 유신독재가 본격화된 때였다. 1971년 12월 국가비상사태가 선포되고 '국가보위에 관한 특별조치법 제9조'가 전격 통과되었으며, 이듬해 유신헌법은 이를 사후 합법화했다. 이에 따라 헌법에 규정된 노동자의 단결권, 단체교섭권, 단체행동권 등의 기본권은 원천 부정되었다.

이 시기 국가에 의한 노동 지배는 전제주의의 성격을 띤 것으로 흔히 병영문화에 비유되어왔다. 공장의 군대식 문화는 일제 강점기로 거슬러 올라가는 오랜 전통을 가지고 있으며, 이러한 속성은 특히 전시체제기로 이행하는 1930년대 말에 모든 작업장으로 확산되었다.* 이와 비슷한 방식

---

* 김형기는 1970년대 관료식 통제체제가 확립된 대기업의 노동조직에서는 군대식 조직에 가까운 병영형 노동 통제가 광범하게 행해지고 있었다고 지적한다. 그 전형은 거의 대부분이 방위산업으로 지정되어 있는 중화학공업의 독점 대기업에서 찾아볼 수 있다. 일제 강점기부터 비롯된 이러한 병영식 통제는 1961년 군사쿠데타 이후 군사파시즘이 성립함에 따라 강화되었으며, 1972년의 10월유신 이후에는 노동조직을 포함한 사회조직 전반의 군대식 성격이 더욱 뚜

으로 산업 부문에서 노동자를 전사로 비유하는 '산업전사'라는 용어 역시 식민지 노동 지배와 전시동원체제의 흔적을 지닌 말이다.* 병영문화와 그에 의한 지배는 사회 전반에 퍼져 있었지만 공장과 작업장에서 특히 집약적으로 관철되었다.

그러나 노동자에 대한 국가권력의 통제와 지배를 이처럼 일방통행의 방식으로만 이해할 수는 없다. 무엇보다 유신체제로의 이행 자체가 경기 침체와 가파른 물가 인상을 배경으로 대두한 사회의 저항과 체제 비판**에 대한 정권 차원의 대응이었다. 유신체제에서 노동자의 단결권은 모두 부인되었으며, 그러한 의미에서 노동자는 국민국가의 구성원 자격에서 배제된 존재였다. 국민교육헌장의 암송과 애국주의 이데올로기의 강요에도 불구하고 노동자를 '국민'으로 통합하는 체제는 아니었다는 의미이다.[8] '조국 근대화의 기수'로서 노동자를 호명하는 이데올로기 장치의 허구 아래 이 시기의 경제개발과 고도성장이 달성된 사실은 이러한 점에서 기만과 자기 모순에 가득 찬 것이었다.

국가는 노동자의 단결권을 강력히 통제하면서도 근로감독관 제도나 근

렷하게 되었다. 한국의 대다수 독점기업에서는 선진 자본주의 국가와 같은 헤게모니 통제가 극히 미약한 대신에 병영 통제와 결합된 전제주의의 성향이 강하게 나타난다는 것이다. 김형기 『한국의 독점자본과 임노동』, 까치 1988, 260면, 266~67면; 고려대노동문제연구소 편 『한국노동운동사』, 5권; 이원보 『경제개발기의 노동운동, 1961-1987』, 지식마당 2004, 330~31면 참조.

* 적어도 국내에 한정해 보건대 '산업전사'의 최초 용례는 『매일신보』 1939년 3월 22일자에 나타난다. 이보다 조금 늦은 시기인 같은 해 8월 19일자의 『동아일보』와 『조선일보』는 징용령의 실시에 의해 국민징용령으로 소집한 조선인을 '산업전사'로 추어올렸다. 지방 신문(『부산일보』 1944년 3월 8일 및 25일자)에서도 이러한 용례가 발견된다. 해빙 이후와 1950년대에도 자주 애용되었던 이 8어는 특히 1970년대 중반 이래 정권에 의해 빈번히 호출되었다.

** 1970년 11월의 전태일 분신, 1971년의 대통령 선거 국면에서 폭발한 광주대단지 도시 하층민과 실업자의 항의, 소상인들의 생존권 투쟁, 의료 노동자들의 집단행동 등이 연이어 발생했다.

수출 10억 달러 돌파

1970년 12월 31일, 수출실적 10억 달러 돌파를 기념하는 수출실적탑이 당당히 서 있다. 이처럼 1970년대 내내 연말이면 늘어난 수출실적을 알리는 기념물이 도시 곳곳에 세워졌다. 그 뒤에는 '조국 근대화의 기수'라는 이름의 노동자들이 힘겹게 버티고 있었다.

로기준법의 개정, 산업재해 보상 제도의 확충 등과 같은 입법활동과 행정 지도를 통해 근로조건의 악화를 방지하거나 유지·개선함으로써, 노동조건을 둘러싼 노사 갈등을 사전에 억제하고자 했다.[9] 이에 호응하여 자본은 과학 노무관리의 도입·전파를 통해 생산성 향상을 도모하고 노동생산성과 임금을 연계하는 능률급 제도를 도입하고자 했다. 이러한 점에서 보자면 1970년대에 병영식 통제만을 강조하거나 그것의 식민지 연원에만 주목하는 것은 이 시기 국가와 자본에 의한 노동 통제와 경영전략(인사·노무와 생산관리 방식)을 지나치게 단순화하는 것이다. 노동자들의 공장 경험은 산업과 개별 작업장에서의 노동조건과 인사·노무관리 방식의 차

이에 의해 다양한 편차를 가지고 있었다.[10]

나아가서 국가는 물리력에 의거한 직접 억압만을 구사하지는 않았다. 규범과 이념의 측면에서 국가는 노동 지배에 직접 관여했다. 1973년 이래 추진된 공장새마을운동이 대표적이다. 이 운동은 국가에 의해 위로부터 전개된 일종의 경영 혁신 운동으로서, 종업원의 복지 향상과 직장의 제 2의 가정화 운동을 표방했다. 1977년부터는 "공장을 가정처럼, 종업원을 가족처럼"이라는 슬로건을 내걸었다.[11]

기본권이라는 점에서 국민국가의 구성원 자격에서 사실상 배제된 존재로서의 노동자에 대한 인식과 가정·가족의 일원으로서의 노동자 상 사이에는 넘을 수 없는 괴리가 있음에도 불구하고 가족주의 이데올로기는 현실에서 애국주의와 결합해 지속적인 영향력을 행사했다. 가족주의는 작업장에서의 관계를 가족관계로 유비하여 이해하도록 함으로써 권위와 복종의 관계를 인간애에 기초한 관계로 치환하여 자연스럽게 지배를 정당화하는 이데올로기가 되었다.

공장새마을운동은 잘살기 운동, 범국민 약진 운동으로서 조국 근대화를 위한 노동자의 역할을 강조하고, 노동자와 직장과 조국이 운명공동체라는 가상의 신념을 불어넣었다. 한편으로 그것은 국가와 자본의 주도로 노동자들의 참여를 이끌어내는 데 근본 한계를 지니며 노동자와 자본가 사이의 대립하는 본질을 은폐한다는 한계와 모순을 가지면서도, 다른 한편으로는 작업장 규율을 유지하고 소집단 활동을 고양함으로써* 노사협조주의를 확산하고 기업공동체주의를 강화하는 역할을 했다.

---

* 원풍모방 등의 사례에서 보듯이 이 운동의 일환으로 전개된 새마을 교육이나 소그룹 활동을 민주노조운동에서는 의식화를 위한 장으로 전용하여 활용하기도 했다.

생존을 위한
투쟁과 소외

1970년대 이전까지만 하더라도 공장 노동자의 공장생활은 동질의 단일한 상태에 머물러 있었다. 숙련 노동자의 비중이 낮고 미숙련의 저임금·저학력 노동자가 대다수를 차지하고 있었기 때문이다. 1970년대에 들어 중화학공업화가 추진되면서 수출산업 구조가 변화하고, 이에 비례하여 중화학공업 부문의 대기업 및 공공 부문 비중이 커짐에 따라 기업의 규모와 업종에 따른 노동조건의 격차가 확대되었다. 직종과 성별, 학력에 따른 산업 부문 사이의 격차가 심화되면서 노동자 내부의 이질성이 다양한 형태로 존재하게 되었다.*

노동자의 노동조건과 공장생활에서 뚜렷한 이분화가 나타난 것은 1970년대의 특징이다. 크게 보아 국영기업과 독점 대기업이 주종을 이루는 중화학공업과 노동집약의 경공업 부문 사이에서 차이가 두드러졌다. 전자는 도시에서 교육받은 고학력의 사무·관리직과 숙련 남성의 영역이었다. 후자에서는 농촌 출신의 배우지 못한 미숙련의 육체노동에 종사하는 여성이 주류를 이루었다. 중화학공업의 대규모 사업장은 국가의 강력한 억압이 집중되어 기존 어용노조가 존재하고 방위산업체와 병역특례의 제약을 받았으며, 좀더 나은 보수와 노동조건을 누렸기 때문에 노동운동이 활성화되지 못했다. 이와 달리 대규모 공장의 남성 노동자에 비해 동질성이 강했던 경공업 분야의 여성 노동자들은 열악한 노동조건과 공장생활에 대한 불만

---

* 그러나 작업장의 실상과 공장생활의 전모는 아직 완전하게 드러나지 않고 있다.

〈표 1〉 최저생계비에 대한 임금의 비율

연도	최저생계비(A)	임금(전 산업, B)	비율(B/A)	임금(광공업, C)	비율(C/A)
1970	29,005	17,831	61.5	15,032	51.8
1971	38,900	20,581	52.9	17,434	44.8
1972	43,638	24,179	55.4	19,791	45.4
1973	51,790	26,954	52.0	23,267	44.9
1975	86,315	46,019	53.3	40,020	46.4
1976	122,658	62,362	50.8	53,326	43.5
1977	162,267	82,355	50.8	71,022	43.8
1978	210,992	111,201	52.7	95,157	45.1
1979	277,942	142,665	51.3	122,268	44.0
1980	394,421	176,058	44.6	150,328	38.1

• 단위=원, 임금=월평균 임금의 총액.
• 생계비는 매년 말의 5인 가족 최저이론생계비로 1970~75년은 섬유노조의 『사업보고서』, 1976~80년은 한국노총 『사업보고』의 조사임.
• 출처: 노동부 『노동통계연감』, 1981; 이원보, 『경제개발기의 노동운동, 1961-1987』, 지식마당 2004, 342면.

을 표출하면서 1970년대 민주노동운동의 역사를 만들어나갔다.

노동자들의 공장생활에서 가장 중요한 요소는 자신의 노동에 대한 대가로서의 임금이다. 하지만 당시의 임금은 인간이라면 누려야 할 권리로서의 생활임금이나 기본소득에 입각한 임금과는 거리가 있었다. 인간다운 삶의 지향을 반영하기는커녕 노동에 대한 대가로서의 임금도 아니었다. 생산성 향상과 물가상승에 기준을 둔 자본의 생산성 임금제는 오늘날에도 여전히 그러하듯이 이 시기에도 주류를 이루었다. 이에 대해 노동자들은 생계비 임금을 내세웠고 이 모형은 노동조합들이 제시하는 임금 인상의 틀로 보편화되었다.[12] 노동자들이 바라는 노동의 대가라는 것이 생계 유지에 필요한 만큼을 요구한 것임에도 불구하고, 생산성에 기반을 둔 임금의 실제는 그 절반도 채우지 못하는 열악한 수준이었다.

표 1에서 보듯이 1970년대 전반에 걸쳐 임금은 최저생계비의 절반 남

〈표 2〉 성별에 따른 임금 격차의 변화

연도	남자(A)	여자(B)	비율(B/A, 퍼센트)
1971	–	–	43.6
1972	–	–	45.6
1973	–	–	46.1
1974	–	–	46.4
1975	60,319	25,465	42.2
1976	82,871	36,396	43.9
1977	102,924	45,199	43.9
1978	135,089	58,662	43.4
1979	189,278	80,159	42.3
1980	192,589	85,674	44.5

• 단위=원, 임금=월평균 금액.
• 출처: 노동부 『노동통계연감』, 1975~81; 노동부 『직종별 임금실태조사보고서』, 1977, 34면; 성공회대 사회문화연구소 『1970년대 산업화 초기 한국노동사 연구 ─ 노동운동사를 중심으로』, 노동부 2002, 30면.

짓한 수준을 유지했으며 그것도 이 시기 내내 하락하는 추세를 보였다. 특히 광공업 분야의 임금은 전산업에 비해 대략 10퍼센트 정도가 낮았다. 일한 만큼 임금을 지급하는 성과급(도급제)은 부족한 생계비를 보충하려는 노동자의 필요에 일정 형태로 조응하는 것으로, 이 시기 공장 임금제도의 주류를 이루었다. 열악한 기본급만으로 생계를 유지할 수 없었던 노동자들은 동료와의 치열한 경쟁과 갈등을 무릅쓰고라도 시간을 향한 무차별 경쟁에 뛰어들어야 했다. 노동시간을 연장하거나 휴일에도 일을 해야 했으며, 이에 따라 휴일근무와 잔업, 철야노동은 노동자들의 공장생활에서 일상이 되었다. 이러한 점에서 성과급 제도는 노동자들에게 없어서는 안 될 강제로 작용했다.

여성의 경우에는 남성에 훨씬 못 미치는 낮은 임금 수준을 감내해야 했다. 이 시기 생계비의 산출은 남성 가장에 의한 가족 소득을 전제로 한 남성 생계자male-breadwinner 이데올로기에 근거를 두었으며, 여성 임금은

표 2에서 보듯이 남성의 절반에도 미치지 못하는 낮은 수준으로 고착되었다. 이미 지적한 바와 같이 중공업의 남성과 경공업의 여성이라는 이 시기의 이원화된 산업구조는 임금 수준에도 그대로 반영되었다. 성에 따른 임금 격차는 외국 자본이 투입된 사업장에서 더욱 심각한 양상을 띠었다. 1975년에 이 사업장들의 경우를 보면 남성에 대한 여성의 임금은 36.2퍼센트로서 전산업 평균인 42.2퍼센트보다 6퍼센트 정도 낮았다.[13]

이처럼 생계비에도 미치지 못하는 임금을 받은 탓에 특히 여성 노동자들은 극도의 궁핍과 가난에 시달려야 했다. 영자의 사례에서 보듯이 농촌에서 경험한 가혹한 가난과 결핍은 그로부터 벗어나기 위해서 여성 노동자들이 선택한 도시의 공장생활에서도 여전히 지속되었다.[14] 여성 노동자들이 맞닥뜨린 것은 경제의 궁핍만이 아니었다. 작업장에서 이들은 관리자나 상급 감독자 혹은 동료 남성 노동자들의 폭언과 폭행, 그리고 성폭력의 위협에 무방비 상태로 노출되었다. 좀더 근본의 차원에서 보면 농촌에서 자유롭게 커온 제1세대 여성들이 어느날 갑자기 엄격한 공장규율에 적응하기란 결코 쉽지 않았다. 일방적 지시와 명령으로 운영되는 작업장 분위기는 이들에게 매우 낯선 것이었다. 전통이 되어버린 군대식 문화와 근대의 '과학' 규율이 기묘한 방식으로 혼합된 생산과정에서의 감독과 통제 역시 이들이 적응하기 힘든 것이었다.

나아가서 생전 처음으로 접하게 된 공장의 기계와 낯선 설비들은 이들에게 공포감과 억압을 불러일으켰다. 생산과정에서 이들은 기계의 일부이자 기계를 보조하는 부속품이 되어야 했다. 동일방직의 정명자는 "일하는 동안에는 내가 이미 사람이라는 것을 잊어버리"고 "오로지 그 생산만을 위해서 현장 분위기에 맞춰야 되고, 기계가 돌아가는 것에 따라서 우리도 돌아가야" 했다고 회고한다. "이름도 부를 수 없고 호루라기 불면 화들

"잘살자 금순아"
작업시간의 억압은 일상의 24시간을 지배했다. 퇴근시간을 기다리다, 때론 몰래 눈물을 흘리고, 조장 욕
도 하면서 노동자들이 가슴에 품은 소박한 희망은 그저 "잘살자 금순아"였다.

짝 놀라서 쳐다보"는 작업시간의 억압은 일상의 24시를 지배했다. "자다가 깜짝깜짝 놀라 호루라기 소리를 듣"고 "8시간을 위해서 바깥에 있는 16시간이 거의 다 잠재의식 속에 짓눌리는 듯한" 그런 작업 조건이었다.[15] 이처럼 자신의 자아와 개성을 유보하고 오로지 위로부터의 명령과 규율에만 복종하는 '산업전사'로서의 호명에 이들은 응답해야 했다.

새로운 공장생활은 여성 노동자들에게 정신에 대한 여러 형태의 고통과 아울러 몸으로도 감당하기 힘든 노동 강도를 부과했다. 기계의 흐름과 리듬에 따라 2교대, 3교대로 일하는 공장 체제에서 기계에 따라 자신의 신체와 작업 리듬을 맞춰야 하는 자본주의 전형의 노동과정에 편입된 결과였다.[16] 노동자들은 노동과정과 나아가서는 노동 그 자체로부터 소외를 경험했다. "힘든 기억밖에 없는" "답답하고 어려운" "비인간의 억압"을 수반하는 공장노동 현장에서 이들은 하루라도 빨리 벗어나기를 원했다.[17] "정말 더럽고 역겨웁도록 지겨운 세상"에 "환멸과 삶의 권태"를 느끼면서, 이들은 "세상아 없어져라. 세상아 바뀌어라."라고 저주하는 일상을 살았다.[18] 현실에 대한 좌절감과 미래에 대한 절망 그리고 삶 자체의 허무를 심연에서 느끼게 하는, 근원 차원에서의 억압과 박탈을 경험한 것이다.[19]

'공순이'의 소비와 문화, 일상생활

이 시기 농촌 출신의 노동자들은 농촌과는 근본부터 다른 도시의 새롭고 낯선 환경에 적응해야 했다. 지겹고 힘든 농사일, 가난과 생존과 정체의 단순한 생활이 되풀이되는 농촌에서 이들은 문명의 상징이자 진보와 문화의 결정체인 도시에 대한 환상과 동경을 품었다. 새로움과 의미있는 일의 동기가 삶의 근원을 이루는 근대 삶의 양식으로서의 도시는 무언가를 이룰 수 있는 자유와 해방의 터전으로 이해되었다.[20]

이처럼 도시는 새로운 도전이고 견딜 수 없는 매혹이었지만, 도시에서 정작 이들이 마주한 것은 쓰러져가는 판잣집이나 달동네, 혹은 영세한 공장과 같은 도시의 이면이었다. 도시로 온 소녀들은 식모로, 혹은 가게, 식당, 목욕탕 등에서 경력을 시작했으며, 대개의 경우 그것은 영자의 사례에서 보듯이 인신의 구속이나 성의 '탈선'의 잠재성을 안고 있었다. 모두 그런 건 아니겠지만 공장생활은 이로부터 벗어나서 자유로운 삶을 추구할 수 있는 생활의 기회로 여겨졌다. 도시 감수성과 문화를 농촌과 대비시켜 사고한 여성 노동자들은 가능한 빠른 시간 안에 농촌 출신이라는 낙인을 지움으로써 도시의 소비문화 향유에서 낙오되지 않으려 했다.[21]

이 시기 대부분의 여성 노동자들은 기숙사에서 집단생활을 했다. 중간 규모 이상의 공장 기숙사는 민간에서는 찾아보기 힘든 난방과 온수, 세탁장, 텔레비전, 오락실 등 근대의 외양을 갖추고 있었다. 잔디가 깔린 공장 시설과 함께 근대 시설을 갖춘 기숙사는 시골에서 올라온 여성들에게 선망의 대상이었다. 그렇다고 해서 이러한 근대 시설이 노동자들에게 개인 생활과 휴식의 공간을 제공하지는 않았다. 오히려 기숙사는 공장과의 연결을 극대화하면서 노동자들이 밤중에 자다가도 작업 현장에 투입되도록 하는 기능을 수행했다. 감시와 규율의 강제가 항상 작동했다는 점[22]에서, 기숙사는 자유로운 삶의 공간이라기보다는 감옥 같은 곳으로 회상되는 공간이었다.

그러나 기숙사가 이러한 부정의 기능만을 수행한 것은 아니다. 기숙사를 장으로 하는 집단생활은 도시의 타향살이에서 오는 어린 여성 노동자들의 고립감과 외로움을 달래주었다. 또한 소모임 활동이나 노조활동을 하는 데 도움을 주어 집단정체성과 연대감을 조성하는 데 기여하기도 했다. YH무역의 박태연은 노동자들 스스로 참여하고 만든 이러한 활동을 통해 "완전히 감옥 같"았던 감시와 통제의 공간을 조합원들이 참여하는 "토론의 장"이자 "삶의 터전"으로 바꾸었다고 회상하고 있다.[23]

대부분의 여성 노동자들은 공장에서 일이 끝나면 인근 기숙사로 돌아가는 단순한 일상생활을 되풀이했다. 쉬는 시간이나 휴일에는 시장에 가서 필요한 물건을 사고 밀린 빨래를 하거나 목욕탕에 가기도 하고, 무작정 걷거나 친구를 만나기도 했으며, 독서를 하든지 야학이나 모임에 참석하든지 등산을 하기도 했다. 1970년대 산업화의 진전을 배경으로 한 개인 소비의 확대 과정은 계급에 따라 차별과 이질의 양상을 띠었기에 일반화할 수는 없지만, 산업화의 진전에 따른 소비 영역의 확장을 생활 기회의 확대로 연결시키는 것은 이 시기 노동자들에게 불가능한 일이었다. 장시간 노동과 열악한 임금은 여가와 소비에 필요한 시간과 여유를 허용하지 않았기 때문이다.

이러한 점에서 대다수의 노동자들은 일하는 날과 쉬는 날이 엄격히 구분되는 도시의 삶이 제공하는 '혜택'에서도 배제된 존재였다. 이들에게 노는 날의 현실은 일상으로부터 벗어나 취미나 레저를 즐기는 비일상의 부재였다.[24] 달력에서 빨간 날이 주는 기대와 즐거움은 고단한 육체의 피로를 해소하기 위한 단조롭고 무미건조한 일상의 연장에 파묻혀갔다. 여가와 소비생활에서 이러한 극단의 내핍과 결여는 여성 노동자를 생산 영역에서의 산업전사로만 상상하고 이들에게 생존의 영역에서만 근대의 소비를 허용하고자 했던 국가와 자본의 의도에 부합하는 것이었다. 이러한 인식 탓에 평범한 여성 노동자들이 도시의 소비문화를 향유하는 것은 나쁜 행동이라고 지탄받았고, 이로써 당대의 주류 여성 이미지는 부정되었다.[25]

그러나 당시 예외로서의 '일탈'과 도전이 없지는 않았다. 동일한 여성 노동자라고 하더라도 노동시간과 임금 수준에서 약간의 우위를 가질 수 있었던 일부 작업장의 노동자들은 여가와 문화생활의 여유를 누리는 것이 가능했다. 이들은 대다수 노동자들이 버거워하는 영화 관람이나 다방 출입은 물론이고 명동이나 이대 입구에 가서 쇼핑을 하고 유명 브랜드의 옷과 구두로 치장을 하거나 디스코장에서 유흥을 즐기면서 소비 지향의 근대 대중문화에 탐닉했다. 그런가 하면 이들 중의 일부는 극단의 내핍과 절약으로 임금을 모아 틈틈이 혼수용품을 월부로 구매해 기숙사에 쌓아 두기도 하고, 꽃꽂이나 수예, 자수 등의 강습을 듣거나 가사와 요리, 육아 등에도 일정한 관심을 기울였다. 결혼과 동시에 공장에서 벗어나 사회 지위의 상승을 꿈꾸는 이들에게 공장은 한때에 불과한 잠정의 장이었고, 미래의 기억에서 삭제되거나 은폐되어야 할 어떤 것이었다.

예외의 또다른 사례는 도전과 저항의 양상을 띠었다. 그것은 1950년대의 이쁜이가 상상할 수 없는 영역이었으며, 1970년대의 영자도 가보지 못한 길이었다. 의식의 깨우침을 경험하면서 민주노동운동에 참여한 노동자들은 과거에 자신이 지향하고 실천했던 의사擬似 중간계급의 환영에서 기꺼이 벗어나서 노동자 고유의 정체성을 고수하고자 했다. 다소 거칠고 험한 남성 지배의 노동운동 문화에 이들은 서서히 젖어들어갔다. 때때로 욕설과 음주를 불사하면서 "때로는 싸워야 하고, 몰려가야 하고 그러다보면 거칠어지"는 문화 안에서 이들은 "어쩔 때 보면 여자가 아닌 남자로 생각이 드"는 상황을 감당했다.[26] '여성스럽지 못한' 이러한 활동을 통해 이

취미생활을 하는 노동자들
집단생활은 시골에서 올라온 노동자들이 고립감과 외로움을 이겨내는 데 도움을 주기도 했다. 기숙사,
복지회관 등 새로운 삶의 터전에서 그들은 꽃꽂이를 하거나 독서를 하며 여가를 보낼 수도 있었다.

들은 주류의 여성 이미지를 기꺼이 훼손했으며, 여성은 모름지기 순종해
야 한다거나 반드시 결혼을 해야 한다는 전통 관념에 균열을 내고 도전
했다.

—

새로운 삶,
새로운 세상을 향한 움직임

1960년대까지 민주화운동이 독재정권과 대외 종속에 대한 학생 주도
의 비판과 도전으로서의 성격을 가진 것이었다면, 1970년대에는 이와는
전혀 다른 차원의 새로운 지향과 내용을 갖는 노동운동이 출현했다. 이와

관련해서는 흔히 이 시기 들어 민주화운동이 사회 발전의 주체로서 민중의 잠재력을 재인식했다거나, 민주화운동의 지평에 민권 수호나 민중론과 같은 문제의식이 추가됐다거나, 이로써 민주화운동이 정치 영역을 넘어서 사회 영역으로 확대되는 계기를 맞았다는 사실 등이 지적되어왔다.[27] 의미있는 평가이지만 이러한 평가가 한국의 민주화운동에서 학생과 지식인 중심의 인식을 어떠한 형태로든지 반복·재생하는 경향으로 기울어져온 것임은 유감스럽게도 사실이다.

널리 알려진 이름임에도 불구하고 역사 사실로서 '민주노조운동'의 개념 정의에 대한 합의는 아직까지 이루어지지 않고 있다. 하지만 분명한 것은 이 시기의 민주노조운동은 기존 민주화운동의 단순한 보완이나 발전의 연장이 아닌 전혀 새로운 차원의 운동을 만들어냈다는 점이다. 무엇보다도 그것은 1970년 전태일로 표상되는 노동자 중심의 노동운동의 전통에서 비롯되었다. 1970년대 초에 이미 현장론에 의거하여 극소수의 지식인들이 공장생활에 직접 뛰어들었고, 노동 현장의 바깥에서 지식인들의 지원이 있어왔으며, 다양한 방식으로 종교계와 재야 민주화 세력의 응원과 해외로부터의 영향*이 있었다. 그러나 이러한 동향과 지지에도 불구하고 노동 현장의 노동자들이 당면한 착취와 억압, 가난과 장래에 대한 불안 등은 여전히 노동자들의 몫으로 온전히 남았으며, 이들은 어떠한 방식으로든지 자신들의 힘으로 현장에서 이에 맞서고 또 이를 극복해야 했다.

---

* 산업 전도의 중심을 이루는 소그룹 활동의 교육과 조직화 방법은 미국의 저명한 급진주의 조직이론가이자 실천가인 사울 알린스키(Saul D. Alinsky)의 조직이론과 브라질 출신의 저명한 민중교육 이론가 파울루 프레이리(Paulo Freire)의 영향을 받았다. 이와 관련해 도시산업선교회나 가톨릭의 가톨릭노동청년회(JOC) 등이 버틸 수 있었던 중요한 하나의 힘으로 미국 등과의 국제 네트워크에 의한 해외 요인이 지적되기도 한다. 성공회대 사회문화연구소, 『1970년대 산업화 초기 한국노동사 연구 ─ 노동운동사를 중심으로』, 노동부 2002, 225~29면; 이광택 외 「1970년대 노동운동사를 어떻게 볼 것인가(좌담)」, 같은 책 358면 참조.

1970년대가 노동운동에 대한 억압 조치에서 시작했다고 하더라도 이는 기층 민중에 의한 생존권 차원의 분신과 자결, 시위, 폭동, 방화 같은 자연발생의 여러 항의와 거의 동시다발로 진행되었다. 일상에서 민중이 당면한 생활고는 지배층이나 지식인들의 상상을 뛰어넘는 것이었지만, 그렇다고 해서 민주노조운동이 이러한 대중의 불만 분출 같은 비조직의 힘에 의거하지는 않았다. 무엇보다도 그것은 생계와 생존의 기반을 이루는 노동 현장에서 기층 노동자들에 의해 아래로부터 분출된 조직 역량이 표출된 것이었다. 오로지 자신들의 힘과 역량에 의지해야 했다는 점에서 이들은 대학생 지식인 친구를 가질 수 없었던 전태일의 후예들이었다.

나아가서 이들 대부분이 여성들이라는 사실도 주목해야 한다. 가차 없는 자본주의 산업화 과정의 가장 밑바닥에서 여성은 다른 어느 가족 성원에 앞서 희생과 궁핍을 강요당했다. 여자라는 이유로 집중된 가난의 고통과 차별에 직면하여 이들은 다른 누구보다도 그 모순의 심각성을 깊이 깨달았으며, 이는 모순을 극복하기 위한 주체의 의식과 자아의 노력으로 이어졌다. YH무역의 박태연은 1970년대 민주노조운동은 군사문화의 억압과 폭력이 지배하는 산업구조, 여성을 무시하는 가부장의 사회문화가 복합으로 작용하면서 여성 노동자를 인간으로 취급하지 않았던 체제에 대한 도전이었다고 말한다.[28]

이러한 점에서 1972년 5월 동일방직에서 여성이 최초의 노조 지부장으로 선출된 사건은 민주노조운동의 진정한 시작을 알리는 것이었다. 가부장의 이데올로기에서 비롯된 남성 우월주의가 전사회에 만연한 현실에서 이는 "하나의 신화이자 역사 창조의 시발점"으로서 "그 자체가 여러 가지로 뜻깊은 엄청난 사건"이었다.[29] 이를 기점으로 1974년에는 반도상사 부평공장에서, 그리고 이듬해인 1975년에는 YH무역에서 여성 지부장이 선

"우리를 나가라면 어디로 가란 말인가"
1970년대 노동운동의 주역은 여성 노동자였다. 사회의 가장 밑바닥에서 희생과 궁핍을 강요당한 그들은
거창한 대의에서라기보다는 생활의 필요에 따라 운동을 이어나갔다. 1979년 YH사건 당시에도 그랬다.
그들은 임금을 받지 못해 배가 고팠고, 나가라고 해도 어디 갈 곳이 없었다.

출되어 1977년 말 전국에 걸쳐 11개 노조, 56개 분회에서 여성이 지부장이나 분회장으로 활동했다.[30]

여성의 가난과 차별은 지식 습득과 교육에서도 예외가 아니었다. 1970년대 민주노조운동에서 왜 여성들이 교육활동에 그토록 많은 관심과 노력을 기울였는지가 이러한 사실을 증명한다. 실제로 이 시기 야학이나 선교활동을 통한 교육활동 참가자의 대다수는 여성이었다. 이는 선택받은 소수 간부들 외에는 교육활동에 참여하기가 힘들었던 주류 노조의 사례와 대조를 이룬다. 이 시기 민주노조들은 간부는 물론이고 조합원을 직접 대상으로 하는 교육에 중점을 두고 이를 실행하기 위한 다양한 방안을 강구했다. 서울통상의 배옥병은 "우리는 그 당시 어디서 교육을 받고 이런 적이 없었으니까 그런 사건만 있으면 이것을 교육의 기회로 삼자는 게 우리의 철칙이었"다고 증언하고 있다.[31]

일상의 모든 소재가 이들에게는 동료에 대한 믿음과 노동조합 의식을 고양하기 위한 "살아 있는 교육"이 되었으며, "교육의 기회"는 동시에 "독한 단결"의 계기로 전화되었다.[32] 농촌생활의 배경, 물려받은 가난이라는 동질에 가까운 생활 조건과 아울러 공장생활과 기숙사라는 공동의 거주 조건, 여성으로서 차별에 대한 공동의 경험 등은 이들이 단일 집단으로 조직되는 것을 용이하게 했다. YH무역의 박태연이 말했듯이 "그때는 다양화 자체를 수용할 수 있는 것보다는, 개별이 가지고 있는 조그만 차이를 묶고, 뭐랄까 집단화되지 않으면 안 되었"던 것이다.[33] 그리고 여기에서 1970년대 민주노조운동의 강력한 힘이 형성되었다. 고난을 두려워하지 않으며 목숨을 걸고 싸우는 강력한 투쟁은 전태일의 유산이 남긴 한국 노동운동의 전통으로서 1970년대 민주노조운동에서는 일상화된 것이었다. 유례를 찾기 힘든 독재의 광기가 지배하는 1970년대의 현실에서 노조활

동을 한다는 것은 온몸을 던지는 각오와 다짐이 없으면 불가능한 일이기도 했다.[34]

이 시기 민주노조가 추구한 독특한 참여 방식은 이러한 강력함을 더욱 강화했다. 요구조건을 내건 회사와의 교섭에서 이들은 조합원들의 직접 참여를 중시했다. "간부 몇 사람이 그냥 뚝딱해서 시혜로 갖다 주는" 한국노총의 방식과 거리를 두면서 이들은 "우리가 참여해서 우리가 결정하는" 과정이 더 중요하다고 주장했다. 한국노총이 구사하는 소수 간부에 의한 상층 교섭 방식이 설령 결과가 더 나을지라도, 이것과 스스로가 주도하고 다중이 의사 결정 과정에 참여하여 발휘하는 힘 사이에는 "엄청난 차이가 있"다는 사실[35]을 이들은 경험을 통해 체득했다.

또다른 차원에서 강력함은 의식의 심연으로부터 온 급진적인 자각과 고양을 통해 만들어졌다. 민주노조의 풀뿌리 현장 조직으로 10명 내외의 노동자들이 다양한 이름과 목적을 가지고 구성한 소모임 활동을 주목해왔다. 그 내용과 지향이 무엇이든 간에 소모임 활동은 구체화된 깨달음이나 "의식화"로 불리는 단계를 설정하고 있는데,[36] 자신의 존재조건을 객관화하여 보는 시선과 아울러 그것을 강요하는 사회에 대한 비판의식이라는 풍부한 토양에서 여성 노동자들은 약간의 의식화 교육이라는 자극으로도 빠른 속도의 자각과 사회의식의 고양을 경험했다. 노동운동가 김지선은 가난한 부모의 삶을 보고, 부모의 삶을 답습해가는 자신의 모습을 변화시키기 위해 인간답게 살고 싶은 욕구에서 노동운동에 뛰어들어 "어떻게 하면 이 사회를 바꿀 건가를 생각했"다고 말한다. 배옥병은 민주노조 운동의 생명력은 "대중으로부터 대중들과 함께 하면서 얻어진 대중의 힘에 의한 어떤 가능성"을 노동자 대중으로부터 받는 것이라고 설명한다.[37]

이들은 현실의 억압체제와 수탈구조를 대신하는 새로운 대안사회의 한 전형으로서 노동조합을 인식하고자 했다. 그리고 노동과 노동자에 대한 자기비하와 열등감에서 벗어나 삶과 사회에 대한 의식이 완전히 바뀌는 의식의 일대 전환을 경험했다. 민주노조에서 이들은 새로운 삶의 길을 발견했고, 지배와 대립과 착취가 아닌 새로운 대안의 인간관계, 대안의 사회를 실천하고자 했다.[38] 이러한 대안의 인간관계와 사회 안에서 이들은 인간과 노동, 정의, 연대, 동지애, 사명의식 등과 같은 대안 언어들을 익혀갔다.

이처럼 참여 방식에 대한 새로운 접근과 의식화의 문제는 이 시기 민주노조운동이 경제투쟁으로만 일관했다는 1980년대의 주류 평가가 피상과 일면에 그치고 있다는 사실을 드러낸다. 작업장 내의 경제가 이 운동의 출발점이고 근거지였다는 점에서 경제투쟁의 속성이 있었다고 하더라도, 바로 그 미시 차원에서의 변화가 정치·사회의 커다란 파장을 불러왔으며, 궁극적으로 그것이 유신체제의 몰락을 재촉했다는 사실을 고려해야 한다. 이러한 점에서 1970년대 민주노조운동에서 나타난 강력함의 마지막 차원은 정치와 관련된다.

양의 지표만을 기준으로 하면 전체 노동조합에서 차지하는 비중이나 조직 규모 등에서 민주노동조합은 소수에 속했다. 나아가서 합법성에 의거한 지배가 파괴된 독재정권 체제에서 정치에 대한 개입은 조직 기반 자체의 붕괴로 이어질 수 있다는 점에서 민주노동조합은 민주화운동과 일정한 거리를 유지하고자 했다.[39] 그럼에도 불구하고 이들이 작업장과 일상에서 실현하고자 했던 민주와 정의, 인권과 평등의 이념이 착취나 독재의 현실과 화해할 수 없다는 사실은 자명해 보였다. 민주노조운동은 시간이 지날수록 정치화할 수밖에 없었으며, 민주화운동과 결합해 1970년대 말에는 유신체제에 대한 가장 중요한 도전세력으로 성장했다.

민주노조운동의 경험은 여기서 멈추지 않았다. 이 시기 민주노조운동에 참여한 수많은 노동자들은 1980년대 이후의 노동운동에 적극 참여했을 뿐만 아니라 오늘날까지도 생활 속의 민주주의 운동과 지역자치 운동, 여성운동과 소수자 인권보호 운동 등의 각 분야에서 주된 역할을 하고 있다. 이러한 점에서 1970년대 민주노조운동은 현재진형행의 사회운동이라고 할 수 있다.[40] 이념으로 사회를 변화시켜야 한다고 생각한 무수한 사회운동가들이 속절없이 떠나간 빈 자리에서 생존을 위해 운동을 시작한 이들은 여전히 바뀌지 않은 세상에서 운동으로서의 삶을 지향하면서 살아가고 있다.[41] 현장 대중운동과 지역운동, 이주자 운동, 통일운동, 농민운동, 철거민 운동, 환경운동과 여성운동, 소비자 운동, 교육운동, 학부모 운동, 육아와 급식 운동 등 일상생활의 각 부문에서 새로운 세상을 위해 자신의 삶을 늘 새롭게 살아가고 있는 것이다.

새마을운동과
농촌 탈출

황병주

구조조정에 내몰린 농민,
난민이 되다

대한민국 정부 수립 이후 '국가 발전에 가장 큰 영향을 미친 정책'[1]으로 꼽히는 새마을운동에는 납득하기 어려운 의문이 하나 있다. 이촌향도가 바로 그것이다. 새마을운동의 극성기는 농촌 탈출rural exodus의 극성기이기도 했다.* 그렇게 성공적인 운동이 전개되고 있는 와중에 왜 농민들은 농촌을 떠나 도시로 몰려들었을까? 이촌향도는 단순한 공간 이동이 아니라 기존의 생활양식과 가치관, 사회적 관계망을 포함해 삶의 기본 틀이 뒤바뀌는 것을 의미했다.

---

* 1970년 인구 총조사에 의하면 전체 인구 3088만 2386명 중 도시지역 인구는 1270만 9513명에 불과해 비율로는 41퍼센트 정도였다. 그러니 1980년에는 총 인구 3740만 6815명 중 도시지역 인구가 2140만 9453명에 달해 57퍼센트가 넘었다. 읍 지역을 도시에 포함하면 1970년 농촌 인구는 1565만 명에 달해 전체 인구의 50.7퍼센트를 차지했으나 1980년에는 1146만 명 선으로 떨어져 30.6퍼센트로 격감했다. 1979년 53개 면이 읍으로 승격된 것을 감안한다 해도 10년간 최소한 300만 이상의 농촌 인구가 줄어든 것이다. 국가통계포털 참조.

보수적 속성이 강한 농민의 다수가 이러한 결단을 내릴 수밖에 없었다면, 그것은 분명 거대한 변화임에 틀림없다. 인간의 이동은 기본적으로 더 나은 삶의 조건을 찾아 이루어진다. 예컨대 죽음의 공간을 떠나 삶의 공간을 찾아가는 것을 피난이라 부른다. 이촌향도는 많은 농민들에게 농촌이 더이상 삶의 공간으로 적합하지 않았다는 사실을 웅변한다. 그러나 이주가 그리 만만한 일은 아니다. 뿌리를 통째로 뽑아 옮겨심는 이식은 때로 나무를 죽일 수도 있다. 이러한 위험을 감수할 정도라면 농민들은 일종의 '난민'이 된 셈이었다. 농민을 난민으로 만든 것은 무엇일까? 한마디로 농촌의 몰락이다.

주지하듯이 이러한 몰락의 명백한 이유는 산업화였다. 농민들이 도시로 밀려드는 것은 산업화 전략에 따르면 바람직한 것이다. 산업화에 따라 도시에서는 대규모 노동력이 필요했고 이를 공급할 수 있는 곳은 농촌밖에 없었다. 농민을 노동자로 만들지 못한다면 산업화는 불가능했다. 저임금 노동력에 근거한 가격 경쟁력 외에 별다른 경쟁수단이 없던 당시의 한국 기업들로서는 농촌으로부터 공급되는 무제한적인 노동력은 생명줄과 다름없었다. 가능한 한 산업예비군을 많이 만들어 노동시장 내 경쟁을 격화시킴으로써 저임금을 구조화하는 데 농민들의 이촌향도가 절대적 조건이었다.

이 과정은 흔히 전쟁으로 비유되었다. 대통령부터 언론에 이르기까지 수출전쟁을 간단없이 외쳤으며 경제전쟁의 시대가 도래했음을 누이 강조했다. 이 전쟁에서 농업과 농민은 패잔병에 가까웠고 농민이 살길은 도시와 공장의 보충병이 되는 것이었다. 모든 인적·물적 자원이 집중된 서울은 치열한 삶의 전쟁터가 되어갔지만, 시골은 전쟁을 치를 기회조차 없었다. 이 경제전쟁을 요즘 말로 하자면 구조조정이 될 것이다. 농업과 농

1977년 답십리(위), 1972년 청계천변(아래) 무허가 건물

농촌에서의 삶을 이어가기 힘들었던 농민들은 시골을 떠나 도시로 향했다. 그리고 도시에서 '난민'의 삶을 이어갔다. 산업화는 난민이 된 농민들이 없었다면 불가능했다.

촌은 구조조정의 1차 대상이었고 농업에서 해고된 농민들은 공업에서 재취업해야만 했다.

국가와 자본의 입장에서 보자면 한편으로는 농촌의 몰락을 통해 산업화를 추진하면서 다른 한편으로는 그 몰락의 부작용을 최소화하기 위한 대책 마련이 시급했다. 즉 농촌은 무제한적인 노동력을 공급해주면서도 안정적인 식량 증산을 이루어내야 했고, 또 정권의 든든한 정치적 지지세력도 되어야 했다. 농민들은 도시로 나가 노동자가 되는 동시에 시골에 남아 식량 증산도 책임져야 했고, 이 고단한 삶 속에서도 언제나 유순한 유권자가 되어 여촌야도 투표를 해야 했다. 게다가 도시가 소돔과 고모라 같은 타락의 공간이었다면, 농촌은 단군 이래의 민족 전통을 보존하는 성스러운 공간으로 존재해야 했다. 요컨대 농민은 유순하고 효율적인 '슈퍼 농민'이 되어야 했다.

농촌의 몰락 과정에서 농민들의 불만이 팽배하게 된 것은 당연했다. 여당에 대한 지지 철회가 그 정치적 표현이라면, 도시로의 대탈출은 절박한 사회·경제적 표현이었다. 그러나 그 와중에 긍정적 전망에 대한 갈망도 공존했다. 산업화가 어떻게 농촌과 농업을 파괴적으로 재편할 것인지 그 결과를 확신할 수 없던 농민들에게 마지막 희망 같은 것이 필요했는지도 모른다. 하나둘 도시로 떠나는 이웃들을 보면서도 아직 완전한 절망은 아니라고 판단하는 농민들이 많았다.

농민들에게 삶의 모든 것을 바꿔야만 하는 도시로의 탈출은 어쩌면 농촌에 남는 것보다 더 위험하고 두려운 것이기도 했다. 위기인 것은 분명했지만 무언가 그 위기를 넘어설 수 있는 희망과 대안이 있을 것이라는 기대를 버릴 수 없었던 그들에게 어느날 국가가 손을 내밀었다. 새마을운동의 시작이다. 이 시작이 농촌과 농업 그리고 농민에게 최후의 희망이었을까? 아니면 모든 희망을 접게 만든 마지막 확인사살이었을까?

국가 하사품 시멘트로
시작된 운동

새마을운동의 주역은 두말할 것 없이 국가였고 시작도 마찬가지였다. 1970년 4월 22일 전국 지방장관 회의 석상에서 대통령 박정희는 "새마을 가꾸기 운동" 또는 "알뜰한 마을 만들기"를 제시했는데, 이것이 새마을운동의 시작으로 기록된다.[2] 이에 따라 1971년 내무부는 전국 3만 3267개 마을에 각각 335포대씩 시멘트 47만 톤을 지급하기로 결정했다.[3] 당시는 건설 경기 위축으로 시멘트 과잉공급이 큰 문제가 되던 상황이었다.

국가의 시멘트 지급은 상당한 반향을 불러일으켰다. 대략 절반에 조금 못 미치는 1만 6000여 개 마을에서 지급받은 시멘트를 이용해 일정한 사업성과를 냈는데, 보수적인 농촌에서 이 정도의 반응을 보인 것은 주목할 만한 현상이었다.[4] 새마을운동이 이전의 사례들과 질적으로 다른 점 중의 하나가 이것이었는데, 즉 국가의 물질적 지원이 농민의 반응으로 연결되었다는 점이다.

그런데 국가는 하고많은 사업 중에 하필 왜 마을 가꾸기라는 환경 개선부터 시작하고자 했을까? 당시 농업 담당 대통령 특별보좌관이었던 박진환의 얘기를 들어보자. 그는 전국의 자연마을이 제멋대로 분산되어 있고 전통적 초가지붕이나 꼬부랑길 등이 옛날 그대로 있는 것이 문제라고 강조했다. 그간 국가에서는 이것을 알고도 어쩔 수 없었지만 경제개발로 "농촌을 탈바꿈할 힘이 생겨났다."는 것이 그의 판단이었다.[5] 이러한 문제의식하에 지붕 개량과 주택 개량을 넘어 취락구조 개선 사업이 진행되었고 마을길이 확장되었는가 하면 개천조차 직선으로 흐르게 정비되었다. 요컨대 '제멋대로'와 전통이 새마을운동의 첫 번째 타깃이 된 셈이었다.

당대 최고의 근대성을 체현하고 있다고 확신한 국가 입장에서, 시골 마을은 한마디로 근대적 기율이 없는 제멋대로인 상황으로 보였다. 여기서 국가의 근대성이 곧 군사적 근대성과 근친관계에 있었음이 드러난다. 서구의 근대적 규율 자체가 유럽 중세 수도원에서 출발해 군대와 공장을 거쳐 학교와 사회 전체로 확산된 것임에 비추어 새마을운동의 규율화 또한 그 연장선상에 있었다고 하겠다. 요컨대 농촌과 농민은 제멋대로 또는 자율적으로 방치될 것이 아니라 국가 주도의 근대적 규율에 의해 운동에 투입되어야 했다. 다시 말해 농촌은 운동의 주체가 아니라 개혁되어야 할 대상이었다.

아이러니하게도 농촌을 근대화해야 할 주체는 농민이었다. 대통령과 높으신 분들이 구두선(口頭禪)처럼 달고 다니던 '정신혁명'의 요체가 곧 이것이었다. 기존의 정신, 가치, 관습, 삶을 파괴하고 근대적 규율로 질서정연하게 스스로를 재구성하는 것, 이것이 농민에게 떨어진 정신혁명의 골자였다. 이것을 주도적으로 수행할 주체에게 국가는 새마을 '지도자'라는 어마어마한 호칭을 부여했다. 이는 새마을운동이 그만큼 자기부정성이 강한 것이었음을 보여준다. 농민 입장에서 어느날 갑자기 기존의 삶을 부정하는 것은 분명 간단한 일은 아니었을 것이며 이것을 수행하는 데 지도자의 힘이 필요했을 것이다. 새마을 지도자는 곧 마을 차원에서 국가지도자를 재현한 존재였다. 어쨌든 자기 손으로 자기 집과 마을을 개혁해야 될 농민의 표정은 과연 어떠했을까?

복잡미묘한 농민의 표정이 정리되는 데 시멘트가 중요한 역할을 했다.

새마을을 만든 시멘트
새마을 '지도자'는 마을을 개혁할 막중한 임무를 부여받았다. 그리고 그들 손에 시멘트가 쥐어졌다. 집을 고치고, 도로를 만드는 근대화의 재료인 시멘트를 받은 농민들은 대대적인 개조 작업에 들어갔다.

시멘트는 제멋대로인 집과 도로, 하천을 말끔하게 근대화하는 재료였다. 시멘트는 단지 건축재료 중의 하나가 아니라 새마을운동에 투입된 근대성을 상징한다. 인공 건축재료로서 시멘트는 자연의 인공화, 전통의 근대화를 달성할 매개인 셈이다. 게다가 시멘트는 국가 하사품이었다. 근대성이 국가의 위력을 등에 업고 시골 마을을 압박해 들어갔고 농민들은 이것에 자신들의 운명을 맡겨야 했다.

　시멘트 살포의 효과는 좀 애매했다. 절반의 성공이자 절반의 실패이기도 한 결과를 놓고 국가는 선택의 기로에 섰음 직했다. 정부는 1971년 7월 사업성과를 분석했는데, 유능하고 헌신적인 마을 지도자가 있고 주민 협동과 개발의식이 왕성한 마을일수록 성과가 컸다. 정부는 이에 근거해 근면, 자조, 협동을 새마을운동의 원리로 정하는가 하면, 물질적 성장보다 주민의 정신적 단결과 협동에 역점을 두기 시작했다. 요컨대 국가는 지도자와 정신 이 두 가지를 운동의 핵심 요인으로 선택했다.

1973년부터 정부는 새마을운동이 농촌을 넘어 전국적·전계층적 운동으로 확산되어야 한다고 주장했다. 실제로 정부에서 새마을운동이 비로소 종합적으로 체계화되고, 그것의 지속적인 운동방향이 설정되었다고 평가한 해도 1973년이었다. 평가에 따르면 새마을운동은 주민의 정신 계발, 사회의 질서 확립과 사회개발, 생활수준 향상을 위한 경제개발, 생활양식의 근대화 운동이었다.[6] 요컨대 국가에 의해 시멘트로 상징되는 근육질의 근대화와 농촌과 농민의 대대적인 개조 작업이 시작된 것이다.

청와대와 마을 회관의
직통 연결

농촌과 농민을 개조하는 것이 명백한 사명이라고 생각한 국가였기에 새마을운동은 그 영향을 거의 벗어나기 힘들었다. 이것을 잘 보여주는 것이 국가관료제의 팽창과 강제력이었다. 1963년 1203명에 불과했던 전라북도 공무원 수는 1980년 8109명으로 늘어난 반면 같은 기간 인구는 248만 명에서 223만 명으로 줄어들었다. 인구가 줄어드는데도 공무원은 7배 가까이 늘어났으니 그만큼 국가의 통치성이 확대·강화된 셈이다.

중앙에는 새마을운동중앙협의회가 설치되었고 지방에는 시장과 도지사를 위원장으로 하는 시도협의회, 그 밑으로는 시군협의회에서 읍면추진위원회를 거쳐 마을 수준의 리동개발위원회까지 수직 계열화된 관료제가 촘촘하게 만들어졌다. 각급 위원회에는 해당 지역의 주요 기관장이 거의 다 망라되었고 대학교수 등의 지식인도 포함되었다.[7] 마을 차원의 리

동개발위원회 산하로는 개발금고, 청년, 부녀, 향보, 감사 등의 부서를 설치했고 그 밑으로 계, 마을금고, 흥농계, 자생조직 등을 포괄하게 했다. 한마디로 서울의 중앙청과 시골 마을의 마을회관이 직통으로 연결되는 체제를 구축한 셈이다. 그리고 그 꼭짓점에 청와대가 있었다.

국가의 통치성은 다만 양적으로 확대된 데 그치지 않았으니 국가는 '영농과학화'란 이름 아래 근대적 지식권력으로 무장해 농업생산 과정을 장악해 들어갔다. 대규모 간척사업 같은 거대한 개발사업을 통해 국가는 농민들에게 자신의 위력을 남김없이 보여주었다. 그런가 하면 신품종 보급과 토양 조사, 농업용 자재 공급과 유통망 확대, 그리고 농협을 통한 금융 공급 등의 방식으로 농민들의 전통적 농사법 대신 근대적 영농법을 관철시켜나갔다.[8]

관료제를 통한 운동 전개의 특성상 그 일차적 주역은 일선 공무원들이었다. 시·도·군·읍·면별로 담당 공무원제를 실시했는데, 담당 공무원은 월 1~2회 이상 현지로 나가 상황을 파악하고 새마을운동을 독려해야 했다. 담당 공무원제도는 마을 단위까지 확장되어 '1마을 1공무원 담당제'가 시행되었다. 담당 공무원은 주 2회 이상 수시로 마을에 들러 새마을사업을 지도했으며, 새마을의 날로 지정된 매월 1일에는 모든 공무원이 일제히 마을에 출장을 가야만 했다.[9]

마을로 파견된 면 단위 지방 공무원은 며칠씩 마을에 머물면서 새마을운동을 압박했다. 때로는 수확량이 월등하다는 신품종 대신 구품종으로 낸 못자리를 과학이라는 미명하에 장홧발로 짓밟으면서까지 농민들을 겁박했고, 나무 조사와 밀주 단속을 통해 농민들의 일상을 장악해 들어갔다. 마을마다 공동퇴비장을 마련하게 하고 주기적으로 그 실적을 체크하는가 하면 지붕 개량을 위해 농민들에게 반강제로 농협 융자를 받게 했다.

사정이 이러했기에 새마을운동의 추진과정에는 관의 사업에 대한 무조건적인 복종과 집행을 강제하는 군대식 사고방식이 강하게 작용했다. 군대 갔다 온 사람들이 제일 열심히 일했다는 증언도 많았다. 새마을운동을 제대로 안하면 "우리가 반란이 되는 건데…"라거나 "회의에 안 나오면 빨갱이보다 더한 사람으로 취급했다."는 증언으로 보건대, 국가의 위력과 관료제의 강압이 매우 강했음을 알 수 있다.[10] 개별 농가들은 자신들의 경제적 이익의 실현 여부에 따라 정부가 주도하는 새마을사업에 사안별로 자발적으로 참여하거나, 형식적으로 동조하면서 실질적으로 회피하기도 했다.[11] 요컨대 관료주의에 주도된 새마을운동은 다양한 국가 자원을 이용해 농민들을 동원하고자 했으며, 이 거대한 관료제의 압박을 정면에서 거부하는 농민은 거의 없었다.

이러한 맥락에서 새마을운동이 성공했다면 그것은 국가의 성공일 가능성이 높았다. 국가의 성공을 농민의 성공으로 연결시키기 위해서는 또다른 과정이 필요했다. 즉 '국가의 발전이 나의 발전의 근본'임을 깨닫게 하기 위해 국가는 다양한 담론의 정치를 수행해야 했다. 그래서 새마을운동은 곧 새마을 담론의 운동이기도 했다.

정신일도 하사불성, '정신혁명'과 새마을 교육

새마을운동의 이데올로기는 매우 다양한 내용을 담고 있었지만, 큰 틀에서 보자면 주의주의(정신주의)와 민족주의 그리고 발전주의를 3대 축으로 하고 있었다. 먼저 새마을운동에 나타난 주의주의를 살펴보자. 주지하듯이 박정희 체제의 핵심 슬로건은 조국 근대화와 민족중흥이었다. 새마을운동 역시 농촌 근대화로 설명되었는데, 이는 국가의 개발 의지가 농촌으로까지 확대된 것으로 보아야 할 것이다. 이 과정에서 국가의 의지가 농민의 의지로 전화될 필요성이 있었고, 그것이 곧 '하면 된다' 같은 주의주의로 표현되었다.

주의주의가 분명하게 드러난 것이 새마을운동의 3대 목표 중의 하나로 천명된 '정신혁명'이었다. 정신혁명은 어쩌면 운동의 알파이자 오메가였다. 정신으로부터 출발해 정신으로 돌아오는 것이 새마을운동이었으며, 궁극적으로 그것의 의도는 농민들의 정신을 뜯어고쳐 그들을 근대적 인간으로 만들겠다는 것이었다.

환경 개선과 소득 증대도 중요하지만 결국 사람을 바꾸는 것이 중요하다는 것이 새마을운동을 주도한 이들의 판단이었다. 즉 "못산 시대의 전근대적 인간으로부터 근대적 인간으로서의 새사람"으로 변화시키는 것이 새마을 교육의 궁극적 목표라는 것이다.[12]

이러한 정신혁명의 강조는 1972년 새마을 지도자반 제1기 입교식에서 행한 김준 연수원장의 발언으로도 확인된다. 그는 연수원 설립 배경을 "민족의 지상 명제인 조국 근대화의 기초적 작업이 농촌 근대화에 있으며 새마을운동의 성패의 요체가 지도자의 자질 특히 정신적 자세 확립에 있다는 대통령 각하의 애국애농의 충정"에서 비롯된 것으로 설명했다.[13]

따라서 새마을운동 3대 정신인 근면, 자조, 협동은 남다른 의미를 갖고 있었는데, 그것이 국가가 농민에게 주입하고자 했던 정신의 구체적 성격을 상징했기 때문이다. 근면이 근대적 노동윤리를 집약하는 것이었다면 협동은 국가 지도 중심의 집단적 통합을 강조하는 것이었다. 그러나 가장 중요한 것은 자조였는데, 근면과 협동이 자조의 하위 범주처럼 배치되었

농촌을 시찰하는 박정희
국가는 농촌과 농민을 개조하는 것을 사명으로 여겼다. 일선 공무원뿐만 아니라 대통령 스스로 농촌을
다니며 새마을정신을 강조하고, 진행상황과 성과를 점검했다.

다는 해석이 가능했다.[14]

자조는 자립, 자율, 자발 등과 함께 사용되면서 운동 참여자의 자발성과 헌신성이 최대한 동원되도록 하는 것이었는데, 자조를 강조한 이유는 국가 지원을 대신할 농민과 농촌의 자원 동원을 위한 것임이 분명했다. 국가는 남아도는 시멘트를 줄 수 있었지만 그 이상은 곤란했다. 이미 고미가高米價 정책으로 상당한 재정 부담이 있기도 했지만, 투자의 최우선 순위는 공업이었기 때문이다. 따라서 국가는 새마을운동에 제한된 자원을 선별적으로 투자했고, 그 나머지는 농촌과 농민의 물적·인적 자원을 동원하고자 했다. 자조하는 새마을 농민이 곧 국가의 바람직한 농민상이었다.

자조적 인간은 로빈슨 크루소 같은 존재를 의미한다. 완전히 고립된 상황에서 오직 자신의 힘과 노력만으로 생존할 수 있어야 한다는 이데올로기가 응축된 것이 곧 자조였는데, 당시 대통령 연설문에 가장 자주 등장한 속담이 '하늘은 스스로 돕는 자를 돕는다'였다. 이 말을 뒤집으면 스스로 돕지 않으면, 즉 자조하지 않으면 아무도 도와주지 않을 것이라는 의미이다. 모든 것의 출발점이자 원인으로 설정된 것이 곧 자조하는 개인이고, 모든 것의 결과는 이 개인의 의식과 행위로부터 비롯된다. 결국 '하면 된다'의 주어가 곧 자조하는 개인이고, 이 개인의 의지가 곧 자조가 됨으로써 주의주의의 논리체계가 구성된다.

박정희는 새마을운동을 역사상 최초로 농촌사회에서 "자발적으로 일어난 하나의 의식혁명"이라고 규정하면서 "모든 것이 내 자신의 마음먹기에 달려 있"기에 "새마음운동"이라고 천명했다.[15] 새마을운동에 이어 1970년대 후반부터는 새마음운동이 펼쳐졌는데, 이는 새마을운동의 정신주의 또는 주의주의가 더욱 강조되는 양상이었다고 하겠다.

주의주의의 핵심은 조건과 환경을 부차화하고 인간의 의지와 정신의 힘을 강조하는 것인데, 농민의 자발성을 끌어내는 효과와 함께 더욱 중요한 것은 모든 책임을 정신의 소유자에게 귀착시킨다는 점이다. 즉 운동의 성패는 물론이고 빈부의 문제까지 모두 특정 정신상태의 산물로 간주한다. 따라서 5000년 가난은 조상들의 나태하고 게으른 정신상태와 의지박약의 결과로 설명되고, 현재 농촌의 빈곤 또한 농민들의 게으름과 무지에서 초래된 것처럼 여겨진다. 이처럼 주의주의는 정신으로 환원된 추상적 개인을 절대화한다.

추상적 개인은 일종의 원죄의식에 사로잡힌 개체여야 한다. 현실의 빈곤은 곧 현재 정신상태의 빈곤의 결과이며, 그 원인 제공자로서의 개체의 죄악이다. 기독교의 원죄의식과 유사한 이 논리는 개체를 한없이 수동적으로 만들면서 동시에 강력한 구원의 손길을 필요로 하는 존재로 만든다. 박정희는 지도(자)를 특별히 강조했는데, 권력 장악과 함께 제일 먼저 발표한 글의 제목이 「지도자도道」였다. 지도(자)가 구원의 손길을 내민다면 죄인은 당연히 손을 마주 잡아야 했다.

구원의 손길을 체계화하고 조직적인 교육과정으로 만든 것이 곧 새마을 교육이었다. 새마을 교육의 중추는 새마을 지도자 연수원이었는데, 교육의 확대 과정도 흥미롭다. 1972년에는 농촌 새마을 지도자와 독농가 중심의 교육이 진행되었으나, 교육생들이 분임토의를 통해 더 많은 사람들이 교육받을 필요성, 특히 부녀 지도자의 교육 필요성을 강조했다. 그래서 1973년에는 농촌의 부녀 지도자 교육으로 확대되었고, 다시 또 부녀 지도자들이 일선 행정 책임자들의 교육 필요성을 건의하여 시장·군수 등으로 확대되었다. 이러한 방식으로 1974년에는 도시 새마을 지도자와 기업체 인사 및 사회 지도층 인사, 고급 공무원을 거쳐 장·차관 전원이 대통령 박정희의 지시로 교육을 받게 되었다. 1975년에는 도시 각계각층으로 확대되어 대학생까지 교육 대상에 포함되었고, 1976년 이후에는 교육이 공장 노동자 및 도시민 대상으로 확대되어갔다.

그 결과 장·차관, 각급 공무원, 대학 총·학장, 교수, 국회의원, 판·검사, 기업 임원, 종업원, 언론인, 농민, 가정주부, 학생 등 거의 모든 계층의 사람들이 새마을 교육에 참여하게 되었다. 연수원의 새마을 교육은 남자지도자반, 부녀지도자반, 사회지도자반의 3개반으로 편성되어 아침 6시 기상부터 밤 10시 점호까지 모두 동일한 일과에 따라 진행되었다. 다른 것이라고는 훈련복의 색깔뿐이었다. 그들은 사회적 위계상 평생 마주칠 일이 거의 없는 사람들이었지만 적어도 연수과정에서만큼은 동등한 교육생으로 인정받았다. 심지어는 연수원장, 대한상공회의소 부회장, 외무부 경제차관보 등과 함께 3인의 새마을 지도자가 참석한 좌담회가 개최되기도 했다.[16] 연수생으로서의 동등성은 곧 평등한 국민임을 상징하는 것이기도 했다. 자유롭고 평등한 개인의 집합으로서의 근대적 국민은 실상 상상에 불과한 것이기도 하지만 사회적 통합과 동원에 필수불가결한 장치이기도 하다.

물론 교육이 끝나면 교육생들은 자신의 사회적 위치로 복귀했다. 그들이 경험한 연수원은 상상의 공동체일 뿐이었다. 이것이 새마을운동을 상징하는 것일지도 모른다. 운동의 열기가 고조되며 모두가 잘살 수 있을 것이라는 기대가 한껏 부풀어 오르면서 현실의 차별과 사회적 격차는 상상의 공동체로 해소되는 듯했다. 그러나 새마을운동의 성과가 현실의 차별과 격차를 해소할 수는 없었고, 교육생들이 연수원에서 만난 높으신 분들은 여전히 텔레비전을 통해서나 볼 수 있는 존재들이었다. 새마을 지도자는 여전히 텔레비전 시청자일 뿐이었다.

새마을 교육을 이수한 많은 농민들이 일정한 변화를 보여준 것만은 틀림없다. '정신혁명'이 누누이 강조된데다가 세너에 가까운 집중적 합숙 교육까지 받은 사람들이 아무런 영향을 받지 않았을 것으로 생각하는 것이 오히려 더 이상한 일이다. 그러나 교육이 현실을 대체할 수는 없었고, 오히려 냉엄한 현실 아래에서 교육이 자기배반의 효과를 낼 수도 있었다. 농촌과 농업의 몰락 속에서 농민이 무사할 수는 없는 법이었고, 새마을 교육의 '정신혁명'은 도시로 탈출해야만 했다. 몰락의 핵심 원인은 무엇보다 농사가 도시와 공장의 생산력을 따라갈 수 없다는 것이었다.

농민, 민족의 아바타가 되다

주의주의가 새마을운동에 임하는 기본 태도를 강조한 것이라면, 민족주의는 농민을 모체로 하여 모든 주민 집단을 민족이라는 동질적 집단 주체로 만들기 위한 이데올로기였다. 새마을운동의 주역은 대통령 박정희였는데, '소아小我'인 '나'를 확대하고 연장한 것이 국가이며 그 국가를 '대아大我'라고 부르자고 주장한 데서 잘 드러나듯이 그의 인식은 국가주의와 민족주의 등 집단주의와 매우 가까웠다.

이러한 인식하에서 국가는 새마을운동을 '대아의 역사적 맥락'에 위치시키고자 했다. 즉 "새마을운동이라는 체질 속에 흐르고 있는 피는 우리나라 민족사 속에 흐르고 있는 바로 그 피"라는 규정에서 알 수 있듯이, 국가는 새마을운동이 민족의 영원한 역사 속에 존재하는 것이라고 주장했다.[17] 농민은 이 민족사의 주역으로 배치되어야 했다.

농민들은 토지를 중심으로 한 혈연과 지연 그리고 심연(心緣) 관계를 맺으면서 긴 세월 동안 생활의 공동체를 유지시켜왔다. 거기에서 곧 소박한 농민들의 향토애가 우러나게 되었고 애국심과 공속(共屬)의식이 싹트게 된다. 그것이 곧 농민들의 민족주의 의식이 되는 것이다. 우리 저변의 심성 속에는 그같은 민족주의적인 의식이 맥맥이 흐르고 있다. (…) 농민들이 갖는 향토애와 조국애의 근간이 없었던들 새마을운동은 결코 확산도 심화도 되지 못했을 것이다.[18]

인용문에도 보이듯이 이 시기 농민들은 민족주의의 원류를 이루는 존재로 여겨졌다. 이러한 맥락에서 박정희는 "우리 민족이 오랜 역사를 통해 간직해온 전통의 슬기는 농민들에게 가장 순수하게 보존"되어 있다가 "새마을운동을 통해 오늘에 재현"된 것이라며 새마을운동이 농촌에서 시작된 것이 결코 우연이 아니라고 주장했다.[19]

민족주의가 강조된 이유는 분명했다. 1960년대 중·후반부터 박정희 체제는 산업화에 따른 서구화를 크게 우려하여 자유주의나 물질만능주의, 이기주의 등을 모두 서구에서 유래한 것으로 규정하고 극도의 혐오감을 숨기지 않았다. 이에 장발과 미니스커트 단속처럼 개인의 신체와 기호까지 통제하고자 하는 반자유주의적 정책이 나타났는가 하면, 국민교육헌장에도 나와 있듯이 근대화는 서구화가 아니라 '조상의 빛난 얼을 되살리는 것'으로 의미 부여되었다.

결국 새마을운동은 서구적 근대화가 아니라 민족의 오랜 전통을 되살려내는 것, 다시 말해 민족중흥을 의미했다. 그래서 새마을 정신이야말로 "조상으로부터 연면히 물려받은 민족의 얼"이며, "국민정신의 기조"로 설명되었다.[20] 따라서 새마을운동 관련 선전도 민족적 자부심을 부각시키

고 국민을 민족화하는 방향으로 이루어졌다.[21]

흥미로운 것은 새마을운동이 민주주의의 실천도장으로 설명되었다는 점이다. 박정희는 새마을 정신이 "자조·자치·자활의 민주주의 이념을 창조적으로 재정립한 우리 국민정신의 기조"라고 강조했다.[22] 이를 좀더 자세하게 살펴보자.

우리 농민들은 새마을운동을 통해 공동의 문제를 해결하는 과정에서 생활 속의 민주주의를 구현해나가고 있다. 우리의 새마을에서는 우선 마을 주민들이 한자리에 모여 전체 의사에 따라 지도자를 뽑고, 마을의 모든 사업을 결정할 뿐 아니라, 남녀노소를 막론하고 함께 협동해서 그 사업을 추진하고 있는 것이다. (…) 이것을 이웃 민주주의라고 하든, 또는 직접 민주주의라고 하든.[23]

박정희는 이러한 민주주의가 실현되는 마을회관을 '마을 의사당'으로 부르기도 했다. 그는 새마을운동을 통해 진정한 민주주의가 가능하다고 강변하면서 이와 대비되는 국회의사당의 소란스럽고 비효율적인 정치를 경멸했다. 민주주의와 정치조차 효율성의 잣대로 평가하는 것이 유신의 민주주의였는데, 박정희에 따르자면 새마을운동이야말로 "한국적 민주주의의 실천도장"이었다.

이렇게 본다면 박정희는 새마을운동이 민족주의와 민주주의라는 한국의 가장 중요한 담론 자원을 전유하도록 한 것이다. 반면에 자유주의는 극단적으로 부정되었다. 집단, 즉 대아를 강조하는 전략이 민족주의는 물론이고 민주주의조차 집단적 동질화 이데올로기로 재해석하려는 시도로 연결되었다고 한다면, 개인주의를 포함한 자유주의는 극도의 혐오대상이 될 수밖에 없었다.

한편 개인주의, 이기주의, 자유주의 등 서구화 바람을 탄 타락 현상의 본거지는 도시로 제시되었다.

> 도시에 있는 젊은이들이 농민들이 지금 땀 흘리며 일하고 있는데, 거기에 가서 무슨 고고춤을 추고 술을 먹고 얼굴이 벌거니 해서 고성방가를 하니 이런 행위가 있을 수 있느냐. (…) 도시에서 온 사람들은 어디 대한민국 국민이 아닌지 어디 족속인지 모르지만, 부락 사람들의 열의와 새마을운동에 찬물을 끼얹는 그러한 행동만이라도 안 해주었으면 좋겠다는데 왜 조용하게 놀지 못하고 그런 짓들을 하느냐 하는 것입니다.[24]

1960년대까지 농촌과 농민은 후진성의 상징으로 근대화의 1차 대상이었기에 늘 국가로부터 설교조의 계몽 언설을 늘어야만 했다. 그런데 새마을운동에서의 농촌은 타락한 도시에 대비되어 근면하고 성실한 민족의 상징처럼 제시되었다. 도시는 서구화 및 물질문명의 번성에 따라 타락한 곳이 되었고 도시민은 민족적 순수성을 유지하고 있는 농촌, 농민을 따라 배워야만 했다. 이렇게 새마을운동은 농촌과 농민을 모델로 하여 전국민을 성실하고 근면한 민족적 주체로 구성하기 위한 전략이었다.

농민의 살림살이는 정말 나아졌을까?

도시와 농촌을 대립시키면서 농민이 민족 전통과 민족 주체성을 간직하고 있음을 강조했지만, 박정희 체제의 가장 중요한 목적은 자본주의적 산업화였고 이를 위해서는 발전주의가 필요했다. 일반적으로 인간의 합목적적 실천으로 자연(대상)을 인간의 이익에 맞게 변형시킨다는 발전주의는 산업화 시대에 경제적 번영을 최고의 가치로 올려세웠다. 이는 곧 경제발전을 위한 경제적 주체의 구성을 핵심으로 하는 것이기도 했다. 즉 멸사봉공하는 순종적인 개인만으로는 부족하고 여기에 생산적이고 효율적인 사람이 되어야 한다는 주문이 첨가되었다.

잘살기 위한 발전주의는 곧 근대 자본주의 정신을 체화하는 것으로 설명되었는데, 산업화와 과학화가 핵심 내용이었다. 내무부는 "새마을운동은 농촌 후진성의 두 가지 요소인 과학적 합리주의 정신의 결여와 소농사회의 전통적 정체성을 극복"하는 것이 기본 목표라고 천명했다.[25] 『새마을운동10년사』에서는 "영리 추구의 정신을 직업윤리화"하는 것이 근대화의 기본 내용임을 강조했다.[26]

그렇다면 새마을운동을 통해 농민들의 살림살이는 과연 얼마나 나아졌을까? 국가의 농업 투자 및 재생산 과정 개입에 따라 농업생산력은 괄목

할 만한 성장을 보였다. 1000제곱미터당 미곡 생산량이 1960년대 300킬로그램에서 1970년대 중반 이후 450킬로그램까지 증가했는데, 특히 1977년에는 494킬로그램까지 증가해 최고 수준을 기록했다.[27] 이는 일본의 수준을 능가하는 것이었다.[28]

1970년대 농촌의 생활 개선에 대해 묻는 질문에 응답한 농민의 50퍼센트가 많은 개선이 있었다고 했으나 주된 이유로 든 것은 신품종 개발이나 미가 상승(50퍼센트)이었고 새마을운동은 고작 25퍼센트였다.[29] 한 마을에 대한 구체적 조사에서도 환경 개선 사업은 어느정도 성과를 거두었지만, 소득 증대 사업은 오랜 기간 유지되지 못했고 주민들에게는 실패의 기억으로 남아 있다고 했다.[30]

농민들을 대상으로 한 설문에서 알 수 있듯이 농업생산력 증가에 가장 큰 영향을 미쳤던 것은 고미가 정책과 신품종 도입이었다. 즉 다수확 품종이 대대적으로 보급되고 그 수확물을 국가가 고가로 매입하면서 농민들의 생산의욕이 고조된 것이 결정적 이유였다. 그런데 다수확 품종 보급은 이미 1960년대부터 시도된 것이었고 고미가 정책도 1968년부터 시행되었다. 실패로 끝나기는 했지만 1960년대에는 '희농熙農' 품종이 개발되기도 했다.

여기에 농약, 비료 등이 대량으로 공급되기 시작하면서 농업생산력 제고에 큰 역할을 하기 시작했다. 특히 통일벼와 같은 신품종은 냉해와 병충해에 약해 보온 못자리와 농약이 필수적이었다. 공업생산력 증가에 따라 농업 또한 공업제품에 의해 생산력이 증대되는 구조를 갖추게 된 셈이다. 농업도 산업인 만큼 캠페인이나 운동보다 경제 조건 변화에 더 큰 영향을 받았던 것이다. 새마을운동을 통한 소득 증대 사업이 지지부진했다는 점은 정부 공식 통계에서도 확인된다.

<표 1> 주요 새마을사업 추진실적

사업명	단위	목표 (71년 설정)	누계(80년까지)	
			실적	실적률(%)
마을 안길 확장	km	26,266	43,558	166
농로 개설	km	49,167	61,797	126
창고	동	34,665	22,143	64
작업장	개소	34,665	6,263	18
축사	개소	32,729	4,476	14
소류지	개소	10,122	13,327	132
보	개소	22,787	31,625	139
도수로	km	4,043	5,161	128
소하천 정비	km	17,239	9,677	56
주택 개량	천동	544	225	41
소도읍 가꾸기	도읍	1,529	843	55
간이 급수	개소	32,624	28,130	86
하수구 시설	km	8,654	15,559	180
새마을 공장	개소	950	717	75

• 출처: 새마을운동중앙회 『새마을운동30년자료집』, 2000, 12면에서 재구성.

　표1을 보면 환경 개선 등에서는 일정한 성과가 있었지만, 소득 증대 관련 실적은 미미했다. 마을에서 진행된 새마을운동의 구체적 양상을 보더라도 소득 증대 사업의 부진을 확인할 수 있다. 충북 중원군 풍덕마을은 새마을운동이 상당히 성공적으로 진행된 마을 중 하나였다. 그러나 1970년대 중반으로 가면 마을 총회가 자주 유회되는가 하면 새마을운동을 둘러싼 마을 내 갈등도 불거져 마을 지도부의 잦은 교체가 이어졌다. 특히 1977년부터 관의 지원으로 시작된 육성우 사업은 소값 파동으로 1979년 완전 실패로 끝났다.[31]

　결국 새마을운동은 개인 소득 증대를 가져오기보다 마을의 막대한 부채만 양산했다. 풍덕마을은 1973년 새마을사업을 통해 무려 271만 원의 부채를 짊어지게 되었다. 1973년에는 총수입 542만 원 중 차입금이 무려 절반에 달했다. 사정이 이러했기에 1973년 이후 새마을사업은 공동사업보다는 개인사업으로 중점이 변경될 수밖에 없었다. 채무 변제 또한 지원사업의 노임이나 수익을 통해 이루어졌는데, 결국 관의 지원이 없다면 마을의 유지 자체가 불가능한 상황이 되었다.[32]

농업 소득 증대를 위해 공업이 동원되기도 했다. 1972년 박정희는 새마을 모범부락에 공장을 건설하여 '농공병진 정책'을 발전시킬 것을 지시했고, 이에 따라 농촌 공업화 사업의 일환으로 본격적인 새마을 공장 건설이 개시되었다.[33] 그 결과 1970년대 말에 가면 농외 소득이 농가 소득에서 차지하는 비중이 30퍼센트를 넘어섰다.[34]

농업과 공업을 막론하고 농가 소득을 올리기 위한 총력전이 치러졌음에도 1974년 도시 가구 소득을 추월했던 농가 소득은 1978년부터 다시 뒤처지게 되었다.[35] 사실 가구 단위 소득은 농촌과 도시의 노동력 투입 양상의 차이를 고려한다면 단순 비교가 힘들다. 도시 가구는 일반적으로 한 명의 노동력 투입을 통해 얻어지는 소득인 반면, 농촌의 경우 가구원 대다수의 노동력이 무제한적으로 투입된다. 게다가 농가 소득에는 도시의 자녀들이 부모에게 보낸 이전 소득이 포함되어 있다. 가구 단위가 아닌 개인 단위로 실질소득을 비교해보면 1960~70년대 농촌은 단 한 번도 도시지역을 능가한 적이 없었다.

표 2는 1970년대 초반 도시에 비해 거의 절반 가까이 낮았던 농촌 가구 1인당 실질소득이 중반 무렵에는 상당한 정도로 격차가 좁혀졌지만, 후반에는 다시 격차기 벌이지는 양상을 보여준다. 이는 곧 고미가 정책과 신품종 도입에 따른 농촌의 소득 증가 효과가 고미가 정책의 후퇴와 함께 다시 악화된 것으로 해석할 수 있다.

<표 2> 농촌 가구와 도시 가구의 1인당 실질소득 비교　(단위: 천 원)

연도	1인당 평균 실질소득		상대적 비율((1)/(2))
	농촌 가구(1)	도시 가구(2)	
1965	67.7	77.2	87.7
1970	87.0	152.0	57.2
1975	134.6	171.2	78.6
1977	159.8	242.9	65.8

• 출처: 존 시거드슨·김영철 「한국의 농촌 새마을운동에서 농업 기계화와 농촌 공업화 문제에 관한 연구」, 서울대 새마을종합연구소 『새마을운동의 이념과 실제』, 1981, 240면에서 재구성.

사업의 본령으로 선언된 소득 증대가 제대로 이루어지지 않으면서 사실상 새마을운동은 방향감각을 상실할 지경이었다. 그럼에도 새마을운동에 대한 농민들의 반응은 상당히 인상적이었다. 전국 거의 모든 마을에서 연인원 수백만 명이 동원됐고 자기 농사일도 내팽개친 채 운동에 헌신하는 숱한 새마을 지도자와 이장들이 나타났다. 새마을운동을 일생일대 최고로 보람찬 경험으로 기억하는 농민들이 한둘이 아니다.

그 이유에 대해서는 다양한 설명이 가능하겠지만, 무엇보다 물질적 재생산 과정을 통한 농민 포섭의 문제가 중요해 보인다. 1970년대 농가경제의 일정한 호전이 정치적 포섭의 물질적 기초가 되어 새마을운동에 많은 농민들이 적극적으로 동참할 수 있는 요인으로 작용했다는 분석이나[36] 농지개혁과 정부 보급 농업기술을 통해 어느정도 안정된 농업생산을 영위했던 주민들이 있었기에 운동이 가능했다는 설명도 있다.[37] 이러한 맥락에서 국가의 농업생산 과정 개입과 새마을운동은 동전의 양면처럼 연결되어 있었다는 판단이 가능할 것이다.

물론 이 과정은 국가의 일방적 개입으로만 이루어진 것은 아니었다. 상당수 한국 농민들은 변화를 싫어하거나 변화에 무관심한 사람들이 아니었다. 부유하고 능력 있는 농민들은 현금 회수가 빠르고 경제성이 큰 농작물을 재배하여 이익금을 농업기술에 투자했다.[38] 또 오랫동안 '새마을'을 만들기 위해 농민운동에 진력해온 활동가들도 있었다.[39] 국가는 이들을 동원해 국가를 중심으로 수직적 위계서열 구조를 구축하기도 했다. 즉 새마을운동은 농민들을 '수평적 연대' 대신에 '수직적 동원' 질서로 편입되도록 만든 측면이 있다.[40] 이러한 맥락에서 멕시코혁명의 성공 이유가 토지개혁 때문이 아니라, 인디언의 협동적 촌락사회를 깨뜨려 개인의 자율성을 박탈하고, 국가의 정치기구와 촌락의 정치조직자 사이를 밀착시켰기 때문이라는 지적은 새마을운동에도 적용될 수 있을 듯하다.[41]

농민에서 호모 에코노미쿠스로

농민들은 산업화가 초래한 삶의 변화가 무엇을 의미하는지를 정확하게 알고 있었다. 이제 농사는 예전처럼 자연농법에 의존할 수 없었다. 종자, 보온 못자리용 비닐, 농약, 비료, 경운기 등 공업이 제공하는 상품을 통하지 않고는 농사 자체가 거의 불가능해졌다. 농민들은 농사에 필요한 상품을 살 돈이 필요했고, 국가에 장악된 농협이 농업금융을 통해 이를 공급했다. 1970년대 초반 농가 부채 중 농협 자금의 비중은 30퍼센트 남짓이었으나 1980년에는 48.7퍼센트로 절반에 육박하더니 1990년에는 80퍼센트를 넘어섰다.[42] 게다가 마지막 단계인 상품의 가치 실현, 즉 정부의 추곡수매가 농민들의 목줄을 단단히 틀어쥐고 있었다.

이러한 사정하에서 농민들이 국가의 주문을 나 몰라라 하는 것은 매우 곤란했다. 먹고살려면 농사를 지어야 했고, 농사를 지으려면 농협 돈을 빌려야 했고, 돈을 빌리자면 농협에 신용을 저당 잡혀야 했다. 돈을 매개로 농민은 곧 자신의 모든 삶을 국가에 저당 잡힌 셈이다. 이로부터 농민운동의 슬로건은 농가 부채 탕감, 추곡 수매가 인상과 같이 돈과 관련된 무언가를 국가에 요구하는 것이 될 수밖에 없었다.

그 결과 농민은 국가에 밀착되면서 또한 돈맛을 알게 되었다. 아니 정확히 말해 돈맛이 주입된 것이다. 농민은 이제 교환가치로 모든 것이 환원되는 삶 속으로 들어서게 됐다. 실질적 포섭이란 말은 이럴 때 써야 할 것이다. 요컨대 새마을운동의 최대 성과는 욕망하는 농민의 생산이었다. 이미 농민에게는 종자 선택의 자유조차 사라졌지만 대신 냉장고와 텔레비전을 골라 살 수 있는 자유가 주어졌다.[43] 농협의 영농자금은 선풍기와 텔레비전, 전기밥솥 대금이 되어 삼성과 금성 그리고 대우의 호주머니로 흘러들어갈 운명이었다. 농민은 생산자의 자유를 저당 잡히고 소비자의 자유를 구매한 셈이다.

자본주의 사회에서 농민들 또한 철저하게 이윤동기에 따라 움직여야 생존할 수 있다. 새마을운동이 요구하는 농민의 모습은 경제적 합리성에 투철한 호모 에코노미쿠스였다. 즉 그들은 '경제적 생산에 동원될 유휴노동력'이거나 이윤동기의 동질성에 입각한 집단이 되어야 했다.[44] 농업생산 과정의 보조 노동력으로 기능했던 여성들조차 새마을운동을 통해 구판장 운영, 절미저축 등의 사업을 전개하게 되면서 시간·이윤 개념에 민감하게 반응하게 되었다. 즉 국가는 농민들을 시간과 돈의 낭비 없이 열심히 일하는, 그리고 끊임없이 이윤을 추구하고 재산을 축적하는 것에서 기쁨을 찾는 인간형으로 만들고자 했다.[45]

경제적 이윤동기가 새마을운동을 통해 관철되는 모습은 마을 간 경쟁

새마을운동 촉진과 증산 추진대회
박정희는 새마을운동 성과에 따라 마을별로 차등 지원하겠다고 강조했다. 새마을운동에 참여한 이들은
"뒤떨어진 부락"이 되지 않기 위해 너도나도 소득증대를 외쳤다.

에 기반을 둔 사업 추진 방식에서도 확인 가능하다. 박정희는 새마을운동
성과에 따른 차등 지원 방침을 강조했는데, "일은 하지 않고 노름이나 하
고 술이나 마시고 게으른 그러한 퇴폐적인 농어촌을, 부지런히 일해서 잘
살아보겠다고 발버둥 치는 그런 농어촌과 꼭 같이 지원해준다는 것은 오
히려 공평한 처사라 할 수 없"다고 했다. 그래서 "근대화된 부락"과 "뒤떨
어진 부락"이 생겨나는 것을 당연시했다.[46] 자유주의적 경쟁 논리가 집단
주의적 문제 설정과 접합된 것이었다. 즉 마을 간 경쟁을 이용해 수평적
연대 대신 국가 주도의 수직 계열화를 추구한 것이었다.

　한편 개체의 이기적 욕망에 근거한 삶의 일반화는 당시 비판적 지식인
들에게 성토의 대상이었다. 신경림은 도시와 서구의 퇴폐 문화와 이기주
의 극복을 위해 "지금 새마을운동을 보면서, 협동하고 상부상조하고 함께

투쟁하는 옛날의 전통은 되살려야 하지 않겠느냐."라고 생각했다.[47] 여기서 신경림은 새마을운동을 이해/오인하고 있다. 그의 이해는 이기적 개인 대신 조화로운 집단·공동체를 상정했다는 점에서 국가의 그것과 연동되는 것이자, 새마을운동이 초래한 자본주의적 산업화의 속성을 오인하고 있다. 즉 그는 새마을운동이 애덤 스미스Adam Smith의 이기적 개인 대신 전통적 공동체의 회복을 추구하는 것으로 이해/오인했다.

그의 인식은 충분히 그럴 만한 이유가 있었다. 국가는 새마을운동이 서구적 타락을 극복할 민족주의적 기획임을 끊임없이 강조했다. 말뿐만 아니라 실제로도 새마을운동은 공동생산, 공동노동 등의 협동을 매우 강조했다. 일견 새마을운동은 이기적 개인 대신 집단과 공동체적 관계를 강조했다. 그러나 개별적 이윤동기에 따라 '사촌이 땅을 사면 배가 아픈' 농민들에게 그것은 불가능한 기획이었다. 특히 개별 이해관계가 첨예하게 부딪친 대표적 사례는 토지 '회사喜捨' 문제였다. 매우 많은 마을에서 토지 희사는 가장 격렬한 대립의 주된 대상이었다.

새마을운동은 농업의 자본주의적 재편, 농촌의 근대적 변환과 함께 자본주의적 인간형의 양산을 추구했다. 이 와중에 농민들에게 민족적 협동과 단합을 주문했던 것인데, 이는 개별 이익의 충돌로 공동체가 산산조각이 난 자본주의 사회에서 외쳐지는 '국민통합'과 비슷한 것이었다. 그 구두선을 대놓고 부정할 수는 없지만 사실 그것이 불가능한 기획임은 모두가 알고 있었던 것이다. 따라서 새마을운동은 농촌과 농민을 향한 것이자 전국민을 대상으로 한 선전과 선동이기도 했다.

정부는 산업화와 함께 졸지에 하층민으로 전락하고 있던 농민들을 설득해낼 수 있다면, 그들로 하여금 자본주의적 삶을 받아들이게 할 수 있다면, 전국민이 그럴 수 있을 것이라고 판단했을 것이다. 이러한 맥락에서 새마을운동이 전국민 대상의 전국적 운동으로 발전(?)하는 것은 필연적일 것이다. 이렇게 본다면 새마을운동의 더 중요한 대상은 농민이 아니라 도시민이었는지도 모르며, 또 그렇다면 우리 모두가 새마을운동을 한 셈이다.

경제합리성에 충실한 이기적 개인, 자조하는 근면한 개인이 양산되는 와중에 집단의 협동과 단합이 외쳐지는 것이 새마을운동의 모순이라면, 그것이 가능했던 장면들이 역사 속에 없었던 것은 아니다. 1930~40년대 독일은 자본주의와 나치즘이 만나 '제3제국의 위용'을 유감없이 발휘했다. 비슷한 시기 일본에서는 노동의 대가로 임금을 받는 것이 서구 자유주의의 타락을 나타낸다고 비판하면서 직역봉공職役奉公의 자세로 살며 일해야 한다고 식민지 조선에 강변했다. 이른바 근대초극론近代超克論이 그 논리적 기초를 제공하기도 했는데, 이광수를 위시한 많은 식민지 지식인들이 이에 동조했음도 사실이다.

(신)자유주의가 만개하고 자조·근면의 자기계발 담론이 성행하는 오늘의 한국사회에서 새마을운동은 일종의 데자뷔처럼 보인다. 협동과 연대를 내세우되 각자도생이 실현 가능한 유일한 생존전략으로 받아들여지는 오늘날 새마을운동은 그것을 선취했던 경험인지도 모른다.

새마을운동은 한국의 독특한 근대화 과정의 중요한 한 측면을 압축적으로 보여준다. 한편으로 그것은 자본주의적 삶을 일반화하면서 농민들이 그에 걸맞은 인간형으로 거듭날 것을 추구했다. 이윤동기와 경제적 합리성을 아는 호모 에코노미쿠스가 농민의 미래상으로 제시된 셈이다. 이는 분명 자본주의에 최적화된 자유주의 기획으로 이해할 수 있다. 그러나 다른 한편으로 새마을운동은 집단주의와 민족주의 기획이기도 했다. 국가는 자유주의를 기각하고 집단주의를 강조하면서 개인보다 전체 집단에 대한 헌신을 강조했다. 이는 각자도생의 세계를 만들면서 집단적 생존을 주문하는 것이었다.

이 모순이 비단 새마을운동에서만 나타난 것은 아닐 것이다. 어쩌면 이 것은 근대사회의 일반적 모습이기도 하다. 이 모순은 근대사회 거의 모든 부면에 걸쳐서 재현된다. 그중에서도 1인 1표의 민주주의와 1주 1표의 자본주의 간의 모순은 근대 국민국가 체제의 영원한 딜레마이기도 하다. 이 모순과 딜레마에 대해 한마디 하지 않은 정치사상가도 거의 없을 정도이다. 박정희 체제가 선호한 슬로건은 '자유와 책임' '권리와 의무'였다. 물론 근대적인 것 대부분이 그러했던 것처럼 이 또한 수입품이었다.

근대 초기부터 한국사회는 유독 '새로울 신新'에 열광했다. 신여성, 신지식, 신기술, 신세계, 신사조, 신문명, 신인간, 신무기 등등 신식과 신형이야말로 근대가 제공하는 매혹의 세계를 상징했다. 새마을은 바로 이 새로운 세계의 유토피아처럼 나타났고 그 거주민들은 새농민이 되어야 했다. 새농민이 살아가야 될 새마을은 곧 모순과 딜레마의 세계이기도 했다. 잘 살고 싶은 개인의 욕망이 무한대로 펼쳐지는 정글이자 예의범절과 준법의식이 투철한 국민들로 구성된 질서정연한 국가, 이것이 새마을의 유토피아일 것이다. 이 유토피아는 현재에도 낡아지기는커녕 날이 갈수록 더욱 새로워지고 있는 듯하다. 그렇다면 우리는 여전히 새마을운동을 하고 있는지도 모를 일이다.

문화계, 획일주의에 맞선
저항의 우회로

이상록

1970

'민족문화'의 창조와
문화적 획일주의

1972년 유신헌법이 선포된 이후 정치·사회 영역뿐만 아니라 문화계에도 권력의 감시·검열·통제라는 그림자가 짙게 드리워졌다. 이 시기 문화 활동의 자율성은 크게 위축되었지만, 역설적이게도 문화 영역은 권력에 대한 도주, 회피, 풍자, 조롱이 상대적으로 자유로운 저항의 우회로였다. 권력은 문화 영역에 깊이 개입했으나, 장악할 수는 없었다.

박정희 정권은 산업화 이후 예민해지는 대중의 평등주의적 감각을 '국민경제의 계속적 성장'이라는 논리로 봉합하는 한편, 노동자·농민의 생산 의욕을 떨어뜨리지 않기 위해 평등주의적 언설을 앞세웠다. 퇴폐풍조에 대한 박정희의 개탄은 분명 산업화 이후 소수 특권층의 소비 패턴 및 도시 대중의 소비 유흥문화 변화와 연관된 것이지만, 기본적으로 대중의 균열을 불안해하는 파시즘적 심성과 생산력 지상주의에 기반해 비생산적 요소들을 '퇴폐'로 몰아 일체화된 국민을 재구성하려는 통치전략의 일환이었다. 박정희가 "주말에 교외로 나온 젊은이들이 땀 흘려 일하고 있는 농민들 옆에서 고성방가하고 고고춤을 추는 등 한때나마 농민들의 의욕을 저상시키고 있는 것은 용납할 수 없다."라고 도시민들의 생활태도를 비판한 것 또한 생산성 향상에 기여하지 못하는 대중의 여가생활과 소비활동에 대한 통치자의 부정적인 시선을 반영한 것이었다.

박정희는 "누구나 풍요한 생활과 근대화를 원하면서도 이를 추진하는 데 필요한 정치안정이 이루어지지 못할 때" 국민대중의 욕구불만은 오히려 커질 것이라며 유신체제의 필요성을 대중의 욕구문제와 연결시켜 역설하기도 했다.[1] 그는 '조국 근대화'를 부국강병富國強兵에 이르는 길로 규정했고, 부국강병을 이룬 대한민국이 '북한공산세력'을 폭력적 혹은 평화적 수단을 통해 굴복시키는 '통일'을 이룰 때 '민족중흥'의 목표를 실현할 수 있다고 보았다. 정권의 핵심목표는 부국강병을 위한 조국 근대화 실현에 있었고, 문화정책도 이를 위해 만들어지고 시행되었다.

5·16군사쿠데타 직후 박정희는 빈곤과 퇴영을 초래한 사대, 부패, 당쟁, 파벌의 민족사를 벗어던지고 "새역사를 창조"해야 한다고 주장했다. 하지만 산업화가 본격화되면서부터 "민족의 전통"이 새롭게 부각되기 시작했다. 그 핵심 논리는 "우리의 값진 전통 속에 숨어 있는 근대적인 요소를 찾아 그것을 통해 현대의 문명을 더욱 발전시켜나가야 한다."라고 한 박정희의 언설에서 엿볼 수 있다.[2] 이는 '전통'과 '근대'를 모순이 아니라 상호보완적인 관계로 보는 것이자, 과거의 많은 역사·문화 가운데 근대화에 도움이 될 것들만을 '전통'으로 발굴할 예정임을 암시하는 것이기도 하다.

박정희는 부국강병의 길을 '산업화'로 보았고, 그것을 위해 서구의 물질문명을 수용해야 한다는 사실을 부정하지 않았다. 그러나 그 수용의 자세는 항상 "동양적인 정신문화"의 바탕 위에서 취해야 한다고 보았다. 정권은 외세의 끊임없는 침략 속에서도 민족적 자주성을 지켜나갔던 '민족수난 극복사'를 강조하고, 금속활자, 훈민정음 등 과학적이고 창의적인 민족문화를 창조해왔던 사실들을 '전통'으로 자리매김하려고 했다. 개인보다는 국가와 민족 같은 공동체를 우선시하는 멸사봉공滅私奉公의 자세를 '동양적 정신'의 미덕으로 묘사하기도 했다.

전통문화 인식과 관련해 중요한 소재는 충무공 이순신이었다. 1966년 4월 대통령 박정희는 아산 현충사를 문화재로 지정하면서 이곳을 성역聖域으로 만들라고 지시했다. 1966년부터 1975년까지 총 네 차례에 걸쳐 현충사 성역화 사업이 진행되었고, 그 결과 시골마을의 조그만 사당에 불과했던 현충사는 웅장한 규모의 사적지로 변모했다. 1968년 4월에는 서울 광화문 네거리에 17.4미터 높이의 이순신 장군 동상이 세워졌다. 박정희 정권이 추진한 현충사 성역화 사업이나 이순신 동상 건립 등은 군인 출신 대통령인 박정희의 이미지 위에 구국영웅 이순신 장군의 이미지를 오버랩시키기 위함이었지만, 멸사봉공의 민족주체를 만드는 기획의 일환으로써 이순신을 재현하는 문화정치의 측면을 더욱 중요하게 봐야 한다.

현충사 성역화 사업은 이후 박정희 정권 문화정책의 기본 모델이 되었다. 전통, 문화, 역사를 둘러싼 기억의 전승을 위해 국가가 본격적으로 기억의 상징들을 관리하고 나섰다는 점에서나, 문화정책을 개별 문화재나 특정 건물 중심의 '점'의 차원에서 공간구조와 배치까지 고려하는 '면'의 차원으로 확장시켰다는 측면에서도 현충사 성역화는 중요한 전환점이었다.

문화정책의 차원에서 보면 1968년 7월 25일 기존의 공보부 업무와 문교부 문예체육국 업무 중 일부를 통합해 문화행정과 공보행정의 일원화를 지향한 문화공보부의 창설이 중요한 의미를 갖는다. 문화공보부는 문

현충사 성역화 작업과 광화문의 이순신 동상
아산 현충사는 박정희의 지시에 따라 1966년부터 성역화 작업이 진행되어 1967년 준공식이 진행되었다. 이후 1975년까지 총 4차
에 걸쳐 성역화 사업이 이어졌다.

화재 관리사업과 위인 현창사업, 국난극복 유적 복원사업에 대규모 재정을 투입하여 '민족문화의 정수'를 부활시키는 데 중요한 역할을 담당했다. 문화공보부는 1969년부터 1973년까지 문화재관계조사연구사업 5개년계획을 수립·시행하여 '발굴의 시대'를 열었고, 민족사관 정립, 예술 진흥, 대중문화 창달, 문예 기반 조성 등에 485억 원의 예산을 투입하는 '제1차 문예중흥 5개년계획'(1974~78년)을 추진하기도 했다. 제1차 문예중흥 사업 예산 485억 원 중 70퍼센트에 달하는 340억 원이 '민족사관 정립' 사업에 투입되었다.[3]

'한국적인 것'을 창안해내고 계승시키기 위해 박정희 정권은 역사와 전통예술, 문화재를 적극 활용했다. 한국의 역사와 철학, 문학을 다루는 국학國學도 개발의 대상으로 다루어지기 시작했다. 남북 대치상황에서 전승戰勝할 주체를 만들기 위해 '국난극복사' 교육이 강조되고, 선현위인先賢偉人 영정 및 동상을 표준화하고 그들의 어록집을 간행하는 등 '선현위업 선양사업'이 실시됐다. 우리 민족의 국난극복사는 역사책과 위인전 등을 통해 확대 재생산되었고, 예술진흥의 이름으로 민족기록화 그리기와 이의 보급이 장려되었다. 1960년대 후반 그저 멀뚱한 동상으로만 재현되었던 이순신은 1970년대 들어 그의 생애 한 장면 한 장면이 '민족기록화'로 조명되며 그림과 이야기를 통해 더욱 생생하게 대중 속으로 파고들었다. 또한 문화공보부는 "정신전력精神戰力의 강화를 위해서" 반공문학상을 제정하고, "새마을운동을 정서적으로 선양하기 위하여" 흙의문학상을 제정 시행하는 등 관제문화 창조를 위해 재정 지원을 아끼지 않았다.[4]

박정희 정권의 이 같은 문화징책은 1970년대 국민학교 교정에 집약되었다. 목숨을 위협하는 상황에서도 "공산당이 싫어요."를 외쳤던 이승복 어린이 동상, 멸사봉공의 자세로 조국을 위기에서 구해낸 충무공 이순신

동상, 훈민정음을 창제하고 해시계와 측우기 등으로 과학기술을 발전시
킨 세종대왕 동상 등은 박정희 정권이 문화를 매개로 어떤 주체를 만들어
내려고 했는지를 상징적으로 보여준다.

퇴폐와 불온을
불허한다

1966년 1월 27일 "예술문화의 윤리성에 입각하여 예술활동의 질서를
자율적으로 규제함"을 목적으로 내세운 한국예술문화윤리위원회^{약칭 예륜}
가 발족되었다. 이 위원회는 영화, 공연물, 음반의 내용에 대한 심사 등을
하는 일종의 문화예술 검열기구였다. 1960년대 후반에는 주로 일본색이
짙은 대중가요나 영화에 대해 시정을 건의하는 역할을 담당했다.

예륜 설립 이전에도 이만희 감독의 「7인의 여포로」¹⁹⁶⁵가 중앙정보부
에 의해 문제시되어 감독이 반공법 위반으로 구속 기소되는 등 검열은 이
미 존재하고 있었다. 예륜 설립 이후 검열은 더욱 제도화되고 강화되었다.
영화의 경우 시나리오 사전검열이 이때부터 시행되었다. 가난한 연인의
우울한 일요일을 다룬 영화 「휴일」¹⁹⁶⁸의 경우, 당시 시나리오 검열을 맡
은 검열관이 "건전하고 명랑해야 할 젊은이들이 왜 그토록 우울하냐?"며
남자 주인공(신성일)이 머리를 깎고 군대에 가는 것으로 결말을 바꾸면
검열을 통과시켜주겠다고 한 웃지 못할 에피소드도 있었다.[5] 1969년
10월에는 영화 「춘몽」을 만든 유현목 감독에게 '음화^{淫畫}제조죄'를 적용
해 서울형사지방법원에서 유죄판결을 내린 사건이 있었다. 유죄 이유는
「춘몽」의 여주인공(박수정)이 스튜디오에서 알몸의 뒷모습을 6초간 촬영

한 장면이 있다는 것이었다. 그런데 문제의 장면은 당국의 검열에 의해 이미 삭제되어 실제로는 상영되지도 못했다. 유현목 감독은 "표현주의와 상징주의 수법을 믹스하여 시도해본 실험영화"라며 예술상 표현의 자유를 주장했으나, 검찰은 관객이 보지는 못했다 하더라도 촬영장의 많은 사람이 보는 가운데 여인을 나체가 되게 했다는 이유로 유 감독을 기소했고, 법원은 유죄를 선고했다.[6]

1971년 국가비상사태 선포와 1972년 유신개헌과 맞물려 영화 검열은 더욱 강화되었다. 1971년 퇴폐풍조 정화 세부시행계획 공포에 따른 영화 검열 기준을 보면, ① 정사 장면 ② 여성신체의 반라 또는 전라 장면 ③ 여성신체의 외설적인 장면 ④ 동성애의 묘사 ⑤ 기타 공서양속公序良俗을 저해하는 외설적인 내용은 모두 삭제하도록 되어 있다.

1973년 정부는 영화법을 개정하면서 영화진흥공사를 신설하고 '반공영화'나 '계몽영화' 창작을 적극 지원하는 정책을 펼쳤다. 하지만 "반공에 역작용을 하는 반공영화"라는 평가를 받을 만큼 당시 반공영화들의 수준은 조악했고, 노골적인 국책영화 제작을 기피했던 영화인들은 '건전'과 '명랑'을 표방하나 정권의 검열코드를 우회하거나 조롱하는 방식으로 영화를 제작하곤 했다. 하길종 감독의 「바보들의 행진」은 은어와 수사학조차 용납되지 않던 통제사회에서 젊은이들의 우울함과 슬픔을 블랙코미디 형식으로 그린 작품이었다. 이 영화도 검열로 난도질당하게 되는데, 당시 검열에 걸린 장면들은 "서울 거리에 가난한 사람이 보여서는 안 된다" "젊은이의 자살이나 부정적인 행동이 나와서는 안 된다" "공권력을 풍자하거나 위법행위를 해서는 안 된다" "불신풍조를 조장해서는 안 된다" "대학생의 시위를 연상시켜서는 안 된다" 등의 이유로 삭제되었다.[7]

1975년 6월 문화공보부는 '퇴폐풍조'를 없애기 위해 가요·음반·연극·

영화·쇼 등 공연 및 예술활동에 대한 사전심사 및 검열을 강화하는 것을 골자로 하는 '공연예술 정화방침'을 발표했다. 1970년대 박정희 정권이 대중문화를 대하는 관점은 "사회질서를 문란하게 하고, 국민정신을 이완시키는" 퇴폐물을 제거하고 국민경제 건설에 이바지할 '건전한' 주체를 만드는 데 기여하는 방향으로 대중문화를 활용해야 한다는 것이었다.

문화공보부의 정화방침 발표 이후 예륜은 영화검열을 강화했을 뿐만 아니라, 대중가요 금지곡 선정 작업에도 돌입했다. 김추자가 부른 '거짓말이야'는 "불신풍조를 조장하는 가사 내용이 담겨 있고 저속한 창법을 사용한다."는 사유로 금지곡 처분을 받았다. 신중현과 엽전들의 '미인', 이장희의 '그건 너' 등의 히트곡이 가사 저속 및 퇴폐 등의 이유로 금지곡이 되었다. 하지만 당대인들은 이 노래들이 금지곡이 된 이유가 따로 있다는 것을 알고 있었다. 즉 정치권력에 대한 우회적 조롱이나 풍자의 코드를 담고 있기 때문이었다.

당시 대학생들은 '미인'의 "한 번 보고 두 번 보고 자꾸만 보고 싶네"라는 가사를 "한 번 하고 두 번 하고 자꾸만 하고 싶네"로 바꿔 부르며 삼선개헌과 유신개헌을 통해 장기집권의 길을 걷는 박정희를 조롱했다. '미인'이 금지곡이 된 것은 그 때문이었다. 검열자들은 '거짓말이야' '그건 너' 등의 가사 속에 숨겨진 주인공을 '집권자'라고 해석했다. 송창식의 '고래사냥'의 경우도 "자 떠나자 고래 잡으러"라는 가사에서 '고래'가 집권자를 상징한다고 해석되어 금지 처분을 받았다. 송창식의 '왜 불러'는 영화 「바보들의 행진」에서 경찰의 장발 단속에 쫓겨 주인공이 도망치는 장면의 배경음악으로 사용된 후 이 장면이 정부정책에 반발하는 것으로 확대해석되면서 금지곡이 되었다. 김민기가 작사·작곡한 '아침이슬'은 대학가 시위현장이나 노동현장에서 널리 불리게 되어 "시의에 적합하지 않다"는

「바보들의 행진」과 근지곡들

1971년 국가비상사태 선포, 1972년 유신개헌과 맞물려 가뜩이나 억압받고 있던 문화계가 된서리를 맞았다. 「바보들의 행진」은 통제사회 젊은이들의 우울함과 슬픔을 블랙코미디 형식으로 그린 작품으로 검열의 난도질을 당했다. 풍자의 코드를 담고 있는 신중현·이장희 등의 노래는 금지곡 처분을 당했다.

사유로 금지곡이 되었는데, 사실 이 곡은 1973년에 정부가 선정한 건전가요 중 하나였다.[8]

1977년 10월에는 당국의 종용으로 방송사에서 텔레비전 코미디 프로그램을 전면 폐지하기까지 했다. 코미디 프로그램이 "대중에 악영향"을 끼친다는 것이 그 이유였다. MBC에서는 「웃으면 복이 와요」와 「비둘기가족」을, TBC에서는 「고전유모어극장」과 「가는정 오는정」을 개편과 함께 없애기로 방침을 정했다. 그러나 이 조치는 "코미디가 '저질'이라고 해서 질을 높이려는 노력 없이 프로그램을 없앤다는 것은 졸렬한 처사"라는 여론의 반대에 부딪쳤다. 결국 문화공보부 장관이 코미디 프로그램 폐지 여부는 방송사에서 자율적으로 판단할 문제라며 한 발 물러서자, 방송사들은 코미디 프로그램을 축소하되 일부 존속시키는 것으로 방향을 바꾸었다.

'관변언론'이 될 자유

박정희 정권은 1960년대 초반부터 산업화 드라이브를 걸기 위해 대학교수를 비롯한 지식인들을 체제 내로 포섭하는 데 많은 공을 들였다. 1950~60년대를 대표하는 잡지인 『사상계』에 참여했던 지식인 중 일부는 박정희 체제의 지배이데올로그나 행정관료로 복무하기도 했다. 이들은 박정희 체제의 근대화론과 민족주의를 대중의 언어로 포장하거나, 체제의 입맛에 알맞은 콘텐츠를 생산하는 데 자발적으로 기여했다. 이들의 주요 활동무대였던 언론계와 출판계의 경우 1972년 유신체제의 수립과 더불어 급속히 관변화되는 양상을 보인다. 이는 체제의 검열 전면화와 박정희 체제에 대한 지식사회의 포섭이 맞물린 결과였다.

1974년 10월 8일 박정희는 방위성금을 전달하기 위해 청와대를 방문한 주요 언론기관 대표들을 모아놓고 한 시간 동안 자신의 시국관과 언론관 등을 이야기했다. 이 자리에서 박정희는 "어떠한 방법이나 형태로든지 유신체제에 도전하는 것은 용납하지 않겠다."면서 "일부 젊은 기자들이 '가두선동, 가두서명 등으로 민심을 소란케 하는 일'에 동조하고 있는데 그런 일이 없도록 해야 한다."라고 엄포를 놓았다. 그는 "그렇다고 해서 정부가 잘못하는 것을 잘한다고 써달라는 것은 아니다."라며 사실대로 보도할 것을 주문하면서도, 북한 공산주의자들이 한국의 생존권을 위협하는 비상시국에서 언론의 자유는 '국민총화'를 위해 제한되어야 한다고 강조했다. 언론사 사주들을 모아놓고 '관변언론이 될 자유' 외에 다른 언론의 자유는 허용하지 않겠다고 경고한 셈이다.

정부가 언론사 사주들을 압박함으로써 언론사 내부적으로는 경영주와 일선 기자들 사이의 갈등이 깊어졌다. 1974년 10월 24일 동아일보사 기자 180여 명은 "외부간섭 배제" 등을 요구하는 '자유언론실천선언'을 발표했다. 중앙정보부가 대학생 데모기사와 관련해 송건호 편집국장을 비롯한 동아일보 편집부 간부들을 소환해서 조사한 것이 발단이 되었다. 한국일보사도 사장과 편집국장 등이 수사기관에 연행되어 기자들이 신문 제작을 거부했고, 조선일보, 경향신문, 문화방송 기자들도 '언론자유회복'을 요구하는 선언을 발표하며 언론자유운동에 동참했다.

박정희 정권은 동아일보사 기자들의 '불온한' 행동에 대한 보복으로 광고주들에게 압력을 넣어 『동아일보』 게재 광고를 철회하도록 하는 '광고탄압'을 그해 12월에 시작했다. 1974년 12월 26일부터 『동아일보』 광고란에는 백지광고들이 수록되었다. 이에 시민들은 기자들의 언론자유회복

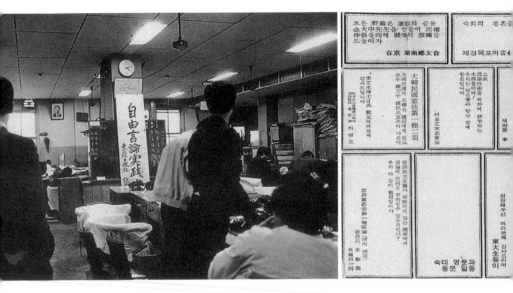

자유언론실천선언과 지지 광고
'관변언론'이 될 자유만 주어진 상황에서 1974년 10월 24일 동아일보사 기자 180여 명은 '자유언론실천
선언'을 발표했다. 광고주들에게 압력을 넣는 등 당국의 탄압은 정해진 수순이었다. 하지만 시민들은 자
발적으로 광고를 내며 언론인을 응원했다.

투쟁을 지지하는 광고를 내거나 구독 문의를 통해 동아일보사 기자들의
저항을 성원했다.[9] 그러나 동아일보사 경영진은 1975년 3월 정권에 무릎
을 꿇었다. 그들은 동료기자 해임에 반발하여 신문 제작을 거부하며 철야
농성 중인 사원들을 폭력배들을 동원해 몰아내고, 총 114명의 사원을 해
직시켰다. 조선일보 방우영 사장은 동료기자 파면에 항의하며 농성중인
기자들에게 "55주년의 전통을 먹칠하고 분열을 일삼으면 조선일보 앞날
의 발전을 위해 가차없이 처단할 것"이라고 경고한 후, 50여 명을 무더기
로 해임·파면·정직시켰다. 동아일보사와 조선일보사는 언론의 자유를 주
장한 기자와 사원들을 대량 해고하여 언론의 권력 비판 기능을 크게 위축
시켰다. 반면 해직 언론인들은 1970~80년대 언론자유운동을 통해 '제도

언론'에 맞선 목소리를 냈다.

1970년대 신문이 강력한 언론통제의 대상이 된 가운데 정권에 비판적 입장에 선 지식인들은 상대적으로 자유로운 잡지를 매개로 담론투쟁을 전개했다. 1950~60년대를 주름잡았던 『사상계』가 김지하의 「오적」 필화 사건을 계기로 1970년 폐간되었고, 『사상계』의 간판 필자였던 함석헌은 1970년 4월 『씨올의 소리』를 창간하여 민중(씨올)주의적 관점에서 유신 체제를 비판했다. 함석헌의 민중주의는 사회과학적 '민중' 개념과는 거리 가 있었고, 무교회주의로부터 출발한 그의 종교적 개념으로부터 도출된 것이었다. 그는 '조국 근대화'를 추진한 결과 공장, 고층건물, 고속도로 등 이 생겨나고 있지만, 이것들이 "씨올이 간 잎을 파먹고 골수를 빨아먹잔 것"에 불과하다며 근대문명 자체에 대해 비판적인 입장을 드러냈다.

1970년대는 문예지의 시대이기도 했다. 1966년 1월에 창간된 『창작과 비평』, 1970년 8월에 창간된 『문학과지성』은 문예지 시대의 쌍두마차였 다. 백낙청은 1969년 『창작과비평』에 '시민문학론'을 제기한 데 이어 1970년대에는 '민족문학론'을 제창했다. 백낙청의 민족문학론은 민족주 의적 문학론이라고 볼 수 있지만, 민족주의 일반을 긍정하지는 않았다. 그 는 시민혁명 이후 제국주의의 길을 걸었던 서구사회의 민족주의를 비판하 면서, 식민지를 경험한 후진국의 민족문학이야말로 제국주의와 매판성에 대한 비판의 과정을 통해 세계문학의 과제를 떠안는 선진성을 확보할 수 있다고 파악했다. 민족문학론에서 이러한 보편성의 주체로 상정된 존재 는 바로 '민중'이었다. 여기서 민중은 민족모순을 떠안은 존재인 동시에 '조국 근대화'에 의해 그늘신 삶을 강요받는 자들로 재현되었다.

1970년대 『창작과비평』에서는 리얼리즘적 농촌·농민문학이 긍정적으 로 소개되곤 했는데, 이는 농촌을 통해 민족의 현실을 증언하고 민중들에게 '진정한' 민중의식과 민족적 사명을 불어넣겠다는 의도와 관련된 것이었다. 민족문학론자들에게 농촌은 상처받은 민족의 상징인 동시에 '외래적인 것'들로 인해 상처입은 민족을 치유로 이끄는 '민족적 고유성'의 모태였다.

1968년 문학계에서의 '참여/순수' 논쟁에서 '순수문학론'을 옹호했던 김현은 참여론의 입장에 선 『창작과비평』에 맞서 문학의 자율성을 이끌어갈 동인지로 김병익, 김치수 등과 함께 『문학과지성』을 창간했다. 김현 등 『문학과지성』 동인들은 1970년대의 정치·사회적 억압을 민중주의나 민족주의로 극복할 수 있다는 실천의 방법론에 회의를 표하면서 오히려 문학적 상상력과 '불편한 진실'과 대면하는 지성에 천착하는 것이 정치의 한계를 극복할 수 있는 근본조건이라고 생각했다.

이처럼 문화적 저항담론을 생산하는 지식인의 문화정치적 전략은 다양했다. 그러나 이러한 저항담론들이 박정희 체제의 지배담론과 항상 대척적인 관계에 있었던 것만은 아니었다. 예를 들어 저항적 지식인들은 외국상품과 외래문화에 현혹된 민중의 문화생활을 비판하면서 '민족주체성'을 되살려야 한다며 배타적 민족문화론을 주장하기도 했고, 대중들의 대중문화 향유나 소비행위를 체제에 포섭된 행위이자 '무비판적 수용'으로 폄하하는 시선을 드러내기도 했다. 이런 면에서 1970년대 문화정치의 담론지형은 '순응 대 저항'으로만은 설명 불가능한 복잡함을 지닌 것이었다.

통기타와 고고춤,
장발과 미니스커트

정화 대상으로서의 '퇴폐'가 공론장에서는 특권층과 사회 고위층의 유흥활동이나 소비행태에 초점이 맞춰져 표상되기도 했으나, 그 실질적인 대상은 청년세대의 새로운 문화 양식이었다. '청년문화'라고 명명된 청년세대의 새로운 문화양식은 서구 68혁명의 여파, 외국영화 등을 통해 유입·확산된 대중문화의 영향력 속에서 나타난 것인 동시에 산업화 이후의 소비문화를 통해 행사될 수 있었다.

1974년에 있었던 청년문화 논쟁은 소비문화의 정치성을 둘러싼 새로운 전선의 형성 지점을 보여준다. 청년문화 논쟁은 동아일보 김병익 기자가 「오늘날의 '젊은 우상들'」에서 "블루진과 통기타와 생맥주, 이것은 육당과 춘원, 3·1운동과 광주학생운동, 4·19와 6·3데모로 연연이 이어온 청년운동이 70년대에 착용한 새로운 의상衣裳이다."라고 의미부여하면서 촉발되었다. 이 기사에서 주목되는 점은 퇴폐를 소비문화와 연관시켜 정화의 대상으로 상정하던 기성의 관점을 비판하는 시각이 드러나 있다는 사실이다. "우리의 언어와 행동, 감각과 표현을 퇴폐적이라고 보는 것은 위선의 세대가 낀 획일주의적 색안경 때문에 생기는 어른들의 착각입니다."라며 퇴폐를 바라보고 규정하는 시선 자체를 문제시하는 이 발언은 박정희 정권과 지식인, 학생들이 공유하던 '사회정화적' 인식 자체를 정면으로 거부하는 것이었다.

사회정화적 담론정치에 대한 균열과 저항은 이미 1970년 전후 장발 단속을 피해 머리를 기르고, 미니스커트와 청바지를 통해 자신의 스타일을 드러내며, 고고춤을 통해 일상의 스트레스를 풀던 청년세대들의 문화행위를 통해 발현되고 있었다. 청년문화 논쟁 이전에 지식인들은 서구의 청년문화에 대해서는 많은 의미부여를 하면서도 한국에서는 기성과의 단절을 전제로 한 청년문화가 부재하다고 주장하거나 정치·사회적 금지에 대한 청년세대의 우회로 정도로 청년문화를 설명할 뿐, 한국의 청년문화가 갖는 문화정치적 성격과 그 의미 자체를 제대로 파악하지 못하고 있었다. 당시 청년문화에 대해 대체로 호의적이었던 사회학자 한완상조차 1973년 『현대사회와 청년문화』에서 "건전한 청년문화가 우리나라에는 아직 형성된 것 같지 않다."면서 "사회의 근대화·민주화 및 인간화를 발전적 연속선상에 놓고, 이 이상을 추구"하는 지향 아래에서 한국의 청년문화는 '건전성'을 획득해가야 한다고 주장했다.

1974년 청년문화 논쟁 당시에는 일부 지식인들이 조금 더 적극적으로 의미부여하는 모습을 보이기도 했다. 한완상은 한국의 청년문화를 "산업화가 되고 도시화가 되고 근대화가 되면서부터 이에 따르는 각종의 부조리에 대한 젊은이들의 날카로운 반항"이라고 했고, 당시 한양대 법정대 교수였던 철학자 차인석도 "청년들의 사유양식이나 행동양식이 점점 내면화되고 심화되어서 직접 사회변동에 영향을 미칠 수 있는 단계에 이른 하나의 카운터컬처counter-culture, 대항문화"라고 의미부여했다. 하지만 이들도 한국의 청년문화를 서브컬처sub-culture, 하위문화에 불과하다고 보는 지식인들과 마찬가지로 이념적·형식적 구조에 대한 공격이 결여됐다는 점에서 "체제긍정적"이라고 평가하거나 "문화적으로 성숙되지 못하고 행동으로만" 표출되었다고 주장했다. 청년문화는 어떠해야 한다는 당위만을 역설할 뿐, 현상으로서의 청년문화 자체에 대해서는 비판의식이나 창조성이 결여된 '저질' '유행'으로 폄하하는 시선이 지배적이었다.

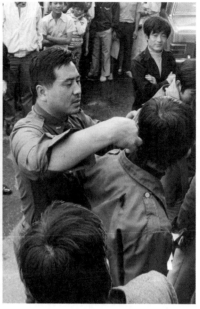

미니스커트와 장발 단속
유신정권은 청년의 몸마저 통제의 대상으로 삼았다. 당국의 감시망은 위아래를 가리지 않았다. 청년들은
단속이 있을 줄 당연히 알면서도 거리로 나와 자유를 만끽했다.

　당시 청년문화에 대해 비판적 의견을 개진하던 지식인과 일부 대학생
들은 청년문화를 외국의 개념과 현상을 잣대로 삼아 한국이 아직 그에 미
치지 못하고 있다고 규정하는 서구중심주의로부터 자유롭지 못했다. 청
년문화를 통기타, 블루진, 생맥주와 연결시켜 재현하는 담론 자체를 불편
해하며 민족주의를 강조하던 대학생들 역시 서구적 근대성을 오독한 '규
범적 근대성'의 신화에 사로잡혀 '조국과 민족을 위해 청년들은 퇴폐와
사치를 일삼시 않아야 한다'는 통치담론의 회로 속에 갇혀 있었다.
　그러나 중요한 점은 유신체제의 노골적인 금지·검열 시책과 지식인과
학생층의 청년문화에 대한 이성적 비판에도 불구하고 청년문화는 광범위

하게 확산되어 대학생뿐만 아니라 노동자를 포함한 대중들에게 널리 향유되고 있었다는 사실이다. 소설가 최인호는 「청년문화 선언」을 통해 그러한 대중현상으로서의 청년문화에 대해 기성 지식인들과 다른 방식으로 의미부여를 하고 있다. 최인호는 기성 지식인들이 청년문화를 이해하는 방식을 엘리트주의라 비판하며, 문화수용자의 관점에서 통기타와 고고춤, 장발과 미니스커트의 유행을 이해해야 한다고 주장했다. 당대의 담론 지형 속에서 김병익이나 최인호의 목소리는 청년문화를 이해하는 소수의 목소리였으나, 소비문화를 매개로 청년세대들이 거리낌 없이 퇴폐나 사치를 일상적으로 실천하는 것에 대해 저항성의 의미부여를 했던 이들의 언설은 1970년대의 문화적 통치성에 대한 회피·일탈 혹은 적대의 지점을 예리하게 드러낸 것이었다.

언론에서는 "퇴폐업소 숲에 싸인" 대학가에서 학생들이 술에 취해 흥청거리고 양복점, 양품점, 양화점 등을 드나들며 사치와 낭비를 일삼는 세태를 반복적으로 개탄했다. 신문, 텔레비전, 영화, 주간지 등의 매스미디어가 청소년들의 탈선을 부추기고 있다며, 청소년들에게 악영향을 끼치지 않도록 매스미디어의 상업성, 폭력성, 선정성을 제한해야 한다는 목소리도 끊이지 않았다. 대학생과 청소년들의 퇴폐, 탈선, 향락, 사치, 허영을 고발하면서 이를 선도하고 계몽하려는 기획물이 언론에 자주 등장한 것은 역으로 청년세대들이 '조국 근대화'의 수행주체로서 요구받던 규범 자체를 거부하고 회피하는 일상적 행위를 청년문화와 소비문화를 통해 실천하고 있었음을 반영한다.

고고춤의 무대가 되는 업소들에 대한 일제 단속과 영업정지, 허가취소 등의 조치에도 불구하고, '고고족'들은 단속을 피해 '지방 원정'을 다녔으며 유신체제하에서 청년과 학생들은 '고고파티'를 끊임없이 즐기고 있었다. 봄날 유원지에는 "라디오의 볼륨을 높게 올린 채 흥얼거리는 10대 기타족들, 술에 취해 고함을 지르며 비틀거리는 장발 청년들, 치마가 허리춤까지 흘러내린 줄도 모르고 어깨춤을 추며 술 냄새를 풍기는 40~50대 주부"들이 넘쳐났고, 여름철 피서지에서는 "밤이 되면 10대 남녀들이 불을 피워놓고 밤늦게까지 노래를 부르고 온몸을 흔들며 춤을 추"고 "통금시간이 지나면 남녀가 한 쌍씩 어울려 천막 속으로 사라지"는 "풍기문란"이 이어졌다. 언론에서는 청년문화의 타락상을 부각시키기 위해 섹슈얼리티와 결부시켜 노출, 혼숙 등의 풍기문란을 강조했다. 따라서 문란한 성 관념을 가진 청년집단은 사회의 건전한 재생산을 가로막는 '위험한 아이들'로 선도의 대상이 되어야 했다.

1975년 5월 27일 김종필 국무총리는 국무회의에서 청소년들과 부녀자들이 열차, 공원, 유원지 등에서 술에 취해 춤추고 노래 부르는 퇴폐풍조가 만연해 있다며, 이를 강력하게 단속할 것을 지시했다. 이에 1975년 6월 1일에는 유원지 풍기문란 행위 집중단속이 이뤄져 이날 하루 전국 250개 유원지에서 위반사범 780명이 적발되었는데, 40대 전후의 부녀자와 20대 전후의 통기타·청바지 부대들이 대부분이었다.

단속은 수시로 이루어지면서도 일정한 주기를 갖고 강화되었다. 주로 박정희가 '민족주체성'과 '민족문화'를 강조할 때마다 단속의 파고가 높아지곤 했다. 한 예로 1976년 2월 박정희가 문화공보부 순시를 나가서 주체성을 바탕으로 한 민족문화예술의 창달을 강조하는 자리에서 "젊은 층과 성장하는 세대에 악영향을 주는 퇴폐적인 외국영화의 수입을 단속하리."고 지시하고, "불건전한 가요와 그밖의 연예활동, 그리고 연예인들의 장발, 대마초 흡연 등 퇴폐풍조 현상도 단속하라."고 명령을 내린 대목에서 그 같은 발상과 단속 사이의 연관을 찾을 수 있다.

단속의 이면에서는 끊임없이 선도와 계몽의 캠페인이 이어졌다. 1970년 대 내내 '퇴폐풍조 정화운동'은 정부와 민간의 영역에서 지속적으로 반복 되었다. 명동 충무로 일대 접객업소 대표들이 '퇴폐풍조 정화위원회'를 결성해 퇴폐풍조 추방 결의대회를 개최하기도 하고, 대학생들이 자율적 으로 정화운동을 벌이기도 했으며, 총력안보 중앙협의회에서는 1978년 10월 19일 '퇴폐풍조 추방 범국민 촉진대회'를 전개하기도 했다.

신문지상에는 청소년 탈선·범죄 기사가 끊이지 않았고, 청소년 선도가 절실하다는 사설과 각종 캠페인 기사들이 넘쳐났다. 1976년 『조선일보』 에서는 「정상에 도전하는 청소년들」이라는 연재기사를 수록하면서 각 분 야에서 자기계발에 힘쓰는 건전한 청소년들을 소개했는데, 이 같은 포지 티브 전략도 청소년 문제의 대두를 배경으로 나타나고 있었다. 박정희 대 통령과 영애 박근혜는 모범청소년과 청소년 선도 공로자들을 표창했으 며, 정부와 여당에서는 사회교육법 제정을 추진하고 청소년대책위원회를 신설하는 등 청소년 선도를 위한 정책 입안에 노력을 기울였다. 그러나 "청소년들에게 밝고 티없이 뛰놀 공간을 부여, 술집, 고고클럽, 당구장 등 에 출입하는 이들의 탈선을 막자"는 취지에서 추진된 '선도'는 기껏해야 경주 화랑의 집 등을 모델로 한 청소년수련원, 청소년회관의 건립, 공공 직업훈련 시설 확충을 통해 미진학 청소년들을 산업전선에 흡수하도록 하는 수준에 머물렀다. 현실에서 선도는 단속과 폭력적 처벌의 다른 이름 에 지나지 않았다.

언론으로부터 퇴폐, 사치, 허영, 타락으로 비난받던 청년문화는 분명 산 업화 이후 매스미디어 환경의 변화와 대중사회의 형성, 소비문화를 배경 으로 나타났다. 청년문화 논쟁 당시 한 지식인이 "소비의 다양화가 선택 의 다양화를 결과하고, 이것이 개인의 자유사상을 촉진시킨다."라고 한

말은 소비문화가 청년문화에 끼친 영향을 정확히 지적한 것이었다. 아마도 청년문화는 당대 지식인들의 지적처럼 청년세대의 목적의식적 저항은 아니었을 것이다. 하지만 청년문화는 단순히 "외래사조에 휩쓸린 유령놀음"이 아니라, 청년세대가 기성문화와의 구별 짓기를 표현한 일종의 의상衣裳이자, 조국 근대화와 총화단결을 요구받던 대중들이 그 규범으로부터 벗어나 일탈과 반항을 일삼을 수 있게 한 하나의 양식이었다.

1970년대 청년문화는 유신체제를 떠받치던 규범 자체로부터 빗겨나 있었다는 점에서 급진적 저항성의 요소를 내포하고 있었다. 물론 그것이 유신체제의 해체에 기여하는 저항적 에너지로 집결되기보다는 체제와의 대립 속에서 체제에 포섭되거나 통치성의 바깥으로 유출돼버린 경우가 많았다. 그럼에도 불구하고 지배/저항 진영을 막론하고 민족, 국가 등의 집단주체에 대한 강박이 과잉되어 있던 한국사회에서 청년세대의 개체적 문화소비는 유신과 긴급조치 시대에 상징적인 저항성을 지니고 있었다.

1960년대 후반 산업화의 효과가 가시적으로 나타나기 시작하면서 사회분화와 양극화는 점차 심화되었다. 텔레비전 보급률의 증가와 주간지 붐 등 미디어 환경의 변화와 소득수준 향상으로 대중의 소비욕구가 증대하고 있었고, 대중문화에서 체제의 관점에서 퇴폐, 향락으로 규정할 만한 요소들이 확산되고 있었다. 사람들은 "싸우면서 건설하자"는 박정희 체제의 요란한 선전에 순응하며 산업화의 대열에 나서기도 했지만, 체제가 설정해놓은 경계 안에 머물러 있지만은 않았다.

1970년대 박정희 체제가 '국민총화'를 유난히 강조했던 것을 뒤집어보면, '총화'되지 않는 대중의 분열과 규범 이탈자들이 항시적으로 존재했음을 알 수 있다. 박정희 체제는 그 경계 밖을 넘는 대중의 행동을 퇴폐, 방종,

타락, 무질서, 사치, 허영 등의 단어로 규정하며 금기시했고, "명랑하고 건전한" 문화기풍으로 이같은 대중문화의 병폐를 치유해야 한다는 생각을 갖고 있었다. 하지만 "명랑하고 건전한" 문화기풍을 만들려는 정권의 정책 의도와 달리, 1970년대 사람들은 권력자의 시선으로 볼 때 "퇴폐적이고 저속한" 대중문화를 향유하며 체제의 규범으로부터 벗어나려고 했다.

고도성장기
서민의 체감경제

이상록

1970

성장의 시대,
불황을 외치는 대기업

1970년대는 한국사회가 이제까지 경험해보지 못한 고도성장의 시대였다. 1970년부터 1979년 사이 경제성장률은 연평균 10.47퍼센트에 달했고, 1965년 1억 7500만 달러에 불과했던 총수출액이 1979년에 이르면 150억 5500만 달러에 이를 만큼 수출주도형 성장정책이 효과를 드러내고 있었다. 고도성장의 반대편에서는 빈부격차가 사회적으로 논란이 되기도 했다. 1970년대 내내 호화 생활을 하는 부유층의 이야기가 간간이 신문을 장식할 정도였다.

용역사업으로 큰돈을 번 젊은 사업가 K씨(34). 그는 부인, 어린 딸(3), 가정부와 함께 네 식구가 서울 한강변의 90평이 넘는 맨션아파트에 산다. 아파트 내부는 초호화판 가구와 외제 일색의 각종 세간으로 가득하다. 1000만 원대를 호가하는 붉은색 융단에 감싸인 '이탈리아'제 응접

한강맨션아파트
'동부이촌동'은 1967년 한강변 개발계획으로 아파트촌으로 성장하면서 1970년대의 부촌으로 자리를 잡았다. 당시 이곳은 광고 촬영지로도 유명했다.

세트, 중동산 수제 카펫, 비디오와 컬러텔레비전, 매킨토시 앰프, 듀알 턴테이블과 스피커로 조립된 전축 그리고 부엌엔 50만 원이 넘는 제너럴일렉트릭사의 그릇 닦는 기계까지 갖추고 있다. (…) 호화주택 내부는 각종 초호화장식으로 단장돼 있고 홈바, 실내 사우나탕은 물론 각 방마다 거실, 욕조, 화장실이 따로 갖춰진 이른바 '스튜디오 시스템'을 갖춘 집이 많다. 어떤 집은 응접실에 대형 수족관을 만들어 응접세트에 앉으면 마치 수중에 들어가 앉은 느낌을 주도록 설계돼 있는가 하면 정원의 대형 연못물을 실내로 끌어들여 분수나 인조폭포를 흐르게 한 집도 있다. (…) 또 현재 신축 중인 어느 재산가의 집은 전자감응식 문고리부터 가스가 든 이중방탄 페어글라스 시설에다 침실은 외부인의 침입 시

단추만 누르면 침대 자체가 자동으로 지하차고로 내려가도록 된 특별 위험 탈출 장치까지 설계돼 있다고.[1]

많은 사람들은 1970년대를 유신헌법과 긴급조치 선포 등으로 상징되는 정치적 억압의 시대이자, 두 차례의 석유파동 속에서도 박정희 정권의 중화학공업화 정책이 성공적으로 추진됐던 '도약'의 시대로 이해한다. 인용문은 도약의 시대에 대한 극단적인 증거인 셈이다. 하지만 '도약'이라는 근대화론의 개념을 따르든 따르지 않든 역사를 '성장'과 '발전'이라는 틀에 따라 직선적·목적론적으로만 이해할 경우, 역사 속에 숨겨진 다양한 층위의 이야기는 사라지고 심지어는 왜곡이 일어나기도 한다. 유신독재가 경제성장을 위해 불가피했던 것으로 정당화되거나, '경제성장'을 최우선하는 풍조 속에 민주주의나 사회정의 같은 가치들은 부차적인 것으로 간주되기도 한다. 역사적 사유의 중요성은 결과론적 관점에 따라 과거를 사후에 정당화하는 것을 방지하는 데 있다. 결과론과 목적론적 사유에서 벗어나기 위해 우선 1970년대 당대인의 관점에서 이 시기의 경제 변화를 다시 들여다보자. 당시 사람들이 생활인의 입장에서 체감하고 있던 경제 문제는 우리가 머릿속으로 그리고 있는 것과는 꽤 다를 것이다.

앞서 언급했듯 1970년대 한국 경제는 고성장을 기록하고 있었지만 재계는 이때부터 '고성장 속 불황'을 체감하기 시작했다. 실제로 1971년에 이르러 '경제 위기'라고 느낄 정도로 심각한 문제들이 나타났다. 환율 인상과 차관 원리금 상환 등에 따른 금융경색으로 기업의 경영 여건이 악화되면서 제조업 분야에서 조업을 단축하거나 휴업 또는 도산하는 기업이 늘어갔다. 1960년대 후반 유례 없는 성장으로 투자가 늘어났으나 국내외 수요의 둔화로 과잉투자로 판명되었다. 기업들은 각종 부채에 시달리고 있었다. 정부는 경제안정을 위해 긴축경제를 지향했으나, 자금 부족으로 곤란을 겪던 기업들은 전국경제인연합회^{약칭} 전경련를 통해 정부의 긴축정책을 비판하며 '더 많은 지원과 최소한의 규제'를 요구했다.[2] 정부는 업계의 자금난을 해소하고 불황을 타개하기 위해 긴축정책 완화를 공언했고 실제로 부분적인 긴축 완화책을 시도하기도 했다. 그러나 경제 여건은 크게 나아지지 않았으며, 1971년 중반의 환율 인상으로 수입원가가 높아지면서 기업들의 자금 압박은 더욱 심해져갔다.

불황에 소극적으로 대응하던 정부는 1972년 2월 14일 경기침체 타개를 위해 '산업합리화 특별자금 100억 원 확보, 금리의 단계적 하향 조정, 세입 조정, 공공사업의 조기 집행' 등을 골자로 한 '당면 경제시책'을 발표했다. 정부는 또 부실기업을 정리하겠노라고 칼을 뽑아들었지만, 실제로는 정부 지원으로 되살려 매각하거나 합병하는 방향으로 부실기업 정리를 축소했다. 각종 시책에도 불구하고 경기회복의 효과는 미미했고, 물가는 오히려 상승했다. 1972년 5월 전경련은 국제수지 적자폭의 확대와 경제 침체의 심화로 '외자 의존의 고투자, 고소비, 고성장 개발정책'의 일대 전환이 필요하다는 요지의 대정부 건의서를 발표하기도 했다. 그후에도 전경련은 기업의 부채상환 능력이 한계를 넘어섰다며, 기업 사채 문제의 정부 해결을 촉구했다.

박정희 대통령은 '경제안정과 성장에 관한 긴급명령 15호', 이른바 8·3조치 선포를 통해 파격적으로 전경련의 요구에 응답했다. 8·3조치의 핵심은 모든 기업의 사채를 동결시키고 이를 전부 신고하도록 하여, 신고 사채를 월리 1.35퍼센트(연리 16.2퍼센트) 3년 거치 5년 분할상환 조건의 채권·채무 관계로 전환하거나 기업에 대한 출자로 바꿀 것을 명령한 것이었다. 또한 정부는 2000억 원 규모의 특별금융채권을 발행하고, 중소기업

사채 신고 독려 현수막

8·3조치는 사유재산을 동결하는 초헌법적 조치로, 모든 기업의 사채를 동결시키고 이를 전부 신고하도록 한 후 기업 재무구조를 조정하는 것이었다. 그러나 목적과 달리 부실기업에 '면죄부'를 준 꼴이었다.

신용보증기금 등을 정부출연으로 확대했으며, 500억 원 규모의 산업합리화 자금을 방출하도록 했다. 8·3조치는 기업에 대한 정부의 전폭적인 지원책이었다. 전경련 김용완 회장은 8·3조치에 대해 "새로운 차원의 발전을 위한 활력소 구실을 할 것"이라고 크게 환영했다. 그 반면 영세기업인이나 소상인은 자금 조달의 어려움을 우려했다.

8·3조치는 사유재산을 동결하는 초헌법적인 조치라 부작용도 적지 않았다. 사채업자가 가장 큰 피해를 봤지만, 사채로 돈을 불리던 서민들의 자금 역시 동결 대상에 포함되어 문제가 되었다. 경제학자들은 8·3조치가 부실기업 문제의 근본적인 해결책이 될 수 없으며, 기업의 재무구조 개선과 경영합리화가 더 시급하다고 주장했다. 8·3조치는 정부가 기업에 일종의 '면죄부'를 주었다는 점에서 많은 비판을 받았다. 특히 부실기업 정

리가 미온적인 상태에서 이루어진 기업의 자금난 해소에 초점을 맞춘 정책이 시행되자, 부실기업들의 사채가 동결되면서 사실상 부실기업을 지원하는 효과가 나타나기도 했다. 또다른 부작용은 '위장사채' 문제였다. 1972년 10월 국회 재무위 국정감사에서 신민당 의원들은 전국적으로 282억 원에 이르는 소재불명의 사채가 드러났다며, 이는 권력층의 위장사채가 아니냐고 추궁했다. 실제로 당시 10여 개의 대기업들이 1억 원 이상의 위장사채를 가진 것으로 알려지기도 했다.[3]

8·3조치는 정부가 기업의 자금난을 일시에 해소해줌으로써 대기업의 재무상황을 호전시키고, 수출실적을 증진시키는 데 일정한 기여를 했다. 8·3조치로 한국은 1972년 후반부터 1973년 사이에 경제 위기에서 벗어나 일시적인 호황을 맞이하기도 했으나, 자본의 과잉투자 재개로 1974년부터 기업 재무구조가 다시 악화되었다.

—

석유파동과
서민 생활의 고통

1973년 10월 6일 발발한 제4차 중동전쟁은 제1차 석유파동의 직접적인 계기였다. 그해 10월 16일 중동 6개 석유수출국들이 원유 고시가격을 17퍼센트 인상한다고 발표한 데 이어, 17일 이스라엘이 석유를 정치적 무기로 사용하겠다고 선언하면서 중동산 기준원유값이 4배 이상 폭등하며 벌어진 것이 바로 제1차 석유파동이었다. 유가 폭등으로 에너지원 공급에 차질이 빚어짐에 따라 관련 원자재 가격이 폭등하면서 세계경제가 전면적인 불황국면에 접어들었다. 한국에서도 석유파동으로 제조업을 중심으로 한 수출전선에 빨간불이 켜졌다. 산업체들은 1973년의 호황으로 시설투자를 늘렸으나, 석유파동으로 원자재 확보의 어려움과 자금난이라는 이중고를 겪었다.

석유파동 이후 물가인상으로 서민들의 생활경제에도 그림자가 드리워지기 시작했다. 1973년 12월 4일 정부는 석유 및 석유 관련제품의 품귀현상을 타개하기 위해 석유류 판매가격을 30퍼센트 인상하는 등 관련 9개 품목의 가격을 대폭 인상하는 한편, 12월 11일에는 쌀, 밀가루, 라면 등 63개 품목에 대해 가격 사전승인제를 실시하여 일용품들에 대해 사실상의 가격 통제 정책을 펴기 시작했다. 1974년 1월 14일 박정희 대통령은 '국민생활의 안정을 위한 대통령 긴급조치 제3호'를 선포하여 소득 수준별 소득세 인하 및 감면 조치를 취하고 사치성 소비 억제를 위해 관련 세금을 인상하도록 했다.

정부의 강력한 물가안정 조치에도 불구하고, 물가는 걷잡을 수 없이 치솟았다. 1974년 2월 1일에 정부는 석유류(82퍼센트), 전력요금(30퍼센트) 등의 가격 인상을 발표했고, 2월 5일에는 설탕(44.1퍼센트), 라면(17.4퍼센트), 비누(11.4퍼센트) 등의 일용품 가격 인상을 발표했다.

1974년 2월 5일자 『동아일보』에는 서울 종로구 청운동에 거주하는 58세 주부 윤모 씨의 가계부를 근거로 물가인상이 가정경제에 미친 영향을 분석 보도했다. 이 기사에 소개된 1973년 1월과 1974년 1월 이 가구의 지출내역 대조표를 살펴보자.

윤모 씨는 30여 년 동안 한결같이 가계부를 써왔고, 이 가계부에는 두부 한 모, 비누 한 장의 지출내역까지 상세하게 기록되어 있었다. 우선 월수입은 1년 사이에 변동 없이 7만 6000원이었다. 윤모 씨는 스스로 자기 가구의 생활수준을 '중류 살림살이'로 진단했는데, 1974년 8월 기준 한국

〈표 1〉 서울의 어느 5인 가구의 가계부(1973년 1월, 1974년 1월 수입 지출)　(단위: 원)

	1973년 1월	1974년 1월
총수입	76,000	76,000
총지출	80,000	86,500
주식	8,000	10,000
부식	15,000	15,000
간식비	3,000	5,000
연료(연탄)	4,000	6,000
연료(석유, 가스)	2,500	0
전기료	3,200	6,000 (전기장판 사용)
생필품 및 피복	2,000	5,000
곗돈	3,000	3,000
적십자 회비	500	1,000
잡비	2,000	3,000
교육비	20,000 (고교생 1인, 대학생 1인)	15,000 (고교생 1인)
인건비(가정부 고용)	7,000	0
치료비	0	12,000
축의금	3,000	1,000
사교·오락비	2,000	0
기타	800	500

노총 산하 전체 근로자 월평균임금 3만 6001원에 비춰봐도 도시 중산층 가정이 맞다.[4] 석유파동 이후 이 가구의 월지출은 1년 전에 비해 6500원 상승했다. 가장 큰 요인은 갑작스레 부상을 입은 딸의 병원비 1만 2000원 과 5000원 증가한 자녀 교육비 등이었다. 하지만 가정부 인건비 7000원 과 석유스토브 연료비 2500원 등을 줄여 전면적인 긴축재정 관리로 전환 했다는 점을 눈여겨볼 필요가 있다. 내핍과 절약을 기반으로 살림살이를 했지만 석유스토브 대신 전기장판을 사용하면서 전기료 지출이 늘어났 고, 생필품인 주식비와 피복비 지출도 증가했다. 부식비는 1만 5000원으

<表 2> 생산자 및 소비자 물가 상승률: 1970~79년   (단위: %)

연도	1970	1971	1972	1973	1974	1975	1976	1977	1978	1979
생산자물가 상승률	9.1	8.6	14.0	6.9	42.1	26.5	12.1	9.0	11.7	18.7
소비자물가 상승률	16.0	13.5	11.7	3.2	24.3	25.3	15.3	10.1	14.5	18.3

• 출처: 한국은행 경제통계시스템

로 지출액만 보면 동일하지만, 한 모에 15원 하는 두부는 같은 값에 크기가 절반으로 줄었고 한 근에 600원이던 쇠고기 값도 700원으로 올랐다. 전반적인 물가상승 속에서 중산층도 허리띠를 졸라매지 않을 수 없는 경제상황이 된 것이다.

표 2에서 확인할 수 있듯이 1974년에는 생산자물가가 전년 대비 42.1퍼센트나 증가했고, 소비자물가 상승률은 1974년 24.3퍼센트, 1975년 25.3퍼센트에 달해 1974~75년은 1970년대 가운데 물가상승으로 인한 서민의 고통이 가장 심각했던 시기였다. 1974년 2월 당시 신문지상에서는 도매물가가 전년대비 25퍼센트 수준 인상되었고, 이로 인해 월급생활자들의 실질소득이 25퍼센트 감봉당하는 효과가 나타나고 있다고 분석했다.

당시 갑종 근로소득세를 내는 전국의 근로소득자가 총 485만 명 정도였는데, 이 중 89퍼센트인 432만 명이 월 5만 원 이하의 월급을, 전체의 51퍼센트인 265만 명이 1만 8000원 이하의 낮은 임금을 받고 있었다. 석유파동 직전인 1973년 9월 말 전도시 월급생활자 가계(5인 가족 기준)의 한 달 평균 생계비는 4만 7850원이었다. 1974년 2월 기준 공무원 평균월급이 3만 7900원이었으므로 물가상승을 감안하지 않더라도 공무원 외벌이 5인 가족의 생활경제는 매월 1만 원가량의 적자 발생이 불가피한 상황

석유를 사기 위한 긴 줄
석유파동 이후 국내물가가 급등해 서민들은 극심한 고통을 겪었다. 그럼에도 정부와 기업은 '내핍과 절약'을 강조하며 노동자들의 희생을 요구했다.

이었다. 그나마 공무원은 나은 편이었고, 당시 생산직 및 일용직 노동자들의 급여수준은 훨씬 낮았다. 전체 사업장 근로자 217만 1000명의 월평균임금은 2만 5430원이었고, 이들 중 41.8퍼센트인 90만 7000여 명의 노동자는 월 1만 5000원 이하의 저임금 노동자였다. 이렇게 낮은 임금수준이 개선되지 않는 상황에서 물가가 폭등하자 노동자들의 실질소득이 감소하는 효과가 발생했다. 그럼에도 정부와 기업은 '내핍과 절약'을 강조하며 노동자들의 희생을 요구했다.

석유파동 직후 '샐러리맨'의 내핍생활을 풍자한 최인호의 「공삼돌 씨의 하루」라는 기사를 보면, 평균 근로자임금 이상을 받는 사무직 노동자인데도 택시를 타지 않고 만원버스를 이용하며, 외식하는 대신 도시락을 먹고, 고급술집 대신 포장마차에서 막걸리를 마시는 '공삼돌' 씨의 모습이 그려진다.[5] 사무직 노동자들은 가상의 인물인 '공삼돌' 씨처럼 석유파동과 물가인상에도 대체소비가 가능한 상황이었지만, 문제는 월 1만 5000원 이하의 급여를 받는 저임금 노동자들이었다. 석유파동이 저임금 노동자들에게는 치명적으로 작용하여 1974년 이후 이들의 가정경제는 지탱하기 어려운 상황에 놓이게 되었다.

15원 만원버스에
목숨 건 서울살이

박정희 정권이 추진했던 경제개발은 공간에 대한 권력의 조직적 관리와 재구성의 과정이었고, 그것은 농촌과 도시 사이의 격차, 대도시와 위성도시 사이의 격차, 영남지역과 호남지역 사이의 격차 등 공간의 위계적 서열화를 동반하는 것이었다. 이러한 공간의 위계화는 공간을 매개로 한 불평등의 조건이자 기제였다.[6] 1960년대 개발정책의 공간정치적 양상은 '서울' 집중 개발이었고, 그것은 가히 서울공화국의 탄생이라고 할 만했다. 1960년대 서울에 대한 집중적인 개발과 도시화의 효과는 농촌 청년들에게 서울에 대한 강한 동경을 불러일으켰다. 1960년대의 이촌향도로 서울지역에 인구가 집중되면서 1966년 『동아일보』에 연재된 이호철의 소설 제목처럼 사람들에게 "서울은 만원滿員" 상태로 인식되었다. 인구집중으로 서울에 주거난, 교통난, 취업난 등의 현상이 나타났지만, 1960년대 비서울 지역민들에게 서울은 여전히 강력한 '동경'의 대상이었다. 『무진기행』에서 무진을 탈출하고 싶어하는 음악교사 하인숙이 "미칠 것 같아요. 금방 미칠 것 같아요. 서울엔 제 대학 동창들도 많고…… 아이, 서울로 가고 싶어서 죽겠어요."라고 말하는 것은 60년대 상경을 꿈꾸는 이들의 서울에 대한 동경을 상징적으로 표현하고 있다.[7]

그런데 1970년대 초, 그토록 동경하던 서울에 거주하던 이들이 느끼는 감각은 서울에 오기 전 그들이 꿈꾸던 것과는 다소 다른 것이었다.

> 몸을 흔드는 기계 소리에 깨어 답장을 씁니다. 새벽 4십니다. 원하든 안 원하든 서울의 생활은 요란한 기계 소리(가령 자동차 소음까지)로 시작되고 기계화된 시간에 매달려 하루해를 보냅니다. 사람이 시간과 문화를 즐기는 것이 아니라 거꾸로 이용당하고 끝내는 피곤에 쓰러져 잠을 청하는 것이 서울의 생활인 것 같습니다. (…) 농촌에선 그렇게 부러웠고 무엇인가 굉장한 빛이 기다릴 것 같던 서울의 널찍한 도로가, 하늘이 얕다고 치솟은 고층건물도 이제 나에게는 아무런 관심도 주지 못하고 있습니다. 시간을 즐기는 인간이 아니라 이용당하는 기계가 되었기 때문에 인생을 판가름하는 내 자신을 잃었기 때문인지도 모릅니다.[8]

'미치도록' 가고 싶던 서울의 현실은 시간의 주인으로서 '자아'가 소실되고 기계화된 시간의 노예로 전락해 피곤한 잠을 청하는 일상으로 묘사된다. 서울에 오기 전에는 그토록 아름다워 보였던 고층건물과 대로도 더 이상 아무런 관심을 끌지 못하고, 서울은 '나'를 찾을 수 없는 공간으로 바뀌었다고 어느 서울시민은 말한다. '근대화'가 무엇인지 알지도 못하고 알수도 없는 감각 속에서 "하여간 잘 돼갑니다. 우리는 근대화한 도시에 살면서 근대화를 향하여 달리고 있습니다."라고 외치는 행인들 속에서 길을

만원버스를 타려는 사람들
1960년대의 이촌향도로 서울은 말 그대로 만원(滿員)이 되었다. 농촌을 떠나 그토록 동경하던 서울에 온 사람들은 기계화된 노동환경 속에서 시간의 노예로 전락한 자신을 발견하곤 했다.

잃어버린 '미아'가 된 것 같은 심정이 1970년대 서울사람의 감각이었다.[9]

1970년대 유신체제에 저항적이었던 '비판적 지식인'일수록 '도시'를 외래문화와 소비문화에 타락된 공간으로 표상했고, 이를 구원할 치유와 회복의 원천을 '농촌'으로 상정하곤 했다. 1970년대 '서울의 타락'을 비판적으로 보던 지식인들의 눈에 '농촌'은 구원의 공간일 수도 있었지만, 그와 연관해 느끼던 감각은 도시화의 물결이 농촌에 파고들어 농촌 역시 빠르게 '타락'할 것이라는 우려였다. 도시의 시각에서 농촌을 바라보는 지식인들은 '텔레비전이라는 문명의 이기利器'와 '고속도로'를 매개로 "'빠리'의 유행이 일주일 후 서울에 와 닿듯이 서울의 각가지 생활풍습이 시골로 내려가"는 문화전파가 진행되면 농촌도 머지않아 '타락'할 것이라고 우려했다.[10]

그러나 당시 농촌 지역에 살고 있던 사람들은 서울사람들의 농촌에 대한 향수와 걱정이 '우월감의 발로'일 뿐 농촌의 현실은 전혀 다르다고 지적했다. 월간 『다리』 창간호에 「지방에서 서울에 보내는 편지」를 쓴 어느 지역민은 "농촌을 그리워하고 행복하다고 외치는 작품은 거의가 도회지에 사는 작가의 글에서 나온다."는 아이러니를 말하며 "모든 분야가 서울에만 편중"되어 있기 때문에 농민은 행복할 수 없는 현실에 놓여 있음을 강조하고 있다.[11]

> 최 형, 농촌! 그것은 절대다수의 '푸로'가 죽다 못해서 사노라는 빈궁의 표상입니다. 그러기에 농촌의 정황은 저주와 탄식, 원망으로 물들어 있었지요. 요즘에 와서는 농촌도 퍽 윤택해진 것은 사실이지만 그래도 15원 만원버스에 생명을 담보하고 '러시아워'의 시련을 겪으면서도 운전수 양반들에게 아침(?)해야 하는 서울사람들이 예사롭게 한 달치 생활비를 주점에서 털어버리고도 살아갈 수 있는 묘한 서울사람들의 기름진 생활을 따라갈 수가 있겠습니까?[12]

새마을운동과 그 효과로서의 농가소득 증대에 대한 정부 당국의 요란한 선전에도 불구하고 1970년대 농촌은 이촌향도로 많은 인구가 빠져나가고 '빈궁' 속 상대적 박탈감이 지배하는 공간이었다. 그 감각은 "예사롭게 한 달치 생활비를 주점에서 털어버리고도 살아갈 수 있는" "서울사람들의 기름진 생활"이라는 소비공간으로서의 서울에 대한 이미지와 겹쳐져 "저주와 탄식, 원망"으로 이어졌다. 농촌사람들이 느끼는 서울사람들에 대한 박탈감은 '서울'에 대한 적대와 분노, 원한의 감정으로 연결되어 들끓었으나, 이러한 원한의 감정이 지배체제에 대한 저항으로 이어지지는 않았다. 오히려 지배체제는 새마을운동 등을 통해 농촌사람들의 상실감과 박탈감을 새로운 주체성의 감각으로 채우려 했고, 적대와 원한의 감정을 지면 아래로 흘러내리도록 하는 통치기제를 효과적으로 창출하고 있었다.

강남 개발과
부동산 열풍

서울로 인구가 집중되기 시작하면서 주택과 도시 기반시설 부족이 문제로 떠올랐다. 이에 박정희 정권은 1960년대 후반부터 강남 개발을 추진하기 시작했다. 경부고속도로 건설을 계기로 '영동지구 구획정리 사업'을 추진했는데, 추진과정에서 사업대상 면적이 확장되어 영동 1지구와 2지구를 합친 면적이 무려 2768만 제곱미터(837만 평)에 달했다.[13] 이 초대형 구획정리 사업의 목적은 경부고속도로 용지 확보와 강남지역 도시개발에 있었지만, 애초부터 사업목적 외에 정치적인 의도가 다분히 개입되어 있었다. 당시 서울시 도시계획국장 윤진우는 1970년 2월부터 8월 사이에 총 24만 8368평을 평당 평균 5100원에 매입한 후, 1년 사이에 약 18만 평을 평당 평균 1만 6000원에 매각하여 약 20억 원의 정치자금을 조성했는데, 여기에는 청와대가 깊이 개입돼 있었다.[14]

1970년대에 접어들면서부터 강남지역 땅값은 폭등을 거듭했다. 서울시 도시계획국장의 강남 토지 대량 매입 소문이 퍼지면서 투기업자들의 토지 구매가 끊이지 않았다. 1963년부터 1979년까지 16년 동안 강북지역인 중구 신당동의 땅값이 3만 원에서 50만으로 약 17배가량 오른 데 비해 같은 시기 강남구 신사동의 땅값은 400원에서 40만 원으로 무려 1000배가 올랐다.[15]

강남지역은 제3한강교 가설과 경부고속도로 준공 등 부동산 가격의 상승요인이 많았지만, 1967년에 제정·공포된 「부동산투기 억제에 관한 특별조치세법」의 영향 탓에 일정 수준으로 상승이 억제되고 있었다. 그러나 1972년 12월 30일자로 제정·공포된 「특정지구 개발 촉진에 관한 임시조치법」으로 인해 주택건설촉진지구 또는 재개발촉진지구의 특정대지에 대해서는 부동산투기억제세 및 등록세·취득세 등을 면제하는 특혜가 허용되었다. 1973년 6월 영동 1·2지구 구획정리 사업 대상지 959만 4000평이 개발촉진지구로 지정됨에 따라 해당지역에 세제혜택이 주어지면서 강남 개발이 본격화되었다.

1970년대 강남 개발은 인구 분산과 쾌적하고 효율적인 시가지 조성이라는 목적을 달성했지만, 부동산 가격 상승에 따른 투기열풍을 불러일으키는 부정적 유산을 낳기도 했다. 투기업자들은 강남의 신규 아파트 시세가 오를 조짐이 보이면 짧은 시간 안에 수억대의 돈을 동원해 닥치는 대로 사들인 다음 한동안 붙들고 있다가 고액의 '프리미엄'을 붙여서 되파는 수법으로 큰 이익을 남기곤 했다. 강남 개발 이후 평생 일해도 벌 수 없는 돈을 순식간에 버는 놀라운 일들이 전개되면서 부동산 투기열풍이 과열되었고, 이는 '불로소득'의 확보 가능성으로 인한 노동의욕 저하로 이어지기도 했다.

Y씨는 원래는 남편과 같은 국민학교 교사였다. Y씨는 한때 부동산 투기로 1년에 1000만 원을 벌기도 한 전문가다. 이 부부도 처음에는 내 집 마련을 위해 새벽잠을 설치고 아파트 신청 장소 부근의 여관방에서 새우잠을 잤고 어떤 때는 거적을 뒤집어쓰고 노숙까지 했다.

몇 차례 당첨되어 프리미엄을 붙여 파니 교사로서는 평생 벌어도 될까

부동산 투기 열풍을 불러온 강남 개발

아파트는 등장부터 신생활과 부유함의 상징으로 떠올랐고, 조감도부터 환상을 불어넣었다. "강남의 마지막 분양 아파트" "미분양분 선착순 청약" 등을 외치는 광고가 연일 신문을 채웠다.

말까 한 거금이 굴러들어왔다. 남편 K씨는 적당한 선에서 부인이 손을 떼기를 바랐다. 그러나 Y씨는 한사코 학교에 사표를 던져버리고 본격적으로 복부인 대열에 끼어들기 시작했다.[16]

부동산 차액을 통한 '불로소득'의 짜릿한 맛을 경험한 이들 중에는 이처럼 과감히 직장을 포기하고 부동산 투자에 전력을 다하는 이들도 있었다. 특히 당시 언론에서는 여성 투자자를 '복부인'이라고 명명하면서 일확천금에 눈이 멀어 불로소득만 추구하는 타락한 존재들로 표상하여 비난했다.

강남 개발 이후의 부동산 열풍 속에서 사기 등으로 피해를 보는 이들도 속출했다. 그러나 무엇보다도 1970년대 부동산 열풍의 기장 큰 폐혜는 땀 흘려 일하는 노동자들과 서민층에게 커다란 박탈감을 주었다는 점이다. 땀 흘려 열심히 일해 번 월급을 알뜰히 모아 저축하는 서민들은 부동산으로 쉽게 돈을 벌어 쉽게 탕진하는 벼락부자의 모습을 보며 근로의욕을 잃고 상대적 박탈감을 느낄 수밖에 없었다.

—

소비사회의 도래와
욕망의 정치

1970년대 석유파동 등으로 한국 경제가 위기에 직면하자 정부는 조세정책 등을 통해 사치성 소비를 억제하려고 했다. 내핍과 절약 강조, 저축장려 분위기가 위로부터 아래로 강하게 전달되었다. 박정희는 5·16쿠데타 직후부터 내핍과 절약을 줄곧 이야기했지만, 특히 유신체제 수립 이후부터는 여기에 더 큰 의미를 부여했다. 유신체제는 '국민총화'라는 가상의 상태를 '정상' 상태로 가정하고, 정치·경제·사회·문화 모든 분야에서 생산성을 높이는 데 집중하도록 했다. '총화'의 기반은 내부 성원의 균질성에 있기 때문에 박정희는 부유층의 사치와 낭비를 비난하며, 서민생활의 안정을 위해 국가가 노력하고 있음을 끊임없이 강조했다. 그러나 산업화 이후 생산성을 고도화하는 과정 속에서 '가진 자'와 '못 가진 자' 사이의 간극은 점점 더 벌어지고 있었다.

경제성장은 '불균등'이라는 격차 위에서 이루어지고 있었지만, 지배체제는 가까운 미래에 소비사회가 도래하면 모두가 평등하게 소비할 수 있을 것이라며 개별 주체의 '총화' 노력에 의해 '균등의 조건'을 마련해야 함을 역설했다. 1973년 9월 26일 수출진흥확대회의 직후 가진 경제기획원 장관 등과의 오찬 자리에서 박정희는 "공장에서 일하는 근로자의 월급인 몇 만 원을 고급요정에서 하룻밤 식대로 소비하는 몰지각한 일은 시정돼야 하며 이를 위해 고급요식업의 식단을 값도 더 저렴하게 하여 사치와 낭비가 없는 국민운동을 벌일 것"이라고 했다.[17] 박정희는 사치성 소비가 노동자들의 근로의욕 저하로 이어지고 이것이 결국 유신 총화체제에 균열을 발생시켜 체제를 위태롭게 할 수 있음을 우려했다.

1970년대 신문과 잡지에서는 고도성장에 따른 소비수준 향상으로 급증하는 '사치·낭비·퇴폐풍조'를 경계하는 글들이 전에 비해 더 강경한 논조로 나타났다. 이러한 글들은 대부분 경제성장에 따른 소득 증가분이 투자자원으로 쓰이지 못하고 대부분 소비되고 있는 것은 사치와 낭비를 하는 사회풍조 때문이며, 이것이 경제개발에 해로운 영향을 끼친다는 내용을 담고 있었다. 언론에서는 허세·사치·낭비 풍조가 경제성장 단계를 넘어서는 고도소비성향을 이끌고 있는데, 이는 결국 국가경제를 파국으로

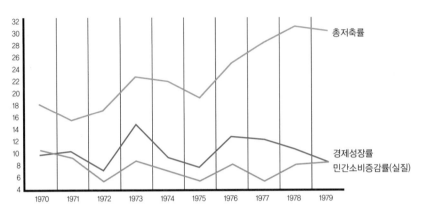

〈그림 1〉 1970~79년 경제성장률 · 민간소비증감률 · 총저축률 비교 (단위: %)

• 출처: 한국은행 경제통계시스템

몰아갈 것이라며 위기의식을 의도적으로 확산시키고 있었다. 한발 앞선 소비가 성장의 발목을 잡을 것이라는 우려였다.

　그런데 언론의 우려는 사실이 아니었다. 그림 1에 나타나듯이 1970~79년 기간 중 민간소비 증가율이 경제성장률을 초과한 시기는 1970년 한 해뿐이고, 1971년부터 1978년까지 민간소비 증가율은 경제성장률을 밑돌았다. 통계는 1970년대 소비는 고도성장의 패턴에 따라 지속적인 상승 추세에 있었지만, 생산규모의 증가 추세에 비춰보면 전체적인 소비규모는 억제되고 있음을 말해준다. 이는 16~31퍼센트에 달하는 총저축률과 함께 살펴보면 더욱 명확해지는데, 소비 억제와 저축을 강조하던 박정희 정권의 정책이 어느정도 효과를 보았다고 할 수 있다. 당시 언론의 위기론과는 달리 1970년대 전반적인 소비수준은 국민경제를 위협하는 상황이 아니었다. 그보다는 소비 자체를 '사치'와 '허세'로 비난함으로써 대중의 욕망을 소비보다는 생산의 방향으로 정함으로써 저임금을 감내하는 노동주체로 가둬두는 효과를 노린 것이었다고 하겠다.

그러나 이 통계를 단순히 정권의 의도대로 대중들이 소비를 억제했다고 단정하는 근거로 삼아서는 곤란하다. 물론 이 시기 소비증가율은 경제성장률보다 낮게 유지되고 있었지만, 1970년대 국민소득 자체가 워낙 급성장하고 있었던 점을 감안할 때, 당시 민간소비지출 규모 자체가 단기간에 급격하게 증가했음을 주목해야 한다. 경상시장가격을 기준으로 2457억 원이었던 1961년 민간소비지출 총액은 10년 뒤인 1971년에는 2조 4166억 원으로 10배 가까이 상승했고, 1977년에는 6년 전에 비해 4배 이상 상승한 10조 4001억 원이 되었다. 억제 기조가 유지되었다고 하더라도 소비지출 규모 자체가 워낙 급격히 커지고 있었기 때문에 이는 사회에 엄청난 파급효과를 불러일으켰다.[18]

1970년대 소비지출을 품목별로 살펴보면 식비의 비중이 줄어드는 반면, 주거비, 피복비, 잡비 등이 높아짐을 알 수 있다. 식비의 비중 자체는 줄었지만 비용의 규모가 커졌음을 고려할 때, 전반적으로 경제성장에 발맞추어 의식주 생활수준이 높아진 것이다. 특히 아파트 등 주거양식의 변화, 패션의류에 대한 관심 및 수요 증가가 1970년대 소비에서 중요하게 고려해야 할 지점이다.

1970년대 소비수준의 향상을 특징짓는 대표적인 상품은 역시 텔레비전, 냉장고, 세탁기 같은 내구성 상품이었다. 1978년 한 해 동안에만 텔레비전 180만 대(전년 대비 33.3퍼센트증가), 냉장고 85만 대(전년 대비 129.7퍼센트 증가), 세탁기 26만 대(전년 대비 116.6퍼센트 증가)가 판매됐을 만큼 1970년대 후반에 이르면 이들 3종 내구성 상품의 소비는 광범위해진다. 1960년대까지만 해도 텔레비전, 냉장고, 세탁기 등은 상층계급의 차이표식 기호로 소비되었으나 텔레비전은 1970년대 초반부터, 냉장

1973년 미도파 백화점
정부의 소비 억제 정책에도 불구하고 상류층의 사치는 여전했다. 백화점은 '맨숀 사모님'을 별도 관리했고, 8만 원짜리 밍크코트부터 300만 원을 호가하는 금박다이아 손목시계까지, 온갖 사치품이 매장을 채우고 있었다.

고는 1970년대 중·후반부터 중산층의 필수품으로 보편화되어갔다.

'사치성' 소비를 억제하기 위한 정책들이 펼쳐지면서도 다른 한편 일부 상류층이 '사치성' 소비를 지속하고 있던 점은 1970년대 내내 꾸준히 확인된다. 제1차 석유파동 직후인 1974년 백화점 점원들은 쇼핑을 취미로 삼는 '사모님'들을 별도로 관리하고, '맨숀 사모님'들은 선주문을 통해 외국 패션지에 수록된 외제 옷감을 기다렸다. 동대문시장에서는 외제 양탄자가 날개 돋친 듯 팔렸고, 석유파동 직후에도 서울시내 고급 술집들은 에너지 걱정 없이 밤새 영업했다. 제2차 석유파동 직후인 1978년 11월에도 "8만 원짜리 밍크코트, 300만 원을 호가하는 금박다이아 손목시계, 100만 원이 넘는 라이터" 등 사치품 판매가 언론에서 문제시되고 있었다.

이제 이 글의 첫 장면으로 돌아가보자. 당대 사람들은 고도성장기에 등장한 초호화층 사람들을 어떻게 생각했을까?

『동아일보』 2월 23일자 3면에 게재된 「과소비 79 — 사치세태 어디까지 왔나」라는 기사를 보고 국민의 한 사람으로 놀라움과 분노를 느끼지 않을 수 없었다. 대지가 3000~5000평이나 되는 집에서 1000만 원짜리 융단을 깔고 40만 원짜리 코피세트에 수천만 원짜리 장롱을 사들이는 사치스런 생활을 하는 사람이 있다니 한심스런 일이다. 우리 같은 서민으로서는 도저히 상상도 하지 못할 호화스런 의식주에 부러움보다는 그들의 비국민적인 양심에 환멸을 느낀다. 이래서야 어떻게 국민총화가 이뤄질 수 있는가. (⋯) 정부는 이런 부유층에는 더욱 무거운 사치세를 징수해서 사치와 낭비로 허비되는 부를 사회에 환원시켜 어려운 동포를 돕는 일에 쓰도록 했으면 하는 마음이 간절하다.[19]

『동아일보』에 1979년의 과소비 세태를 보도하는 기사가 나가고 난 후 일주일쯤 지나 '독자의 소리'에 올라온 반응이다. '서민'의 시선에서 고소득층의 '과소비'는 "놀라움과 분노"를 불러일으켰고, 특권층과 서민 사이의 사회·경제적 격차를 확인할 수 있도록 함으로써 '국민총화'가 애당초 불가능한 것임을 사후적으로 확인시켜주었다. 소비주체의 불균등한 위치와 소비를 둘러싼 불평등한 현실을 깨닫게 되는 순간, 사회·경제적 약자는 자신의 일상을 통해 정치와 권력에 대한 불신을 증폭시킬 수 있었다. 1970년대의 상황에서 사회적 약자들의 외침이 때로는 노동자들의 투쟁에서와 같이 저항의 모습으로 드러나기도 했다. 하지만 그보다 지배적인 양상은 '경제적인 것'을 둘러싼 경쟁의 장에서 더 많이 쟁취하기 위해, 사회적 상승의 사다리를 둘러싼 경쟁에서 살아남기 위해 '정치적인 것'에 대한 관심으로부터 벗어나 '경제적 인간'Homo economicus으로 살아가는 것이었다.

1970년대 후반 한국사회는 1960년대와 비교해볼 때 상당한 수준으로 양극화가 진행되었다. 1979년 3월 20일 산업은행이 공개한 「한국가계의 소비구조와 저축형태」 보고서에서는 1977년 기준 소득별로 가계구성을 5개 계층으로 구분했는데, 이 중 소득이 낮은 1~3계층 가계는 식료품비 지출이 전체 소득의 54퍼센트에 달해 사실상 저축능력이 없는 것으로 분석되었다. 계층별 소비증가율을 보면 1966~69년까지의 추세는 비교적 균등한 소득분배 구조가 유지되며 계층 간 소비격차가 적었으나, 1974~77년에 이르러서는 주거비, 광열비, 피복비, 잡비 등 모든 항목에서 고소득층의 소비증가율이 두드러지게 상승하는 것으로 나타났다.[20]

중산층 이상의 계급적 지위에 놓인 이들은 대중적으로 널리 소비되는 상품을 소유하는 것만으로는 '행복'을 느끼지 못하는 경우가 많았다. 이들은 더 비싼 상품, 더 희귀한 상품을 소비함으로써 계층적 차이를 드러내고자 했고, 이는 체제의 규범과 충돌하는 것이었다. 당대의 신문기사에서 보듯 고소득층은 체제가 설정해놓은 소비 억제의 한계선을 뚫고 과시적 소비를 하는 경우가 적지 않았다. 1970년대의 소비는 구별 짓기와 구별 없애기 사이를 오가며 증폭되는 양상이었고, 계급적 경쟁관계의 기호로 자리매김하고 있었다. 또한 소비할 수 있는 자와 소비 억제를 강요받는 자 사이의 계급적·문화적 거리감은 예민한 긴장관계를 형성해 유신체제를 위태롭게 할 수 있는 사회·문화적 기반을 만들어가고 있었다.

안방극장과
대중의 문화생활

임종수

1970

가정의 근대화,
안방극장의 탄생[1]

스마트폰으로 시공간의 장벽 없이 방송을 즐기는 오늘날, 지붕 위에 안테나를 올리고 이리저리 채널을 맞춰 텔레비전을 보는 풍경은 기록영화에서나 볼 수 있는 '과거'가 되었다. 해질 녘에 이집 저집을 돌아다니며 「마징가」 시리즈나 「15소년 표류기」를 보거나, 주말이면 무서워 떨면서도 「전설의 고향」을 고수하던 것이 텔레비전을 둘러싼 예전의 풍경이었다. 안방에서 시작해 거실로 이제는 거리로까지 진출한 텔레비전은 존재 방식은 많이 바뀌었지만 그때 그랬던 것처럼 여전히 대중의 여가와 문화생활의 중심 매체이다.

우리는 흔히 텔레비전을 '안방극장'이라 표현한다. 왜 하필 안방일까? 대부분의 가정에서 텔레비전 수상기는 거실에 놓이게 마련인데 말이다. 극장이라는 말은 또 무엇인가? 안방이 상징하는 부부 침실과 가족사진, 화장실 등은 텔레비전과 그리 어울려 보이지 않는다. 텔레비전을 극장이라고 표현하는 것은 텔레비전 수상기에 최첨단 장비를 갖춘 최근에서야 의미가 있지 수상기 한 대만으로 할 얘기는 아니었다. 그럼에도 안방극장 이란 말을 거리낌 없이 썼다. 여기에는 1960~70년대 텔레비전이 욕망하던 '가정의 근대화'가 작용했기 때문이다.

안방극장이라는 말은 언제 태어났을까? 이 용어는 1961년 12월 31일 한국방송공사KBS 텔레비전 방송국이 출범한 이후 이른바 '텔레비전 붐' 이 일어나던 1962년에 본격적으로 등장한 것으로 보인다. 1962년 1월 『경향신문』은 "2만 2천여 대의 텔레비전이 서울 장안에서 '안방극장'을 차려 놓은 셈이다."라고 적었다.[2] 『동아일보』 역시 같은 해 3월 "온 동네 아이나 식모들을 모아놓고 방송시간에만 안방극장을 이루는"이라고 썼다.[3] 1956년 경제력에 비해 비교적 일찍 도입된 HLKZ-TV가 있었음에도(미국 가전사 RCA 주도하에 세계에서 15번째, 아시아에서는 필리핀, 일본, 태국에 이어 4번째로 개국했지만 1959년 2월 비운의 화재로 소실됨), KBS-텔레비전이 등장하기 전까지 '안방극장'이라는 말은 신문이나 잡지 등에서 찾아보기 힘들다. 그러니까 안방극장은 1960년대부터 지금의 KBS가 등장하면서 회자되던 신종 유행어였다.

한국의 텔레비전은 안방에서 탄생했다. KBS 출범 반년 후 실시된 공보부 조사국의 조사에 따르면 "텔레비전은 대부분 안방(70.5퍼센트)에 놓여" 있었다고 한다.[4] 물론 텔레비전이 귀한 시대에는 이웃 주민들이 한곳에 모여 '동네극장'이 되곤 했지만 텔레비전은 기본적으로 가족이 공유하는 매체였다. 한국의 안방 문화를 현장 조사한 일련의 연구에 따르면,[5] 전래의 안방 물건들이 점차 현대식 소품으로 교체되면서 안방에서의 종교 활동은 과거보다 다소 증가한 반면, 음식 준비, 청소 등 가사노동은 감소했다. 반면 안방에서의 텔레비전 시청 행위는 두드러지게 증가하여

안방극장의 주인공, 텔레비전
텔레비전은 기본적으로 가족이 공유하는 매체였다. 온 가족이 둘러앉아 텔레비전을 보는 것은 일상적인
풍경이 되었고, 텔레비전이 위치한 곳의 벽면은 가족의 이력을 보여주는 여러 물건들로 채워졌다,

1960~70년대부터 으뜸가는 오락이 되었다. 특히 1970년대 점진적으로 늘어나는 전기시설에 따라 안방은 점차 넓어지기 시작했다.* 넓어진 안방에 각종 가구와 텔레비전 세트 등이 들어옴으로써 안방에서 이루어지는 가족 공동생활의 핵심은 식사와 텔레비전 시청이 되었다. 공동 식사와 가족 공동의 텔레비전 시청을 통해 사실상 안방이 근대화된 가정의 가족실이 된 것이다.

안방의 가족실 기능은 한국전쟁으로 무너진 집을 다시 세우고 경제성장이 고도화된 1960년대 말 이후 일반 가정으로 널리 확대되었다. 가족의 공간 사용에 대한 민속지학적 연구는 이 같은 사실을 확인시켜준다.[6] 부유한 집이나 전통적 양반집을 제외한 대부분의 가정이 방이 부족해 동성끼리 혹은 대가족하의 소규모 핵가족 집단 단위로 방을 공유한 1960년대와 달리, 1970년대에는 도시 이주와 산아제한으로 부부만을 위한 공간, 아이들의 방이라는 개념이 생겨났다. 사회 보편적으로 가족 공간의 기능 분화가 일어나기 시작한 것이다.

그 결과 안방의 텔레비전이 거실로 진출하게 됐다. 이른바 '문화주택'이라는 아파트와 연립주택, 심지어는 새롭게 신축되는 단독주택에도 거의 예외 없이 거실 혹은 응접실이라 일컫는 공간이 도입됐다.[7] 1970년 전후로 주택공사가 한강변에 아파트를 건설한 이래 현대식 집단주택 및 연

* 안방의 활용도가 높아지면서 공간의 크기 역시 넓어졌고 텔레비전의 크기도 그것에 준해 점차 커졌다. 1956년 HLKZ-TV 시대에 우리나라 안방의 크기에 가장 적합한 텔레비전 크기는 8인치 반이라고 평가된 데 반해(『동아일보』 1956년 5월 17일자 4면) 1969년에는 17인치 이하가 적합한 것으로 여겨졌다(『조선일보』 1969년 8월 3일자 4면). 이는 물론 텔레비전 해상도 및 화면 크기 등과 같은 기술의 발전과 관련된 것이기는 하지만, 1950년대 모든 텔레비전이 수입품이었고 24인치가 '공공장소용'으로 인식되었다는 점, 그리고 최근에도 거실 혹은 방의 크기와 텔레비전의 크기가 커지고 있음을 고려한다면, 텔레비전이 커진 것은 방의 크기가 커진 것과 무관하지는 않은 것으로 보인다.

립주택은 어떤 개성이나 상상력, 창의력도 없이 대청('리빙룸')을 중심으로 하는 설계 패턴을 한결같이 묵수해왔다. 이 모델은 안채(안방), 사랑채(사랑방) 등으로 구성된 전통적인 주택구조를 바꿔 외부와의 접근성을 약화시킨 대신, 공간 내 이동성을 높이고 가족의 휴식과 '단란한 가족'을 위한 공간적 기능을 강화시켰다.

거실이 남긴 '갑작스러운 넓은 공간' '갑작스러운 넓은 벽면'은 가족의 이력과 사회적 지위를 보여주는 갖가지 물건들로 장식되었다. 1970년대 대규모로 발굴된 각종 문화재와 장서, 사진, 그리고 피아노 같은 고가의 서양 악기 역시 그 집안과 가족의 이력을 보여주는 장신구였다. 여기에 온 가족이 이용하는 텔레비전이 자리 잡았음은 당연한 일이었다. 우리 문화에서 낯설기 짝이 없는 '텔레비전을 보는 자리'라는 뚜렷한 기능이 대청(거실)에 부여된 것이다. 더불어 거실은 가족실 역할을 하는 지극히 사적인 공간이면서도, 이방인을 응접할 때 그 집의 삶의 수준을 보여주는 공적 공간의 측면도 포함하고 있었다. 그런 점에서 거실의 텔레비전은 가족들의 여가와 오락의 매개체임과 동시에 타자에게 보여지는 오브제로서도 톡톡한 기능을 수행했다.

안방극장이라는 말은 현실적인 용어라기보다 가족의 여가와 문화를 상징하는 용어가 되었다. 근대화라는 생활의 진보가 이루어진 만큼 거실은 새로운 주택구조에서 핵심 공간이 되었고, 안방이 가졌던 가족실 개념도 거의 전유해갔다. 대부분의 텔레비전이 안방이 아닌 거실에 놓이게 되고 1가구 2텔레비전의 경우가 늘어감에 따라 안방은 가족실이기보다 좀더 내밀하고 사적인 '부부실'로 바뀌었다. 그런 섬에서 '안방극장'에서의 안방은 사적 세계인 가정을 은유하는 것일 뿐 실제 텔레비전 사용이나 공간 개념을 의미하는 것은 아니다.

다른 한편 안방극장이라는 한국 텔레비전의 이미지는 텔레비전 시청이 곧 '드라마 보기'라는 인식을 반영한다. 드라마의 성공이 텔레비전 대중화의 기반이었다는 사실에서 알 수 있듯이, 안방극장이라는 용어는 한국의 텔레비전이 드라마와 안방의 결합에 의해 태동되었음을 보여준다. 방영 요일을 표시한 '화요극장' '금요극장', 주 단위의 '주말극장', 장르성을 강조한 '실화극장' '청춘극장' '인생극장' '어린이극장' '가정극장', 작가주의를 강조한 '유호극장', 스폰서명을 붙인 '바이엘극장' '럭키극장', 채널명을 내건 'TBC극장' 등의 용어는 텔레비전 드라마가 극장과 상통하고 있음을 보여준다. 이렇게 볼 때 텔레비전 드라마는 영화가 보여준 활동사진이라는 양식과 라디오가 가졌던 사적 미디어의 지위를 이어받아 안방이라는 작은 드라마 상영관에서 개인적인(가족적인) 문화 향유를 가능하게 해준 대표적인 문화양식이었다. 텔레비전은 가정용 오락을 위한 작은 스크린이었던 셈이다. 실제로 텔레비전이 급속도로 확산되는 데 결정적인 역할을 한 「아씨」[1970] 「여로」[1972] 「새엄마」[1972] 등 주목할 만한 일일극의 성공은 연극, 영화, 라디오의 모자이크식 조합이던 텔레비전이 고유한 문화적 장치로 정착하는 데 결정적 기여를 했다.[8] 따라서 '안방극장'은 드라마나 텔레비전을 표상할 뿐만 아니라 가족 구성원들이 공동으로 사용하는 공간에서 안락하게 드라마를 즐기며 살아가는 '근대적 가족의 삶'을 상징하는 용어였다.

그러나 텔레비전의 즐거움은 운명적으로 가족주의와 충돌할 수밖에 없었다. 사실 안방극장이라는 말 자체는 이미 텔레비전을 중심으로 하는 대중문화가 가족 중심의 도덕주의적 심판을 받을 수밖에 없는 운명을 예고한다. "안방극장에 탈선"[9]이라든가 "안방극장에 '어린이 입장 금지'라는 표지도 붙일 수 없어"[10]라는 신문 기사에서 보듯이 텔레비전은 가족 오락 및 가족 여가에 활용됐음에도 불구하고 가족주의적 도덕 수준에 그리 적합하지 않다는 지적이 많았다. 도시산업사회에서 흔히 볼 수 있는 어린이에 대한 정서적 해악이나 어른들의 과소비, 사치풍조 역시 손쉽게 텔레비전의 탓으로 돌려지곤 했다. 국가권력 역시 이 같은 점을 잘 알고 있었고 미풍양속을 빌미로 텔레비전 시청이라는 대중의 여가와 오락 생활에 빈번히 개입해 들어왔다. '미개한' 텔레비전을 즐기는 대중을 지도하고 계도하는 것은 이미 지배권력의 (문화) 정치적 정당성을 부여하는 것이었기 때문에 텔레비전 정책은 이미 통치의 한 방법이 되어 있었다.

가족 여가의
공유와 차이

외부의 공적 세계와 내부의 사적 세계가 만나는 곳이 바로 '안방의 텔레비전'이었다. 텔레비전은 바깥에서 이루어지던 모든 구경을 방 안으로 끌어들임으로써 거리감을 없애고 오락을 일상화할 수 있었다. 그런 점에서 텔레비전은 가족이 모이고, 그래서 세상의 구경거리를 함께 즐기는 사회적 유동성의 사사화mobile privatization 기계였다. 즉 텔레비전은 가족의 남녀노소가 최대공약수의 문화를 '공유'할 수 있는 문화기계였다. '가족' 텔레비전으로서 충실히 기능한 것이다. 이 같은 사실은 개인화된 오늘날의 디지털TV 환경과 비교하면 꽤나 낯선 문화양식이다.

여기에서 미디어를 중심으로 하는 가족 여가의 변화를 짐작할 수 있다. 1970년대 말 가정학회가 발표한 "서울의 가족 레크레이션"에 따르면, 집안에서의 텔레비전 시청은 환담, 노래와 함께 '가정 내 3대 오락'의 하나

텔레비전에 자리를 뺏긴 라디오
가족들이 모여 앉아 즐기던 라디오는 텔레비전의 등장과 함께 가족 여가에서 점점 중요도가 떨어져갔다.

였다.[11] 사실 텔레비전을 비롯한 각종 가전제품의 보급과 관광 등 레저 붐이 일어난 1970년대는 이른바 '여가 욕구의 개화기'라 할 만한 시대였다.[12] 그중에서 텔레비전 시청은 모든 가족 구성원들이 가장 손쉽게 이용하고 빈번히 즐길 수 있는 여가활동이었다.

그 외에도 객관적 지표는 꽤 있다. 이미 1966년의 한 조사에서부터 '텔레비전을 가진 이후 어떤 변화가 있었는가'라는 질문에 대해 '라디오(18.8퍼센트) 또는 영화(11.1퍼센트)를 덜 듣거나 보게 되었다'와 '가족들이 한자리에 자주 모이게 되었다'(14.5퍼센트)가 상위 응답을 차지하여 여가생활에 변화가 일어나고 있음을 보여주었다.[13] 1970년대는 그 강도가 더욱 심해졌다. '한국인의 부부관계'에 관한 조사에 따르면,[14] 부부가 함께 주말을 보낼 때 59.2퍼센트가 텔레비전을 보거나 라디오를 듣는다고 응답한 반면, 서로 이야기를 주고받거나(24.8퍼센트) 부부 공통의 취미를 즐기는(8.0퍼센트) 경우는 상대적으로 낮은 편이었다. 서울의 500가구를 대상으로 한 '도시민의 여가생활' 조사에서도[15] 남성과 여성은 모두 여가의 대부분을 '텔레비전 시청'과 '라디오 청취'로 보내는 것으로 조사되었다. 1979년의 조사 역시 6~7시간 정도 주어지는 여가시간에 남성과 여성 모두 라디오와 텔레비전을 이용하는 경우가 수위에 올랐다.[16] 이같은 경향은 청소년들에게는 더욱 강하게 나타나 응답자 전체의 75퍼센트가 텔레비전, 라디오, 정기간행물 등으로 여가를 보낼 정도로 커뮤니케이션 매체에 대한 의존율이 높았다.[17] 노인들의 여가 선용에도 역시 '텔레비전 시청'(10.5퍼센트)이 '바둑·장기'(28퍼센트) 다음으로 많이 이용되었다.[18] 이처럼 텔레비전은 가족 구성원들의 여가활동의 상당 부분을 흡수하고 있었다.

1970년대 텔레비전은 연극이나 영화, 스포츠 관람, 라디오 청취의 상대적 쇠퇴를 가져와 대중문화의 지형을 크게 바꿔놓았다. 그중에서 영화의 쇠퇴가 눈에 띄게 두드러졌는데, "이는 '레저 붐'과 함께 등산, 낚시, 관광여행 등을 즐기는 시민이 늘어난 탓이기도 하나 특히 안방극장인 텔레비전 시청자가 크게 증가한 때문"이었다.[19] 이로써 텔레비전은 대중매체의 총아로서 일반 가정의 생활필수품이자 여가 및 문화생활에서 가족이 공유하는 중심 매체가 되어갔다.

그러나 똑같이 텔레비전을 이용한다고 해서 그 성격이 질적으로 동일한 것은 아니었다. 텔레비전을 통한 세대 간, 부부간 여가의 공유가 의미 있게 진행되면서도 '차이'는 지속적으로 드러나곤 했다. 우선 여가활동에 임하는 남성과 여성의 동기 자체가 크게 달랐다. 1976년 『주간한국』의 보도에는 이러한 특징이 잘 묘사되어 있다.

도시 주민들의 생활시간을 보면 노동이 7~8시간, 취침이 6~7시간, 식사와 몸단장, 세면 등 기타 3시간을 제외하고 6~7시간의 여가를 유용하고 있다. 여가활동은 크게 ① 일상생활의 답답함에서 탈출 ② 공동사회적 인간관계 회복 ③ 개인주의적 생활 행동의 촉진 ④ 체력의 회복 등인데, 남자는 '일상생활에서의 답답함을 탈피'하고자 함을 1차 목적으로 하고 있는 반면, 여자들은 가족, 친구와의 관계를 강하게 의식하는 '공동사회적 인간관계 회복'이 1차 목적이었다.[20]

남성은 텔레비전에 대해 '오락 및 휴식의 동기'에 주목했다면, 여성은 '관계 형성 혹은 촉진의 동기'에 주목하는 차이를 보인다. 또 하나 눈에 띄는 것은 40여 년 전 여가시간이 6~7시간이었다는 것인데, 지금과 비교하면 오히려 생활이 더 여유로웠던 듯하다.

어쨌든 텔레비전 시청 동기에서의 이러한 차이는 여가 행위로서의 텔레비전 시청 방식에서도 자연스럽게 이어졌다. 1970년대 한 여성의 솔직한 목소리를 들어보자.

낄낄거리거나 투덜대거나 혹은 이런저런 비평(저 여자 탤런트는 사생활이 어떻다는 둥, 드라마 소품이 잘못되었다거나 머리가 굉장히 나쁜 프로듀서가 만든 거 아니냐는 둥)을 하면서 텔레비전을 보는 나와는 달리 남편은 아무런 말도 없이 무표정한 얼굴을 하고는 화면만 응시한다. 이렇게 서로 다른 태도 때문에 때로 티격태격하기도 한다. 남편에게 잡다한 수다를 늘어놓으면서 텔레비전을 보다가 그로부터 "좀 조용히 볼수 없어?"라고 핀잔을 듣기도 하고, 또는 열심히 이야기를 했는데도 아무런 대꾸조차 없이 화면만 응시하고 있는 남편에게 "내 말 하나도 안들렸어요?" 하면서 짜증을 내기도 한다. (…) 또 일요일에는 텔레비전이 하루 종일 방영되기 때문에 남편은 하루 종일 꼼짝도 않고 한군데 드러누워서 텔레비전을 본다. 어떤 때는 이부자리도 개지 않고 옷도 갈아입지 않고 누운 채로 텔레비전만 보는 때도 많다. 하루 종일 말도 없이 텔레비전 화면만 응시하면서 집안일은 조금도 도와주지 않는 그를 보면서 텔레비전을 내다 버렸으면 좋겠다는 생각을 한 적도 있었다.[21]

남편은 '꼼짝도 않는' 휴식을 원하는 반면, 여성은 텔레비전 시청과 다른 일을 병행하거나 텔레비전을 보더라도 '함께 보는 행위'에 의미를 부여한다. 즉 남성은 텔레비전 시청을 '휴식의 기회'로, 여성은 대화 '참여의 기회'로 활용하고 있는 것이다. 이 글이 주는 의미는 명확하다. 사회라는 공적 세계에 몸담고 있는 남편은 사적 세계인 가정에서 자신의 여가활동 (텔레비전 시청)을 위해 언제든지 편안한 차림으로 푹신한 소파나 이부자리를 차지할 수 있다. 남편은 가족을 위해 힘들게 사회생활을 했다는 이유만으로 자신의 휴식에 정당성을 부여할 수 있는 권한을 가진다. 반면에 아내는 텔레비전 시청을 남편과 커뮤니케이션하는 방식의 하나로 이해한다. 아내는 하루 종일 사적 세계에 머물러 있었기 때문에 휴식을 위한 시간이나 공간 점유의 근거가 상대적으로 빈약하다. 이는 주부의 가사노동에 대한 근대적 지각이 형성되지 않아 그 가치를 그리 높게 평가하지 않았던 당시의 상황을 방증한다.

시간상으로 텔레비전을 사이에 둔 가족 간의 만남은 분명 늘어났다. 게다가 신문이나 라디오와 비교해 분명 '가족주의의 강화'라 할 만한 구석도 있다. 그러나 그 이면에는 온 가족이 하루의 삶에 대한 의미있는 대화를 할 수 있는 기회를 박탈하는 측면도 있다. "식탁에 둘러앉았지만 시선이 텔레비전에 쏠려"[22] 가족 간의 오붓한 관계를 빼앗기는 것은 물론이고, "명절이 되어도 하루 종일 방구석에 틀어박혀 1년 만에 만난 가족끼리도 대화를 끊고"[23] 특집 프로그램에 넋을 잃고 앉아 있는 모습이 익숙한 풍경이 되었다. 텔레비전을 통한 여가생활에서의 차이는 가족 구성원 간의 커뮤니케이션을 줄여 개인만의 사생활의 깊이를 더하는 데 일조한 셈이다.

공동생산에 뿌리박고 있던 전통적 가족과 달리, 근대 가족은 각자의 사회적 삶에서 돌아와 '함께 텔레비전을 시청'하는 관계로 전환되어갔다. 텔레비전은 근대 가족 구성원들이 동일한 시간과 공간 속에서 동일한 정서와 의미를 직접적인 커뮤니케이션이 아닌 방식으로 공유할 수 있는 테크놀로지였다. 그런 만큼 가족 간 공유와 더불어 '고립'과 '개별화'의 관계도 짙어져갔다. 고립과 개별화가 진정한 의미의 프라이버시의 실천이었는가에 대해서는 그리 긍정적이지 않다. 개인주의가 아닌 집단주의를 미덕으로 삼아온 전통에서 본다면 그것은 진정한 의미에서 공개되지 않고 간섭받지 않을 개인의 자유라고 보기 힘들기 때문이다. 개인에 대한 존중의 전통이 빈약한 상황에서 고립과 개별화는 자칫 텔레비전이 전달하는 대규모의 표준화된 정보와 오락에 개별적으로 반응함으로써, 가족과 개인의 자발성이 거의 붕괴되고 위로부터 주어진 일방향적·획일적 문화에 젖어들 위험을 내포하고 있었다고 할 것이다.

요컨대 여가 선용에 대한 경험이 부족하고 마땅한 방법이 마련되지 않았던 시대의 텔레비전 시청은 근대 가족이 가장 손쉽게 의존하는 여가활동이었다. 이러한 경향은 지금까지도 이어지고 있다. 그러나 텔레비전 시청 자체가 가족을 하나로 묶었다고 단정 짓기에는 무리가 따른다. 무엇보다도 텔레비전 시청이라는 여가활동에는 문화적 근대화의 미성숙이 낳은 각기 다른 권력의 담지자들 간의 고립과 개별화가 나타나고 있었다. 따라서 가족 구성원 간의 고립과 개별화는 매우 점진적이기는 하나 기존의 성

관념이나 가족 관념으로부터 이탈된, 문화적 근대화의 새로운 세례를 받은 집단(대체적으로 대도시 고학력의 젊은 가정)에서부터 나타났을 것으로 유추된다.

텔레비전 공화국,
무엇을 보고 즐겼는가?

텔레비전 시대를 맞으면서 한국 사람들은 무엇을 보고 즐겼을까? 한국의 텔레비전 드라마는 1962년 「나도 인간이 되련다」를 시작으로 한 '금요극장'을 통해 실험적인 드라마 제작을 이어갔다(이미 텔레비전 드라마는 1956년 시작한 최초의 텔레비전인 HLKZ-TV의 드라마 「천국의 문」 「사형수」 등이 있었다). 이후 이 프로그램은 'TV무대' 'CK극장' 'TV극장' 등으로 확대되면서 드라마 실험을 이어갔다. 이로써 1964년 최초의 일일극 편성 이후 우여곡절을 겪다가 1960년대 말 1970년대 초 일일극이 안정 궤도에 들어서고 한국방송KBS, 동양방송TBC, 문화방송MBC 등 텔레비전 3사 간의 경쟁이 본격화되면서 텔레비전 드라마 시대가 열리게 된다. 「개구리 남편」 「아씨」와 「여로」는 중요한 분기점을 마련한 드라마로 평가된다. 이후 「새엄마」 「신부일기」 「결혼행진곡」 「청춘의 덫」이 인기를 끌었다. 일일극이 드라마 장르에서 최고의 전성기를 구가했고 점차 주말극을 중심으로 '주2회극'이 자리를 잡아가기 시작했다. 1970년대 후반에는 정부가 국난 극복의 의지, 역경과 시련을 이겨낸 선현들의 발자취, 국가관과 민족혼을 제시하는 내용을 의무적으로 극화하도록 한 데서 태어난 '민족사관 정립극' 「맥」 「왕도」 등이 있었고 대형극의 전례를 보여준 미국의

「신부일기」와 「수사반장」
1970년대 들어 일일극이 드라마 장르에서 최고의 전성기를 구가했다. 인기 드라마 「신부일기」 「수사반장」 등은 일간지 광고까지 냈다. 때론 드라마 인기 요인을 분석한 기사가 지면을 채웠다.

「뿌리」도 대중의 큰 사랑을 받았다.

한국 텔레비전 콘텐츠의 역사를 간략하게 살펴보면 드라마에서는 목적극이 가장 눈에 띈다. 1965년부터 약 30여 년간 이어진 반공이념의 주입이나 정권 홍보를 위해 만들어진 목적극은 국가권력이 직접적으로 편성에 개입한 경우이다. 「팔도강산」이나 「대동강」 「전우」 「수사반장」 「수사본부」 등이 대표적이다. 목적극은 드라마의 인기에 편승하자고 하는 국가권력의 요구를 받아들이면서도 극적 긴장감으로 높은 시청률을 올린 양식으로서 규모나 완성도 면에서도 상당히 높은 수준을 유지했다. 1990년대 초반까지 이러졌던 그러한 경향은 냉전과 남북 분단이라는 특수한 환경이 빚은 텔레비전 문화라 할 수 있다.

다큐멘터리 중에서는 1968년 「인간승리」 이후 사회 하층민들의 삶의 질곡을 담은 휴먼 다큐멘터리가 전세계 다른 어떤 나라에서도 보기 힘들 정도로 주목받았다. 이는 지금도 마찬가지이다. 1970년대 초반에는 평면적인 사건 보도 형식에서 탈피해 앵커맨을 기용하여 현장성을 살린 「뉴스데스크」 같은 '뉴스쇼'가 등장하면서 본격적인 텔레비전 뉴스 양식이 정립되었다. 이후 1976년 정부의 방송 시간대 편성 규정에 의해 9시 뉴스 체제가 고정되면서 지금에 이르고 있다.

쇼·오락 프로그램도 등장 이후 꾸준한 사랑을 받았다. KBS의 「그랜드쇼」와 TBC의 「쇼쇼쇼」 및 각종 스폰서 쇼, 「고전유모어극장」 「웃으면 복이 와요」 등 코미디 프로그램이 있었다. 코미디 장르는 종종 정치적 희생물이 되기도 했다. 대중의 문화생활 규제를 통치의 수단으로 삼던 1970년대에 코미디 장르는 폐지가 운운될 정도로 문화 장르로 인정받지 못했다. 스포츠 중계는 변방의 힘없는 민족을 하나로 묶는 국가 이벤트였다. 1960~70년대 올림픽이나 월드컵, 프로레슬링과 프로복싱 경기에서의 선전을 다룬 각종 국가대표급 스포츠 중계 때면 너나없이 환호를 보내곤 했다.

프로그램 양식 면에서나 콘텐츠면에서나 일본과 미국의 영향력이 지배적이었다. 사실 한국에서 텔레비전은 시작부터 '테레비'였다. 일제 식민통치에서 해방되었음에도 불구하고, 대중문화에서 일본적인 것은 구조적인 면에서 일상의 문화에까지 습성화되어 있었다. 그러나 민족적 차원에서 일본적인 것은 '왜색'이리 히여 반민족적이고 반문화적이라는 낙인이 찍혔다. 그러나 일본적인 것에 대한 반감은 식민지 경험을 지닌 자들의 울분의 정서였을 뿐, 일제가 남긴 문화적 잔재를 청산하려는 실천적 차원의 구체적인 문화정책에서 나온 것은 아니었다. 이는 식민통치의 종언 이후 한국사회에서 어떠한 의미있는 복고주의의 움직임조차 없었다는 점이 방증한다. 따라서 어떤 면에서건 근대 대중문화가 일본의 한국 침략 이전의 고유한 우리 문화와 창의적으로 접목되었다고 보기는 어렵다.[24] 이는 일제 강점기 전후의 문화적 불연속성, 다시 말해 일제 강점기가 남긴 우리 문화의 부정합을 의미한다.

따라서 텔레비전 프로그램과 관련해 왜색 시비가 잦았던 것은 어쩌면 당연한 귀결이었다. 한 증언에 따르면 한국 텔레비전의 성공적 정착을 이끈 "일일연속극은 동양텔리비전이 1964년에 개국되면서 일본 것을 그대로 따라가 '텔리비전 소설'을 시도했던 것에서 비롯된 것이다."[25] 텔레비전은 도입 초기부터 어느정도 문화적 지위를 획득한 1970년대 후반까지 일본적인 것의 틀에서 벗어나지 못해 "방송 문화의 식민지적 체질을 드러내"고 있었다. 텔레비전의 형식과 내용에서 일본적인 요소들은 점차 지워지기보다는 유지 또는 재생산되었다.

텔레비전에서 장르의 '표절과 모방'은 습성화된 일본 문화의 연속성을 드러내는 대표적인 방식이었다. 우리 방송으로 받아들이든 받아들이지 않든 방송의 기본적인 요소들은 일제시대 경성방송국JODK에서부터 그 바탕이 마련되었다. 드라마는 물론이고 뉴스, 쇼·오락, 외화 등 주요 프로그램 제작에 미친 '일본적인 방식'의 영향은 광범위하고도 핵심적이었다. 일본에서 크게 히트한 텔레비전극은 대본을 구해다가 뒤집어 베껴먹기 일쑤였고 프로그램의 형식까지 차용해 들였다. 조직적 혹은 개인적인 '일본 시찰'은 이를 위한 가장 빈번하고 편리한 방법 중 하나였다. 각 방송사의 일선 프로듀서들이 부산 출장을 자주 다닌다든지, 이웃집 찾아가듯 일본을 내왕한 것이 좋은 증거이다.[26]

동양방송국, AFKN 개국
1957년에 방송을 시작한 AFKN-TV는 미국 문화 전파의 첨병이었다. 1965년 개국한 동양방송을 비롯한
문화방송, 한국방송 등은 일본과 미국의 방송을 '표절·모방'해 새로운 프로그램을 만들었다.

남북 분단의 조건하에서 미국은 또다른 중요한 텔레비전 참조국이었
다. 1962년 개국 첫해 KBS 주간 편성의 수입 외화 전체가 미국에서 온 것
이었으며, 개국 1년을 맞은 1965년 12월 TBC 편성에서도 마찬가지였다.
또한 1969년 개국 당시 MBC의 편성에서도 한두 개의 만화를 제외하면
대부분 미국 작품이거나 미국을 경유해 들어온 일본 작품이었다. 1969년
의 경우, 미국의 3대 상업 네트워크의 황금 시간대 프로그램 83개 중
45.8퍼센트에 해당하는 38개 프로그램의 전부 또는 일부가 몇 년에 걸쳐
국내에서 방송될 정도였다.[27] 주한미군방송AFKN의 영향력 또한 무시할
수 없다. 1957년에 시작된 AFKN-TV는 주로 오락 장르를 편성하여 한국
에 미국 문화를 전파하는 데 큰 기여를 했다. 1959년에는 화재로 소실된
HLKZ-TV를 대행하기도 했다. 시청자들은 AFKN에 대해 우호적인 태도

만을 보인 것은 아니었지만 방송 형식을 개척해야 했던 초기 방송제작자들에게는 중요한 참고 대상이었다.[28] 결국 미국 텔레비전 프로그램은 한국 프로그램 제작에 광범위하게 참조되었다. 특히 퀴즈 프로그램 등은 방송 초기부터 미국 상업 텔레비전 양식을 모방했고 그 영향은 20여 년 이상 유지되었다.[29] 그만큼 미국의 텔레비전 프로그램은 수입뿐 아니라 국내 프로그램 제작을 위해서도 중요한 대상이었다.

그러나 1970년대 이후부터는 프로그램의 국산화율이 높아져 외화가 차지하는 비중이 축소됐다. 특히 일일극은 프로그램의 해외 의존율을 낮추는 데 크게 기여했다. 주시청 시간대를 차지하던 외화를 심야시간대 편성 장르로 만들었기 때문이다. 거기에다 외화 수입 쿼터제와 외화 방영시간 제한, 단위 프로그램에서의 중간광고 삭제 규정 등은 이러한 경향을 더욱 부채질했다. 이는 전세계적으로 보아도 미국산 프로그램을 가장 빨리 대체한 사례였다.[30] 그럼에도 전체적인 양에서는 여전히 일본과 미국에 대한 의존율이 높았다. 1970년대 영화의 50퍼센트 이상이 구미에서 수입되었고, 라디오와 텔레비전 프로그램도 일본과 미국의 프로그램을 모방한 것이 주종이었다. 텔레비전의 경우 프로그램 자체를 수입한 것은 20퍼센트, 형식을 모방한 것은 80퍼센트가 넘었다.[31] 질적인 면에서도 미국산 프로그램은 해외 생산물 중 가장 압도적이었다. 한 조사에 따르면 1977년과 1979년 방송된 텔레비전 외화는 거의 90퍼센트 이상이 미국에서 수입된 것이었는데, 주제 면에서 애정영화가 27.9퍼센트, 서부영화가 18퍼센트, 수사·범죄물이 11.3퍼센트, 전쟁물이 10.7퍼센트 등으로 오락성이 강한 내용이 대부분이었다.[32]

특히 어린이 프로그램은 방송사의 투자가 적었기 때문에 미국(「딱따구리」「뽀빠이」「미키마우스」 시리즈와 디즈니 작품 등)과 일본(「타이거 마

스크」「우주소년 아톰」「우주의 왕자 삐삐」 등)으로부터 수입한 외화가
주종을 이루었다.[33] 1970년대 전반기 어린이 프로그램은 전체의 6.4퍼센
트에 지나지 않지만, 그중에서 65퍼센트가 넘는 시간이 외국 영화로 채워
졌다. 1976년 3월 만화물, 필름물, 소년명작극 등의 수입물이 62.5퍼센트
였음을 고려하면,[34] 수입 외화는 1970년대를 통틀어 꾸준히 60퍼센트를
상회했음을 알 수 있다. 실제로 1971년 10월 TBC 편성표를 보면 6시대
어린이 프로그램이 「박쥐의 모험」(월) 「황금박쥐」(화) 「타이거 마스크」
(수) 「로빈 특공대」(목) 「개구장이 닥크」(금), 7시 프로그램이 「보난자」
(월) 「마커스 웰비」(화) 「페니의 가족」(수) 「유령탐정」(목) 「지구가족」
(금) 등 대부분 외화로 구성되었다.[35] 같은 시기 MBC도 마찬가지여서
6시대 어린이 프로그램이 「밀림의 왕자 레오」(월) 「뽀빠이 대행진」(화)
「사파이어 왕자」(수) 「뽀빠이 대행진」(목) 「우주의 왕자 삐삐」(금) 등으
로 구성되었다.[36]

　내용 면에서 미국의 방송 프로그램은 대부분 자아와 타자, 선인과 악인
이라는 뚜렷한 이분법적 세계관에 기초하고 있었다. 1960년대까지는 아
기자기한 가정물이나 서부물 등 비교적 건전한 작품이 주를 이루었지만,
미국 상업방송 3국의 시청률 경쟁과 일본 민영방송의 경쟁이 격화되는
1970년대에 이르러서는 범죄·수사물, 폭력적인 우주 공상물 등이 압도적
으로 증가했다.[37] 이들 프로그램은 미국을 중심으로 한 착한 '우리 편'과
독일이나 공산국가를 중심으로 한 '나쁜 편'으로 나뉜 선악 구도로 짜여
졌으며, '정의'라는 이름으로 어린이에 의한 살인도 정당화되었다.[38] 그런
'우리 편'의 목록에는 당연히 한국도 포함되었다. 동양인인지 서양인인지
조차 분명치 않은 인물에 태권도 같은 한국적인 소재를 덧씌우는 방식이
가장 쉽게 동원되었다.[39] 이에 대해 1975년 한국방송윤리위원회 조사연

「어린이 꽃동산」「유쾌한 청백전」녹화현장
국내 제작 프로그램이 얼마 되지 않던 1970년대의 텔레비전 프로그램은 대부분 장수했다. 당시에는 방송사의 투자가 적었기 때문에 해외 작품을 수입해 여러 번 방영하는 경우가 많았다.

구실은 "해외 수입 '프로'의 대부분(15개 중 10개)은 등장인물이나 지명, 대사 등에 외국어가 그대로 사용되고 있고 분위기도 이국적이다."라고 적고 있다.

1970년대 초 드라마의 성공 이후 급속하게 사라져간 미국식 방송 콘텐츠의 사례에서 보듯이 적어도 텔레비전에서 서구적 코드는 문화적 할인이 컸다. 미국 문화에 대한 우리의 심성은 '거부하면서 향유'할 수밖에 없는 일본 문화와 반대로 '향유하면서 거부'하는 심리적 특성을 띠고 있었다. 즉 일본 문화에 대해서는 '거부감' 속에서도 '추종'의 심리가 있었다면, 미국 문화에 대해서는 '추종'하는 심리 속에서 '이질감'의 심리가 싹텄다. 서구 방송 콘텐츠에 대한 이 같은 감정은 2000년대 이후 '미드'의 인기와 더

불어 변화의 국면에 접어들고 있다. 이제는 개별 콘텐츠가 아닌 서비스 전체가 한국에 들어올 채비를 하고 있어 또 어떤 변화가 있을지 주목된다.

텔레비전 시대 그후 30년, 디지털TV의 도전

텔레비전은 한국 문화 지형도의 한가운데에 있는 중요한 매체이다. 우리는 여전히 드라마를 보며 울고, 쇼를 보며 감동받고, 뉴스를 보며 한숨을 내쉬며, 다큐멘터리를 보며 배운다. 해외 텔레비전 선진국에서 콘텐츠를 가져오는 것은 여전하지만 나름대로 창의적인 수준에 도달한 바도 없지 않다. 한류라는 이름으로 세계 곳곳에 우리의 텔레비전 프로그램을 팔기도 한다. 반백 년 세월이 흐르면서 우리의 '텔레비전' 문화도 무척이나 성장한 듯하다.

이제는 디지털TV 시대의 새로운 도전에 직면해 있다. 셀 수 없이 많은 채널과 방송 플랫폼, 이동성과 휴대성의 강화, 콘텐츠의 이동을 넘어 넷플릭스Netflix 같은 방송 플랫폼이 통째로 자유롭게 국경을 넘나드는 방송의 전지구화, 그럼에도 불구하고 줄어드는 광고 수입, 여전히 해결의 실마리가 보이지 않는 수신료 문제 등 텔레비전 문화 발전에 작용하는 변수에서 만만한 것은 하나도 없다. 생활 자체가 미디어로 둘러싸인 미디어화mediatization 시대에 텔레비전의 문화 지도 역시 완전히 새로이 그려져야할 만큼 도전이 거세다.

무엇보다 미디어화 시대에 텔레비전 이용은 극도로 파편화되고 있다. 본방송을 사수하는 경우는 점차 줄어들고 있다. 가정에서는 텔레비전 수상기가 아닌 다양한 개인 단말기로 텔레비전 프로그램이 소비된다. 몇몇 소프트웨어가 실질적인 플랫폼으로 기능하고 있고 채널 개념도 사라지고 있다. 그런 만큼 텔레비전 이용 문화도 개별화되고 있다. 텔레비전 이용이 과거처럼 세대 간 최대공약수를 만들기보다 오히려 세대별 차이를 키우는 경우도 있다. 텔레비전이 공동체의 문화가 아닌 개인의 문화로 바뀌고 있는 것이다.

그럼에도 텔레비전은 문화와 소비의 진원지임과 동시에, 이제는 더이상 그 자체로만 존재하지 않는 문화의 발상지이다. 텔레비전 문화 콘텐츠는 인터넷과 SNS를 타고 전세계를 떠돌며 제2, 제3의 문화를 낳는다. 세대가 각기 다른 텔레비전을 이용하고 다른 이야기를 하는 탓에 이들 간의 공유는 점차 줄어들고 차이는 부각된다. 텔레비전은 분명 과거에 비해 그 영향력이 줄어들었지만 복잡한 미디어 매트릭스 안에서 여전히 강력한 문화기계로 작동하고 있다. 디지털TV가 바꿔놓을 삶에 대해 다시 또 30년 후에는 어떻게 이야기할까? 분명한 것은 그때에도 텔레비전은 당대인의 삶 가까이에 자리 잡은 매체일 것이란 사실이다. 비록 '안방극장'이 '손 안의 TV'로 바뀐 것과 같은 경험을 하겠지만 말이다.

사랑방 좌담회와 바람몰이, 그리고 지역 대결

홍석률

1970

대의민주주의 도입과
박정희 정권의 선거

1971년 대통령 선거 당시 재야 민주화운동 단체였던 '민주수호국민협의회'약칭 민수협는 각 투·개표소에 선거 참관인을 파견하는 등 부정선거 방지 운동을 했다. 이 단체의 간부였던 소설가 이호철은 차를 타고 지방을 돌아다니며 참관인 활동을 격려하고 지원하는 역할을 했다. 그러던 어느 날 차를 타고 시골길을 가다가 술에 취해 춤추고 있는 아주머니들과 만났다. 아주머니들은 그에게 서울에서 왔느냐고 물으며 "우리는 말귀를 알아 듣는 데는 귀신이니까 여러 말 말고 술값이나 내면 될 거 아니냐."라고 했다. 이호철은 이러한 경험을 이야기하며 "우리 농민의 의식 수준이 결코 낮지 않다는 것입니다."라고 했다.[1] 이러한 풍경은 도대체 왜 벌어진 것이었을까? 왜 이호철 작가는 농민들의 의식 수준이 결코 낮지만은 않다고 했을까?

근대의 형성을 주도한 시민계급(부르주아)은 교육받은 유산자들이었다. 애초 이들은 자유주의를 주장했지만, 민주주의를 선호하지는 않았다. 민주주의는 주로 노동자를 비롯한 하층민들이 추동한 사상이었다. 시민계급은 귀족들의 특권과 배타적인 정치 독점에 반대했지만 민중들이 직접 정치에 참여하는 민주주의는 위험한 것이라 보았다. 이에 적절한 타협책으로 마련한 것이 대의민주주의 제도였다.[2] 실제 선거에 출마해 공직자로 당선될 수 있는 사람들은 대부분 잘 교육받은 유산자일 수밖에 없다. 평범하거나 가난한 사람들, 사회의 하층민을 구성하는 사람들이 대의정치제도하에서 공직에 진출하는 일은 불가능하지는 않지만 확률이 희박하다. 대의민주주의의 핵심인 선거라는 제도 자체가 하층민들의 정치적 참여를 봉쇄하는 것은 아니지만, 실질적으로 제약하는 측면이 있는 것이다.

우리나라에서는 일제의 식민통치에서 해방된 후, 미소 양군의 분할점령 상태를 거쳐, 1948년 5·10선거 등을 통해 두 개의 분단국가가 출현할 때부터 형식적으로는 대의민주주의 제도가 시작되었다. 5·10선거는 재산의 유무와 남녀 구분 없이 21세 이상의 모든 시민들에게 투표권을 부여했다. 서구의 경우 애초에는 일정액 이상의 세금을 납부한 남성들에게만 투표권을 부여했다가 19세기 참정권을 확대하려는 민중의 치열한 저항 속에서 아주 고통스럽게, 점진적으로 남성 유권자의 보통선거제가 형성되어갔다. 여성들은 서구에서도 대부분 제2차 세계대전 이후에나 참정권을 얻었다. 우리나라에서 단번에 남녀 보통선거제가 실행된 것은 확실히 연합국에 의한 식민지 해방이라는 조건에서 서구에서 진행된 참정권 확대 운동이 세계사적인 성과로 확립되어간 데 힘입은 것이었다. 한편 이는 세계사적 흐름에 조응하여 스스로를 주권자로 정립하려는 식민지 민족해방운동의 성과이기도 했다. 1920~30년대에 활동한 중요한 독립운동 단체들은 대부분 남녀 보통선거제를 주장해왔다. 이러한 맥락에서 대한민국은 처음부터 아주 발달된 민주주의 제도와 선거제도를 수용하고 도입했다고 할 수 있었다.

그러나 이승만 정권기의 선거는 동원투표, 부정선거로 얼룩졌다. 그 결과는 익히 아는 대로이다. 이승만 정권은 1960년에 대대적이고 노골적인 부정선거를 자행하다 4·19혁명으로 붕괴되었다. 박정희 정권은 헌정질서를 파괴하고 쿠데타로 집권했지만, 1962년 국민투표로 새로운 헌법을 만들어 1963년 가을 이른바 '민정 이양'을 통해 형식적인 헌정질서를 복구했다. 박정희 정권기 대통령과 국회의원의 임기는 모두 4년이었다. 이에 1963년, 1967년, 1971년에 직선제로 대통령 선거^{약칭 대선}가 치러졌고, 그것과 약 한 달 간격으로 국회의원 선거^{약칭 총선}도 실시되었다. 1972년 10월 박정희는 이른바 유신을 선포하면서 다시 헌정질서를 유린했다. '유신헌법'이 계엄령하에서 국민투표로 확정되었다. 이로써 대통령 직선제가 통일주체국민회의 대의원들에 의한 간접선거로 대체되었다. 유신헌법은 대통령과 국회의원의 임기를 모두 6년으로 늘렸다. 유신헌법에 따라 두 차례의 대통령 간접선거와 국회의원 선거가 치러졌다.

유신체제기 대통령 간접선거는 대단히 형식적이었다. 통일주체국민회의 대의원들은 시민들이 직접 선출했으나, 정작 대통령을 뽑을 대의원 후보자들은 자신이 대통령으로 누구를 지지하는지, 어느 정당을 지지하는지를 밝힐 수 없었다. 유신체제하에서 야당은 국회의원 선거에는 참여했지만 대통령 선거에 대해서는 인정하지도 참여하지도 않았다. 때문에 입후보자는 박정희 한 사람일 수밖에 없었다. 일체의 공약 발표나 선거 유세도 없이, 약 2,300~2,500여 명에 달하는 통일주체국민회의 대의원들이 어느날 똑같은 복장을 하고, 체육관에 모여 일사분란하게 줄을 맞추어 투표에 임하는 식이었다. 선거 결과는 무효표 한두 표를 제외하고 전원 찬성표가 나오는 이른바 99퍼센트 찬성 투표였는데, 이는 당시의 기준으로도 상당히 희극적인 선거였다.

유신체제기 대통령 간접선거를 제외하고 다른 대통령 선거는 꽤 경쟁적으로 치러졌다. 1963년 여당 후보 박정희와 야당 후보 윤보선이 맞붙은 대선은 대한민국 대통령 선거 역사상 가장 근소한 표차(15만여 표)가 났다. 박정희와 윤보선이 다시 맞붙은 1967년 선거에서는 비교적 큰 차이가 났지만, 1971년 박정희와 김대중이 겨룬 선거도 대단히 열띤 경합 구도 속에서 치러졌다.

국회의원 선거는 대통령 선거에서 이미 권력의 향배가 결정되고 치러지는 관계로 다소 맥 빠진 분위기 속에 진행되었다. 1963년과 1967년 총선에서는 여당이 쉽게 승리했다. 여당과 제1야당의 득표율 격차는 각기 13.4퍼센트, 17.9퍼센트 정도였다. 그러나 그후 총선에서 여야 지지율 격차는 한 자릿수로 떨어졌고, 1978년 총선에서는 놀랍게도 제1야당인 신민당이 여당에 비해 1.1퍼센트 더 표를 얻기도 했다.[3] 득표율 면에서는 야당이 여당을 이기는 초유의 사태가 벌어진 것이다.

표면적으로 박정희 정권기의 선거는 주기적으로 실행되었고, 나름대로 경쟁적이었지만 공정한 선거와는 거리가 있었다. 그것은 이 글의 첫머리에서 언급한 것처럼 시골 농민들도 아는 사실이었다. 모든 선거에서 금권金權과 관권官權의 작용했다는 부정선거 시비가 있었다. 유신체제로 가기 전 마지막 대통령 선거이자 집권 10년차 박정희 정권의 부정선거 노하우가 집약적으로 드러난 선거인 1971년 대선을 중심으로 이 사실을 확인해 보자.

1963년 선거 속보판(위), 1967년 선거 포스터 (가운데), 통일주체국민회의(아래)
박정희 정권기에는 1963년, 1967년, 1971년에 대통령 직선제 선거가 치러졌다. 1963년의 경우 역대 가장 근소한 표차가 났다. 1972년 10월유신 이후에는 직접선거가 사라지고, 통일주체국민회의 대의원들에 의한 간접선거가 치러졌다.

부정선거의 '근대화'

1950년대 이승만 정권기의 선거에서는 항상 관권의 작용, 특히 경찰의 영향력이 두드러졌는데 그중에서도 투·개표 과정에서의 부정이 주로 쟁점이 됐다. 그러나 박정희 정권기에는 관권보다는 금권이, 투·개표 부정보다는 선거운동 또는 선거 경쟁의 공정성 문제가 주로 논란이 되었다. 대대적인 관권 개입과 투·개표 부정으로 4·19혁명이 발생했다는 역사적 경험 때문에 박정희 정권은 노골적으로 투·개표 부정을 하기는 어려웠다. 그 대신 정부와 여당은 국가 주도의 경제개발이 성공함에 따라 과거보다 훨씬 많은 돈을 선거에 동원할 수 있었다.

금권선거의 실태는 특히 막걸리 선거, 고무신 선거라고 불린 1967년 총선에서 아주 노골적으로 드러났다. 3선개헌을 위해 국회 의석의 3분의 2 이상을 확보해야 했던 여당은 대대적인 물량 공세를 펼쳤다. 선거 유세장에 막걸리 냄새가 진동했고, 공짜 수건 등이 제공되었다. 여당은 유권자들에게 전국 유원지 단체 유람을 시켜주는 등의 향응을 베풀었다. 1967년 총선이 끝난 후 이 선거는 '타락 선거'라는 명칭을 얻었다.[4] 1971년 박정희와 김대중이 경합한 대선 때에는 야당 유세장에 많은 사람들이 몰려들었다. 이에 여당은 사람들을 단체로 동원하기 시작해 여당 유세장에는 지방에서 올라온 버스가 즐비했다. 당시 유세장에 동원된 사람들에게 대가로 지불되는 돈은 약 300원 정도였다.[5]

금권선거는 향응 제공 수준에만 머무르지 않았다. 선거일 전날 유권자들에게 현금을 살포하고 표를 매수하는 매표 행위가 벌어진다는 의혹도 공공연하게 제기되었다. 1971년 대선 당시 주한 미국대사관은 국무부에 보낸 전문을 통해 한국에서 선거 직전 매표 공작을 위해 유권자 1인에게 제공되는 돈은 2000원 정도이며, 여당이 이러한 방법을 사용하여 200만 표 성도까지는 득표할 수 있다는 풍문이 돌고 있다고 전했다.[6]

금권선거의 경우 관권선거에 비해 야당이 대응하기가 훨씬 까다로운 측면이 있었다. 야당 후보가 이를 정면으로 문제 삼으면 일부 유권자들은 "자기는 사주지 않으면서 남이 주는 것까지 탓한다."라고 반발하기 때문이었다. 야당도 없는 돈으로 이러저러한 향응을 베풀 수밖에 없는 실정이었다. 현실 정치에 별로 기대하지 않는 유권자들은 금권선거를 능동적으로 활용하고 즐기는 인상까지 주었다. 언론인 신상초는 한국인들이 정치인을 증오하기 때문에 "정치를 하면 뜯어먹히고, 낙선되면 철저히 외면당한다."라고 하면서 대중들이 "정치인을 불량배로 취급하는 인상"이라고 개탄했다.[7]

금권선거를 하다보니 박정희 정권기에 여당은 천문학적인 선거비용이 들 수밖에 없었다. 1971년 대선의 경우 후일 여권 인사들은 600억 내지 700억의 대선 자금이 사용되었다고 술회했다. 당시 선거법에 따르면 선거비용의 법정 한도액은 고작 9억 2000만 원이었다.[8] 이는 제도와 현실이 얼마나 심각하게 괴리되었는지 잘 보여준다.

박정희 정권기 부정선거의 수법이 금권에 훨씬 더 의존하는 양상을 보였다고 해서, 관권의 개입이 완전히 사라지거나 현저히 줄어든 것은 아니었다. 단지 좀더 조직화되었고, 직접적이라기보다는 간접적으로, 노골적이라기보다는 은밀하게 작용하는 양상이었다. 실질적으로 금권선거도 관권의 개입과 뒷받침이 없으면 불가능한 것이었다. 특히 금품을 살포하여 매표 공작을 펼치려면 유권자의 정치적 성향을 정확히 파악해야 했다. 야당 지지자에게 금품을 주면 폭로의 위험도 있고, 역효과가 나기 십상이기

막걸리판이 벌어진 유세장
1969년 3선개헌 국민투표 유세장을 찾은 사람들은 유세는 뒷전이고 술상부터 받았다. 여당은 막걸리와 고무신 등으로 표를 사려고 했다.

때문이다. 당시 여당은 말단 공무원과 통·반장을 활용해 유권자의 정치 성향을 파악했다.

정치 사찰의 압박은 유권자의 투표 행태를 원초적으로 제약하는 측면도 있었다. 예컨대 1971년 대선 과정에서 야당은 여당과 선거법 협상을 하면서 이른바 '혼합 개표'를 주장했다. 투표소별로 표를 집계하는 것이 아니라 여러 투표소의 표를 섞어서 개표하고, 집계하자는 것이었다. 유권자들이 각 동네와 마을별 투표 성향이 드러나면 혹시 관⌘으로부터 보복을 받을까봐 두려워했던 것이다. 야당 후보의 유세장에 가고 싶어도 아는 사람을 만나면 곤란할 것 같아 꺼리는 것이 당시 분위기였다. 1971년 대선의 선거운동을 지켜본 한 대학생은 야당 선거운동원들은 주로 밤에 독립운동을 하듯이 선거운동을 한다고 개탄했다.[9]

이렇듯 박정희 정권기의 선거에도 금권과 관권의 개입이 난무했지만 투·개표 부정에 관한 한 과거 이승만 자유당 정부 때보다는 시비가 현저히 줄어들었다. 예컨대 1971년 대선이 끝난 뒤 야권은 일제히 부정선거를 성토했다. 그 내용은 "지능화된 원천적 부정선거"(신민당), "행정조직과 금력에 의하여 지능적으로 치밀하게 계획된 원천적 부정의 토대 위에서 실시된 부정선거"(민주수호국민협의회), "조직적이고 극히 지능적인 초대규모적·전면적 부정선거"(민주수호전국학생연맹)라는 것이었다.[10] 이는 선거 결과 자체를 왜곡하는 투·개표 부정보다는 원천적으로 선거운동 과정에서 조직적으로 작용하는 금권과 관권이 더 큰 쟁점이었음을 보여준다. 이러한 점에서 박정희 정권 때에는 이승만 정권 때에 비해 상대적으로 부정선거가 많이 완화 또는 개선되었다고 할 수도 있다. 그러나 이는 선거 부정이 좀더 치밀하고 구조적으로, 그리고 원천적으로 진행되고 있었음을 보여준다. 당시 한 논자는 이와 같은 부정선거의 양상 변화를 "부정선거의 근대화"라고 조롱하기도 했다.[11]

기울어진 경기장, 뒤집힐 수도 있는 경기장

박정희 정권기의 선거는 금권과 관권이 작용했을 뿐 아니라 경기장 자체가 기울어진 측면이 있었다. 당시에도 표면적으로는 두 개의 보수정당이 경쟁하는 보수양당제 구도를 취하고 있었지만, 여당과 야당의 역량 사이에는 현실적으로 커다란 격차가 있었다. 자유민주당이 오랫동안 독주한 일본에 '1과 2분의 1 정당제'라는 말이 있는데,[12] 1950년대 이승만 정권기 한국에서도 이른바 1.5 정당제라는 것이 운운되었다. 표면적으로는 여당인 자유당과 야당인 민주당의 양당제 구조였지만 야당은 탄압을 받아 온전한 1이 아닌 반 토막밖에 안 된다는 이야기였다. 박정희 정권은 쿠데타를 통해 집권했고, 주요 정치적 위기 때마다 비상사태를 선포하고 군을 동원해 권력을 유지했다. 또한 박정희의 집권이 장기화되고, 국가 주도의 경제개발이 성공하면서 여야의 역량 격차는 더욱 벌어졌다. 그러하기에 야당은 여당의 반 토막이 아니라 반의 반 토막도 되지 못했다.

박정희 집권 10년차에 이루어진 1971년 대선의 풍경은 여야의 격차를 극명하게 보여준다. 선거 당시 여당인 민주공화당약칭 공화당의 조직 당원은 모두 135만 명으로 전유권자의 9퍼센트 정도였고, 훈련받은 당의 기간 조직 요원만 26만 명이었다. 반면 야당인 신민당은 50만 당원이라 했지만, 실제 당원 수는 공화당의 기간 조직 요원만큼도 되지 않았다. 선거가 시작되자 공화당은 중앙당 사무기구를 기획실 중심으로 통합하고 소공동 당사의 제2 회의실에 널찍한 지휘본부를 차렸다. 신민당은 관훈동 중앙당사 2층에 합판으로 가설된 10평 남짓한 기획실을 만들었다.

공화당은 당 연수원에서 2주일 또는 1주일간 선거운동 교육을 받은 당원을 4만 명이나 확보했다. 한 지구당에 보통 200~300명의 훈련받은 선거운동원을 배치한 것이다. 반면 신민당은 선거 기간 중 지구당 부위원장과 조직 선전부장급 500명을 대상으로, 합숙시설이 없어 중앙당사 4층 회의실에서 약식 교육을 실시했을 뿐이다. 공화당 유세반은 반경 3킬로미터까지 들리는 고성능 스피커를 사용했지만, 야당의 김대중 후보는 유세 중 마이크 소리가 잘 안 들리고 어떤 때는 소리가 끊기기도 해 청중의 야유를 받았다. 정치학자 김운태는 한국의 야당은 여당에 완전히 예속된 위성 정당은 아니지만 야당의 역량이 너무 취약하고, 평화적 정권교체의 경험

유세장의 박정희

1971년 선거에 세 번째로 출마한 박정희는 압도적인 자금력, 조직력을 바탕으로 유세를 펼쳤다. 유권자에게 2000원 정도를 주면 200만 표 정도를 득표할 수 있다는 풍문이 돌았다.

선거 벽보를 지켜보는 마을 사람들
1971년 제8대 국회의원 선거가 시작되자 거리마다 선거 벽보가 나붙었다. 당시 민주공화당은 "박 대통령 일하도록 공화당을 밀어주자"는 구호를 내세웠다.

도 없으며, 정권의 장기화 경향으로 말미암아 "정권교체의 예측이 불확실 할 뿐 아니라 거의 불가능"해 보이는 것이 문제라고 진단했다.[13]

그런데 문제는 이것만이 아니었다. 기울어진 경기장도 문제이지만, 경기장 자체가 뒤집혀버릴 수도 있었다. 즉 선거 결과의 승복도 논란이었다. 이 문제는 다른 대선 때에도 잠재되어 있었지만 경합이 치열했던 1971년 대선 때 크게 쟁점화되었다. 군 경력이 없는 김대중 후보가 당선된다 하더라도 한국 군부가 선거 결과를 인정하지 않고 쿠데타를 일으킬 것이라는 풍문이 돌았다.

1971년 2월 공화당 출신 국회의장 이효상은 당원 모임에서 군의 지지를 받지 못하는 대통령이 당선되면 쿠데타가 일어날 수 있다고 발언하여 물의를 일으켰다. 김종필 공화당 부총재는 유세 과정에서 "군을 효과적으로 지휘하고 중단 없는 전진을 밀고 나갈 유일한 지도자는 박정희 대통령뿐"이라고 말했으며, 박정희가 재집권하지 못하면 나라는 3개월 만에 혼란에 빠질 것이라 했다. 공화당 의장 백남억은 한국전쟁 같은 민족적 비극이 재발하지 않으려면 박정희 대통령이 당선되어야 한다고 했다.[14]

공화당의 선거 구호, '중단 없는 전진'에서 중단은 단지 경제성장과 번영의 중단만을 의미하는 것은 아니었다. 쿠데타, 나아가 전쟁 등 파국적 정치상황이 올 수 있음을 암시하는 것이었다. 이러한 파국적 사태에 대한 두려움은 유권자로 하여금 야당 후보를 지지하는 데 주저하게 만들었다.

강력한 여당에 맞서는
야당의 바람몰이

어차피 기울어진 경기장에서 치러지는 선거였기에, 여야의 선거운동 방식에도 큰 차이가 났다. 조직력과 자금력이 부족한 야당은 전형적인 바람몰이 선거에 의존했다. 모든 것을 독점하고 통제하는 여당에 절대적으로 유리한 조건이었지만, 한편으로 여당의 독재와 장기집권에 반발하거나 이를 견제하려는 대중의 심리도 만만치 않게 강력했다. 야당 입장에서 중요한 것은 정권에 비판적인 대중들을 어떻게 정치적 역량으로 묶어낼 수 있느냐였다. 야당이 택한 방식은 이른바 '야당 붐' 일으키기, 즉 바람몰이였다. 야당은 아슬아슬하게 위험을 감수하며 적극적으로 정권의 독재 행태를 비판하고, 유세장에 사람들을 모아 대중의 힘을 북돋아주었다.

김대중은 바람몰이 선거운동의 전범을 보여주었다. 1971년 대선이 다가왔을 때 대부분의 관측통들은 박정희와 민주공화당의 손쉬운 승리를 예측했다. 결과가 뻔하다는 것이었다. 당시 야당은 1969년 3선개헌 저지에 실패하여 지리멸렬해졌고, 대중들도 탈정치화되는 분위기가 만연했다. 반면 여당은 이미 집권 10년차였고, 국가 주도의 경제개발에 성공하여 엄청난 정치적 자원을 갖고 있었다. 게다가 1960년대 말 한반도에는 1·21사태, 푸에블로호 사건 등 안보 위기가 있었고, 박정희는 이를 활용해 정부의 대민 통제력을 한층 강화했다.

그러나 야당의 도전도 만만치 않았다. 김영삼, 김대중, 이철승 등 젊은 정치인들이 등장하여 '40대 기수론'을 내세우며 열띤 대통령 후보 경선을 연출했다. 1970년 9월 극적인 경선을 통해 야당 후보로 지명된 김대중은 자신의 승리가 쉽지는 않지만 "민중 선거의 페이스로 승화시킨다면 승리는 확실하다."고 사람들을 설득했다. 그는 곧바로 각종 강연회, 연설회 명목으로 대중집회를 개최했으며, 남북교류론, 4대국 안전보장론, 대중경제론, 심지어 부유세 신설까지 온갖 획기적인 정책 공약도 내놓았다. 그 때문에 많은 학자와 정치인이 1971년 대선은 전에 비해 정책선거의 양상이 상대적으로 두드러졌다고 평가하기도 했다.[15]

나아가 학생, 재야인사 등 민주화운동 세력도 선거에 적극적으로 대응했다. 당시 재야인사들은 선거운동 기간 중 '민주수호국민협의회'를 결성하고, 선거 참관인 운동, 부정선거 방지 운동 등을 통해 이례적으로 선거에 직접 개입했다. 민주화운동의 주역이었던 학생과 청년들도 각기 '민주수호전국청년학생연맹' '민주수호청년협의회' 등을 만들고 연대했다. 비록 간접적이기는 하나 이 과정에서 오늘날의 '선거연합' 같은 것도 이루어져 대중의 관심을 끌었다.[16] 공식 선거운동이 본격화되자 시간이 갈수

기호 **6** 번

김대중

단 일 야 당 밀 어 주 어
일 당 독 재 막 아 내 자

신민당

바람몰이 선거운동의 전범, 김대중
김대중은 바람몰이 선거운동의 전범을 보여주었다. 그는 독재와 장기집권에 반발심을 갖는 대중의 힘을
북돋아 선거의 흐름을 야당으로 가져오려는 전략을 폈다. 그 결과 가면 갈수록 선거 결과를 예측하기 어
려워졌다.

록 선거 결과를 예측하기 어려운 치열한 경합구도가 조성되었다. 급기야
박정희 대통령은 자신의 최고 약점인 장기집권에 대한 대중의 불만을 무
마하기 위한 고육지책으로 자신의 대선 출마는 이것이 마지막이 될 것이
라고 약속했고, 나아가 후계자를 양성할 것이라고 말하기도 했다.[17]

비록 기울어진 경기장, 게다가 뒤집혀버릴지도 모르는 경기장에서 금
권과 관권이 난무한 선거였지만 결과가 뻔히 보이는 선거는 아니었다. 역
사 속에서 거듭 확인되는 사실이지만, 구조는 현실에 영향을 미치고 작용
은 하더라도 완전히 현실을 기계적으로 결정짓는 것은 아니다. 주체들의
능동적인 행위에 따라 구조도 역관계도 바뀔 가능성이 열려 있다. 이러한
가능성 자체가 존재하지 않는다면, 그동안 인류가 달성한 그 많은 역사적
전환과 변화를 어떻게 설명할 수 있겠는가? 물론 이것이 대단히 어렵긴
하지만 말이다.

여당의 조용한 선거와
사랑방 좌담회

야당의 바람몰이식 선거운동에 맞서는 여당의 전략도 특이했다. 여당은 조용하고 차분한 선거를 강조했다. 조용한 선거는 물론 여당이 아무것도 하지 않는 선거를 의미하는 것은 아니었다. 여당의 선거운동은 유권자를 광장에 모아놓고 시끄럽게 유세를 하는 것이 아니라 우월한 자금과 조직력을 활용해 사랑방으로 사람들을 찾아가는 방식이었다.

1969년 3선개헌 국민투표 때부터 공화당은 이른바 '사랑방 좌담회'를 가장 효과적인 선거운동 방식으로 채택하고 활용했다. 사랑방 좌담회는 일단 여당의 우월한 조직력과 자금력을 밑바탕으로 한다. 1969년 국민투표 때부터 공화당은 조직적으로 선거 선전 요원을 양성하여 잔칫집을 찾아다니도록 하거나 마을별로 사랑방에 유권자를 모아놓고 사랑방 좌담회라는 것을 개최했다. 당시 공화당 충북도당 선전부장은 언론 인터뷰에서 이들 선전 요원들은 "중앙당에서 사람을 대하는 태도에서부터 얘기를 효과적으로 이끌어가는 화술 및 심리조작술에 이르기까지 세심한 고도의 교육을 철저히 받았으며, 정치는 백병전이므로 이들을 마지막 순간에 투입, 리·동 단위로 유권자들을 맨투맨 작전으로 각개격파식으로 설득"할 것이라 장담했다. 그는 충북 도내에만 2000여 명의 "특공정예 조직 및 선전 요원"을 확보해놓고 있다고 했다.[18] 5·16쿠데타의 주역들은 군 정보, 심리전 요원들이 많았는데 이들은 이같이 정치를 '심리전'처럼 했다.

1969년까지만 해도 아직 언론의 자유가 남아 있을 때였다. 야당지 『동아일보』 기자는 진주시 모 동네에서 열린 사랑방 좌담회에 직접 잠입해 취재하는 기사를 작성했다. 이 기사에 따르면 중앙당에서 1주일간 교육받은 좌담 요원은 반장 집에서 40여 명의 동네 주민을 모아놓고 사랑방 좌담회를 개최했다. 좌담 요원은 마루에서 공손히 큰절을 올리고 인사말을 겸해서 공화당이 자유당 때처럼 불법 개헌을 하려는 것도 아니고, 일 잘하는 박 대통령에게 한 번 더 일할 길을 터주자는 것이라며 개헌의 불가피성을 호소했다. 이에 좌담회에 참석한 한 동네 사람이 박 대통령이 나이도 젊은데 한 번 더 하고 나면 또 하려고 하지 않겠느냐며 반론을 제기했다. 그러자 좌담 요원은 "짝사랑은 한쪽이 싫다 해서 깨지기 마련인데 국민이 이번만 더 하라고 찍어주고 다음에 표를 안 주면 못하는 것 아닙니까?"라며 능수능란하게 받아넘겼다. 확실히 대중적 화법을 잘 교육받은 것 같았다. 연설이 끝난 후 남자 좌담 요원은 건넌방에서 청장년 및 할아버지를 상대로, 여자 좌담 요원은 안방에서 아주머니나 할머니들을 상대로 본격적인 좌담 활동을 벌였다. 분위기가 무르익자 주민들 중에도 맞장구를 치는 사람들이 늘어났는데, "대통령도 경상도 사람, 서울시장도 경상도 사람, 서울이 저렇게 잘살게 된 것도 경상도 사람 덕택"이라는 한 청년의 언급이 있었고, 공화당 동책 모 씨는 "지난번 선거 때는 ○○동이 끝에서 두 번째를 했지만 이번 국민투표에서는 1등 한번 해봅시다. 그리되면 나도 우리 동네 거창한 일 하나 해달라고 큰소리칠 게 아닙니까."라고 열을 올렸다. 좌담회 과정에서 자연스럽게 막걸리 대접이 있었고, 좌담 요원들은 찬성 쪽에 기표된 모의 투표용지를 가지고 다니면서 어떻게 투표해야 하는지를 계몽(?)하기도 했다. 진주 지역구의 경우 학사당원을 포함해 70여 명의 공화당 좌담 요원이 활동하고 있다고 했나.[19]

1971년 대선 때에도 공화당은 사랑방 좌담회를 일찍부터 가장 핵심적인 선거운동 방식으로 정립했다. 이때의 사랑방 좌담회는 더 확산되고, 좀

사랑방 좌담회
야당의 바람몰이 선거에 맞서 여당은 '조용한 선거'를 펼쳤다. 대규모 집회보다는 월등한 조직력을 바탕으로 가가호호 방문하는 방식이었다. 당시 「동아일보」 기자가 여당의 사랑방 좌담회에 잠입 취재한 기사에 그 과정이 흥미롭게 소개돼 있다.

더 탈정치화된 것이 특색이었다. 당시 언론 보도에 의하면 전국 각지에서 여당 인사에 의해 사랑방 좌담회 형식의 소모임이 개최되었는데, 주로 빵과 사이다 등의 먹거리가 제공되며 모임 주최자가 격의 없이 자연스럽게 대화를 이끌어가는 형식이었다고 한다. 대화에서는 커다란 정치적 쟁점이나 현안, 국가정책 문제 같은 것은 거의 거론되지 않았고, 주로 도로 및 다리 건설 같은 지역 현안이 이야기되었다. 아울러 여당 인사와 그 지지자들은 이러한 소모임 활동을 통해 마을문고 만들기, 마을 장학회 설치, 문패 달기 운동 등 생활개선 운동을 했다고 한다.[20]

야당이 대중을 광장으로 끌어내 국가정책 위주의 공약, "민주주의가 신장되고 남북관계가 개선되어야 민족이 잘산다."라는 방식의 이른바 '거대 담론' 중심의 선거운동을 한 반면, 여당은 사랑방으로 찾아들고 침투하면서 지역개발과 생활상의 문제를 중심으로 작은 선거운동을 했던 것이다. 여당이 보여준 이 같은 선거운동 방식은 1971년 대선에서 처음으로 지역 대결 투표 행태가 가시화되고, 이것이 본격적으로 논란이 되는 양상과도 밀접한 관련이 있었다.

고개 드는
지역 대결 정치구도

1971년 대선은 다른 선거에 비해 상대적으로 정책 대결이 부각된 것으로 기억되나 이는 지역 대결 투표 행태의 대두로 곧바로 무색해졌다. 영남 지역에서 박정희 후보는 김대중 후보에 비해 약 3배 정도 더 득표를 했고, 호남에서 김대중은 박정희에 비해 약 2배 정도 더 득표를 했다. 영남지역의 표가 박정희와 공화당에 쏠리기 시작한 것은 1963년과 1967년 선거 때부터였다. 아무튼 1971년 대선은 지역 대결 투표 양상이 처음으로 가시화되고, 많은 사람들이 이를 우려하기 시작한 선거였다. 물론 이때부터 지역 대결 투표 양상이 고개를 들기는 했지만, 1987년 이후의 선거에서처럼 완전히 고착화된 것은 아니었다. 대구나 부산 같은 대도시에서는 김대중의 표도 많이 나왔고, 특히 곧바로 이어진 총선에서는 경상도 도시에서도 많은 야당 후보자들이 당선되었다.[21]

지역 대결 정치구도는 전통적·역사적 차원의 지역감정 같은 것이 주요하게 작용해 대두한 것이 결코 아니었다. 1970년대 말 한 여론조사 결과에 따르면 호남 출신들은 영남 출신을 심리적으로 가장 가깝게 느꼈고, 호남에 대해 부정적인 태도를 보인 것은 오히려 충청, 서울, 경기, 강원 출신들이었다. 탁진환이 조사한 1971년 선거 실태에 따르면 전주시 유권자들은 지역감정의 원인이 '지역 간의 개발 격차'(49퍼센트)와 '자기 고장 사람

투표를 하기 위해 늘어선 줄
1971년의 선거는 다른 선거에 비해 정책 대결이 부각되었다는 점에서 한국 민주주의에 큰 희망을 준 선거였다. 그러나 희망은 1972년의 10월유신으로 이내 물거품이 되었고, 이 선거는 이후 선거에 지역 대결이라는 어두운 그림자를 드리웠다.

에 대한 인간 감정의 자연적 발로'(28퍼센트)에 있다고 응답했다. 1963년 경남의 1인당 지역 주민소득은 전국에서 가장 낮은 수준이었고, 경북 역시 전북에 비해 13퍼센트가 낮았다. 그러나 박정희 정권하에서 경제개발이 영남지역에 편중되면서 1970년대에는 영남의 생활수준이 충청과 호남을 크게 앞질렀으며, 경기지역에 버금가는 정도가 되었다.[22] 바로 이러한 문제들이 지역 대결 정치구도를 가져온 것이다. 즉 지역감정이 아니라 지역개발의 격차, 이를 둘러싼 경쟁 때문에 지역 대결 정치구도가 나타난 것이다. 영·호남 지역감정이라는 것은 오히려 지역 대결 정치구도가 고착화된 결과로 형성된 것이라 할 수 있다.

당시 지식인과 언론인들은 유권자들이 가면 갈수록 이른바 '실리 추구'

의 투표 행태를 보인다고 우려했다. 여기서 실리 추구란 여당이 제공하는 향응 또는 매표 행위를 적극적으로 활용하거나 즐기는 차원만은 아니었다. 이는 자신의 동네와 마을에 도로와 다리가 건설되고, 공업단지가 유치되는 등의 지역개발 공약에 민감해지는 것을 뜻한다. 그러하기에 유권자들은 자신의 계급·계층적 이해관계를 반영하는 공적 차원의 정책 공약보다는 자신의 가족과 그 연장인 지역(혈연·지연)의 실리적 이해관계에 집착했고, 이러한 양상이 지역 대결 투표 행태를 불러일으킨 것이다.

지역 대결 투표 행태는 금권선거, 사랑방 좌담회 같은 여당의 선거운동 방식에 의해 조장된 것이기도 하지만, 또한 당시 유권자 대중이 능동적으로 부응하고 자발적으로 선택한 것이기도 했다. 일반 대중의 입장에서 야당이 내거는 국가 차원의 정책, 자신의 계급적·계층적 이해관계를 만족시킬 수 있는 여러 정책들은 물론 호소력이 있었다. 실제로 많은 유권자들이 여기에 희망을 걸고 야당에 표를 주었을 것이다. 그러나 문제는 당시 선거는 이미 기울어진 경기장, 그것도 언제 뒤집힐지 모르는 경기장에서 진행됐다는 것이었다. 야당이 집권하여 실제로 이러한 정책을 추진할 가능성이 있는지 또 야당이 이러한 가능성을 현실화할 수 있는 역량을 확보할 수 있는지가 극히 의심되는 상황에서, 유권자들은 김대중이 내세운 정책 공약 같은 것에 희망을 걸기보다는 당장 자신의 마을 앞에 도로와 다리를 세워준다는 데 더 솔깃해질 수밖에 없었다.

분단체제하에서, 4·19혁명이 5·16쿠데타로 역전되는 상황 속에서 일반 대중이 계급·계층적으로 결집할 수 있는 각종 이익단체·시민단체 등 중간집단의 활동은 계속 위축될 수밖에 없었다. 그뿐만 아니라 시민사회와 정치를 연계하는 정당활동도 위축되고 왜곡되었다. 중간에 그 어떤 것도 제대로 매개작용을 하지 못하고 국가와 가족이 직접 대면하는 상황 속에서, 대중들은 계급·계층적으로 결집해 공적인 것과 접점을 이루는 이해관계를 추구하는 것이 아니라, 가족주의와 그 연장인 지역연고주의 논리로 결집하여 공익과 매개되지 못하는 실리 추구의 장으로 돌진하는 양상이었던 것이다.[23]

지역 대결 정치구도는 또한 박정희 정권의 지배이데올로기인 조국 근대화론이 대중의 의식과 행동을 원천적으로 규율한 결과이기도 했다. 조국 근대화론의 요체는 불균등한 세계체제 속에서 국가의 상승이동(중진국화·선진국화)을 추구하는 것이었다. 즉 불균등한 세계체제 그 자체에 저항하는 것이 아니라 그것에 철저히 순응해서 그 안에서 상승이동을 추구하는 것이다. 대중들이 이와 같은 상승 논리, 성장 논리를 자기규율화하면 양극화를 심화시키는 사회구조 내에서 가족별로 흩어져 출세 경쟁에 집착하고, 지역적 불균등성을 심화시키는 경제정책을 시정하려는 것이 아니라 오히려 거기에 편승하여 자기 지역의 발전과 지위 향상을 도모하는 행태를 보이게 된다.

민주화 이전 한국의 정치체제는 민주주의적인 법과 제도적 틀은 존재하지만 실제 정치는 집권자와 소수 집권세력이 권력을 독점하고 독재를 하는 양상이었다. 비록 독재체제였지만 형식적인 차원에서는 민주적 제도와 법률이 존재했다는 것은 이후 국민들이 민주화를 추진하는 데 나름대로 의미있는 자산으로 작용했다고 볼 수도 있다. 그러나 반대의 측면도 확실히 존재한다. 형식적 민주주의 제도들이 오랜 기간 동안 원천적으로 또한 교묘하게 왜곡되어 운영되는 과정에서 형성된 정치 행태들은 국민들이 민주화를 추구하는 과정에서 오히려 더 치유되기 힘들고, 장기 지속하는 질곡으로 작용할 여지가 있었다. 오랫동안 정치에 희망을 걸지 못하고 탈정치화된 광범위한 대중과, 이들을 효과적으로 동원해내는 지역 대결 정치구도 같은 것이 바로 그것이다. 지역 대결 정치구도는 1987년 민주화 이행 이후 더욱 강하게 자리를 잡아갔다. 이것이야말로 박정희 정권 시기 '근대화' 정치가 남긴 아주 긴 그늘이라고 할 수 있다.

북한의 대중운동과 음악정치

천현식

1970

'「피바다」근위대' 대장
리춘섭

나는 함경북도 청진시에 살고 있는 리춘섭이다. 그리고 여기는 평양의 봉화예술극장 앞이다. 올해 일흔 살을 맞아 봉화예술극장에서 공연되고 있는 가극 「피바다」를 보러 왔다. 가극 「피바다」가 공연되는 봉화예술극장을 보니 1974년 당시 '「피바다」 근위대' 대장으로 일하던 때가 생각난다. 감회가 새롭다. '「피바다」 근위대'의 대원들로 같이 일하던 오기주, 최국산 동무들은 일흔을 넘기지 못하고 먼저 떠나갔다. 같이 보러 왔으면 좋았으련만, 지금은 딸과 손자들과 함께 공연을 보러 왔다. 당시 평양대극장에서 대원들과 함께 가극 「피바다」를 봤는데, 안타까운 마음이다. 잠시 감회에 빠져 있다보니 공연 시간을 챙기지 못했다. 공연 시간이 다가온다. 어서 들어가야겠다.

드디어 봉화예술극장에 들어왔다. 앞에는 무대가 보인다. 이제 곧 관객석은 관객들로 꽉 찰 것이고, 무대에는 배우들이 등장할 것이다. 날짜는 기억나지 않지만 날씨는 기억난다고 했던가? 관객석에서 무대를 바라보는 지금 나는 1974년 당시 일하던 공장의 작업장을 떠올리며, 일터의 그 강철 냄새를 맡고 있다. 「피바다」 근위대' 대원들과 작업 도중 힘들 때마다 불렀던 가극 「피바다」의 '혁명가' 가사를 읊조리게 된다. "철쇄를 마스는 마치라/희망의 표대는 붉은기요/웨치는 구호는 투쟁뿐" 나는 당시 청진시 김책제철소 금속공장건설사업소 천리마설비조립직장 천리마연공작업반의 「피바다」 근위대' 대장이었다. 당시 우리는 모두 가극 「피바다」의 주인공 '어머니'처럼 살고자 했다. 점차 공장의 작업장은 일제 강점기 항일무장투쟁이 벌어지던 밀림이 되었고 노동자인 우리들은 항일혁명투사가 되었다. 그렇게 우리는 항일혁명투사들이 일제의 간교한 탄압을 뚫고 항일의 전선에 나섰던 것과 같이 3대혁명의 완수자로 속도전에 나서 생산의 총돌격에 앞장섰다. 당시 「피바다」 근위대'였던 우리는 항일무장대원이자 3대혁명의 근위대였다. 그런 우리들을 이끌어준 건 바로 어머니 '당'이었다.

관객석은 꽉 차고 피바다가극단 관현악단이 '피바다가'의 관현악 선율을 연주하기 시작한다. 선율만 들어도 가사가 떠오르고 을남이가 일제 경찰의 총칼에 죽어간 장면이 떠오른다. "설한풍 스산한 원한의 피바다야/참혹한 주검이 묻노니 얼마냐/혁명에 피 흘린자, 그 얼마에 달하였나" 관현악 선율이 내 온몸을 진동시킨다. 그리고 갑순이가 을남이를 업고 무대에 나타나고 어머니를 만난다. 드디어 나는 1930년대 초 만주의 한 산골 마을로 들어선다. 그리고 을남이가 되고, 갑순이가 되고, 어머니가 되어 식민지 조선의 인민이 된다.

이 내용은 필자가 이 글의 이해를 돕기 위해서 1974년 실존했던 북한의

봉화예술극장 외부, 내부의 관객석과 무대
북한은 항일혁명문학예술 작품을 영화와 가극, 연극, 음악 등으로 재생산해 극장에서 인민들이 감상하게
했다. 「피바다」 등 공연장에 오른 이러한 '항일혁명문학예술'들은 인민들의 감정을 일체화시키기 위한 작
품들이었다.

청진시 금속공장건설사업소 천리마설비조립직장 천리마연공작업반의
'「피바다」 근위대' 대장 리춘섭이라는 인물을 빌려 그가 살아서 가극 「피
바다」를 다시 보는 것으로 가공한 이야기이다.[1] 이 이야기를 염두에 두고
이 글을 따라오면 좋을 것 같다.

북한은 1967년 유일사상체계 확립 이후 소위 유일지배체제의 '혁명전
통 교양'을 위해 이른바 김일성의 작품이라고 하는 '불후의 고전적 명작'
들 중 일제 강점기를 배경으로 하는 항일혁명문학예술 작품을 영화와 가
극, 연극 등으로 재생산하고 그 예술작품을 극장에서 인민들이 감상하게
했다. 이에 머물지 않고 실제의 생활, 특히 노동 현장인 작업장에서 그 작
품의 주인공과 같은 삶을 구현하도록 했다는 점이 중요하다. 이러한 방식
은 상당히 성공한 것으로 보이며, 그것이 생산 증대뿐만 아니라 북한사회
의 일체화, 즉 일정한 내구성과 항상성을 가져온 중요한 밑바탕이 되었다.
이것을 간단한 도표로 나타내보면 표 1과 같다.

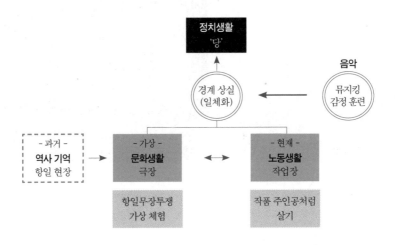

〈표 1〉 1970년대 북한의 대중운동과 음악정치

이 표를 통해 공연장과 작업장의 일체화를 추구하는 북한 예술의 특징을 확인할 수 있다. 북한의 예술은 인민들이 문화생활로서 극장에서 본 작품 속의 삶을 비현실의 체험으로, 즉 가상에 남겨두는 것이 아니라 노동생활의 작업장으로 끌어들이는 것이다. 이런 과정은 모두 정치생활로서 '당'의 지도에 따라 기획되고 조정되었다. 당시 목표였던 3대혁명의 결속, 즉 문화(문화혁명)와 경제(기술혁명)의 정치적 결속(사상혁명)이라고 할 수 있다. 이렇듯 예술작품의 주인공처럼 작업장에서 일하는 것이 바로 북한에서 말하는 '주체형의 공산주의적 인간'의 삶이다. 그 예술작품이 바로 북한이 말하는 '주체'의 원천인 항일무장투쟁을 소재로 하는 항일혁명문학예술이기 때문에 그러하다. 그러니까 과거 역사 기억의 '항일 현장'과 현재 노동생활의 '작업장'을 가상의 문화생활이 펼쳐지는 '극장'이 이어주는 셈이다. 과거의 기억을 현재화할 수 있는 가장 효과 좋은 방법으로 예술작품이 사용된 것이다.

북한의 공연예술은 자본주의 문화처럼 극장에서 보고 마는 감상용이 아니다. 작품 자체가 작품 바깥, 즉 사회와 어떻게 연결되는지, 내용과 함께 감동을 얼마큼 주는지를 따지는 일반 사회주의 미학인 내용·감정미학*의 전통을 잇고 있다. 북한에서는 인민들이 극장에서 관람한 공연작품의 내용과 감동이 노동 현장을 비롯한 삶의 현장까지 이어지는 것이 참예술이라고 보는 것이다.

그런 까닭에 북한의 1970년대를 이해하기 위해서는 극장 바깥이 중요하다. 달리 말하면 극장 내부가 아닌, 극장과 작업장 사이에서 북한 음악정치의 원리와 실제가 어떻게 운용되는지가 중요하다는 뜻이다.[2] 이는 소리 자체인 음악만이 아니라 음악을 둘러싼 관계 총체를 다루는 개념인 '뮤지킹'musicking, 음악하기**과 그러한 관계의 총체인 음악을 정치적 영역과 연결해서 사회에 반영하고 결과 맺게 하는 '음악정치'라는 개념으로 설명할 수 있다. 그 뮤지킹으로 가능해지는 음악정치는 통일된 감정을 일체화하고 재현하는 '감정 훈련'으로 기획되고 있다.

---

* 내용미학은 사회주의 미학의 특징이자, 보편적인 인류의 미학 전통 중 하나이다. 예술작품을 작품의 바깥과 독립된 자율적인 것으로 보는 에두아르트 한슬리크(Eduard Hanslick, 1825~1904)로 대표되는 형식미학과 달리, 작품이 바깥과 관계 맺으면서 통일적으로 나타나야 한다고 보는 관점이다. 그렇기 때문에 작품과 작품을 둘러싼 관계망에 중요성을 두는 뮤지킹의 관점과 맥을 같이한다.

** 음악학자 크리스토퍼 스몰(Christopher Small, 1927~)이 복원하자고 제안한 '뮤지킹'이라는 개념은 어찌 보면 특별할 게 없는 개념이라고 할 수도 있다. 그가 『뮤지킹 음악하기』(조선우·최유준 옮김, 효형출판 2004)에서 말하고 있듯이, 이것은 그가 새로 만들어낸 것이 아니라 적어도 근대 이전 어느 지역에서나 있었던 개념이다. 물론 지역에 따라 현대에 있는 개념이기도 하다. 뮤지킹은 음악의 본질과 의미가 음악작품 안에 있는 것이 아니라, 작품과 그것을 둘러싼 사람들이 관계 맺는 과정에서 나타나는 관계망에 있다고 본다. 그렇기 때문에 음악은 개인적인 것이 전혀 아니고 사회적인 것이라고 본다. 이러한 개념은 비단 서양의 음악 전통에서만 있었던 것도 아닌데, 중국과 같은 전통을 잇는 우리나라 전통의 음악에 대한 관점(樂觀)이 담겨 있는 『악학궤범(樂學軌範)』 머리말의 예악관(禮樂觀)과도 맥을 같이한다. 「악학궤범서(樂學軌範序)」 1ㄱ-3ㄴ, 이혜구 역주 『신역 악학궤범』, 국립국악원 2001, 31~36면, 1011~16면.

'「피바다」근위대'와
'「꽃파는 처녀」근위대'

북한 음악정치의 대표적인 사례는 '「피바다」근위대'와 '「꽃파는 처녀」근위대' 운동이다. 이와 같은 대중운동 방식은 당연하게도 '당적 차원'에서 시작되었으며, 1972년 하반기부터 본격 논의된 것으로 보인다. '당적 차원'이란 영화혁명, 가극혁명을 이끈 김정일의 주도를 말하는데, 김정일이 주로 문학예술 분야를 지도하는 일에서 벗어나 후계자로서 정치력을 실험하는 과정에서 진행된 김정일식 대중운동이다.

이를 이해하기 위해 당시 문학예술계의 상황을 살펴보자. 일제 강점기 조선 민족의 항일무장투쟁을 복원해서 항일혁명문학예술로 담아낸 이른바 '불후의 고전적 명작'의 영화화는 1969년 「피바다」에서 시작되었다. 이러한 활동이 성공적이었다고 평가됨에 따라 '영화혁명'이 시작되고 '가극혁명'으로 이어졌다. 그 과정에서 가극 「피바다」가 1971년에 완성되어 공연되었고, 1972년에는 가극 「피바다」를 조선예술영화촬영소에서 상·하편의 영화로 촬영했다. 또한 1972년에는 가장 예술성이 높다고 평가되는 「꽃파는 처녀」가 영화와 가극으로 완성되어 발표되기도 했다. 이로써 훗날 5대 혁명가극으로 불리는 가극 중 「금강산의 노래」[1973]를 제외하고 앞에서 말한 두 가극과 「당의 참된 딸」[1971] 「밀림아 이야기하라」[1972]가 모두 1972년 이전에 완성되었다.[3]

북한은 1967년 이후 수령제 국가 건설 과정에서 항일무장투쟁을 원류로 하는 강력한 수단을 문학예술에서 찾았다. 그리고 그것을 영화와 가극 등으로 대중화하여 전인민을 수령을 정점으로 하는 항일무장투쟁의 감성으로 통합하고자 했다. 이렇게 성립한 예술을 북한은 항일혁명문학예술로 이름 붙였다. 북한이 바로 이 항일혁명문학예술의 가능성과 성과를 확인한 해가 1972년이었고, 이는 곧 3대혁명 사업과 결합하게 된다.

이에 따라 이 중에서 가장 먼저 영화화, 가극화된 「피바다」와 가장 예술적 완성도가 높다고 평가된 「꽃파는 처녀」를 항일혁명문학예술의 대표로 선정해서 극장이나 영화관에서 상영하는 것과 별도로 대중운동과 결합하는 문제가 논의되었다. 그 결과물이 바로 '「피바다」 근위대'와 '「꽃파는 처녀」 근위대'이다. 작품의 제목인 「피바다」와 「꽃파는 처녀」의 이름을 따고 그것을 '근위대'와 결합해서 해당 작품의 내용과 같이 사는 노동자·농민 조직을 꾸린 것이다.

'근위대近衛隊'는 북한의 『조선말대사전』에 따르면 '당과 수령을 가까이에서 목숨으로 옹호보위하는 군대의 가장 충직한 전투대오 또는 그 대오의 한 성원'이나 '어떤 부문에서 적극적으로 싸워나가는 선진분자들로 조직된 대오'를 가리킨다. 이러한 '근위대'의 정의에 걸맞게 모범적인 생산활동을 벌이며 근위대 조직을 결의한 작업반에 '「피바다」 근위대'와 '「꽃파는 처녀」 근위대' 칭호가 주어지고, 그와 함께 '「피바다」 근위대 붉은기'와 '「꽃파는 처녀」 근위대 붉은기'가 수여되었다.[4] 이러한 작업반이 공장에서는 '「피바다」 근위대'로, 농장에서는 '「꽃파는 처녀」 근위대'로 조직되었다. 이러한 칭호와 붉은기는 대단한 영광으로 여겨졌고 널리 알려졌다. '「피바다」 근위대' '「꽃파는 처녀」 근위대'는 작품 「피바다」와 「꽃파는 처녀」의 주인공처럼 '수령에 충성하며 민족과 국가에 충실한 대원들', 즉 주인공의 삶을 공장과 농상의 작업장에서 실현하는 노동자·농민들을 뜻하는 말인 셈이다. 1973년 1월 평안남도 안주탄광에서 '「피바다」 근위대'가 제일 먼저 조직된 데 이어 평안남도 문덕의 협동농장에 '「꽃파는 처녀」

근위대'가 조직되었다.

작업장에서 주인공의 삶을 실현한다는 것은 결국 항일무장대원들처럼 힘들고 어려운 상황이 닥쳐도 이를 이겨내고 목표한 생산량을 속도전식으로 달성하는 것을 말한다. 즉 '근위대' 칭호 방식의 대중운동은 하나의 모범을 만들어내어 그것을 전파하고, 그것을 따라 배우도록 해서 모범을 일반화하는 '따라 배우기' 방식의 북한식 대중운동이라고 할 수 있다. 그럼으로써 결국 모든 조직이 모범 조직이 되어 목표를 달성하고 한 계단 상승하는 것이다. 그 이후에는 또다른 모범을 창출해서 다른 방식의 운동을 벌여나가게 된다. 이렇게 1972년부터 논의되고 계획된 항일혁명문학예술 작품의 '근위대' 칭호 방식의 대중운동은 1973년부터 본격화되어 널리 퍼지게 된다.

대표적인 「피바다」 근위대'와 「꽃파는 처녀」 근위대'를 보면 표 2와 같다. 평양과 함께 황해도, 평안도, 함경도 등 전국에 걸쳐 공장에는 「피바다」 근위대', 농장에는 「꽃파는 처녀」 근위대'가 작업반을 중심으로 조직되었고, 커다란 성공을 거뒀다.

영화나 가극 분야의 예술인뿐만 아니라 문학 분야의 시인들도 근위대 활동을 북돋기 위해서 근위대를 소재로 한 시를 발표하기도 했다. 1973년 6호 『조선문학』에 오영재 시인은 사회주의 농장에서 일하는 「꽃파는 처녀」 근위대'를 응원하는 「꽃파는 처녀 근위대원들에게」와 「땅에 정들어, 마을에 정들어…」를 발표했다.[5] 1973년 7호 『조선문학』에는 조벽암 시인이 「아침에 있은 일」을 발표했다.[6] 이 시는 비료가 되는 인회석을 다루는 공장의 「피바다」 근위대' 식사당번 처녀 동무가 생산 기일을 앞당긴 '혁신자'들에게 줄 꽃을 따는 장면을 그리고 있다. 영화와 가극을 소재로 해서 출발한 근위대 운동이 전체 예술 분야가 함께 응원하는 전국적 대중운

구분	작업장	작업반	비고
「피바다」 근위대	평안남도 안주시 안주탄광		1973년 1월 (전체 1호)
	황해북도 송림시 황해제철소	용광로직장 7호 용광로, 용광로직장 8호 용광로, 분괴압연직장 3교대 백학철 압연작업반, 2중천리마 2호 평로	
	함경북도 청진시 김책제철소	금속공장건설사업소 천리마설비조립직장 천리마연공작업반	
	함경남도 단천시 검덕광산		
「꽃파는 처녀」 근위대	평안남도 문덕군 협동농장	천리마립석협동농장 제9·10작업반과 기계화작업반, 천리마동사협동농장 제6·7작업반과 기계화작업반, 룡림협동농장 제4·5작업반과 기계화작업반	1호
	평양시 평양과수농장	천리마 제6작업반	
	평안남도 강서군 청산협동농장		현재 남포시

동으로 발전했음을 보여주는 사례이다.

근위대 활동의 성공에 따라 1974년 3월에 열린 제5기 제1차 최고인민회의 당시 토론에서 김학순 대의원은 속도전의 시대에 농촌 발전을 위해서 「꽃파는 처녀」 근위대' 운동을 심화·발전시켜 계속 혁신, 계속 전진하자고 결의했다.[7] 그리고 「피바다」 근위대'와 「꽃파는 처녀」 근위대' 운동이 활발히 벌어지던 1974년에는 근위대원들을 형상한 「피바다」 근위대의 노래'(작사 안정기, 작곡 오완국, 내림마장조, 4/4박자) 「꽃파는 처녀」 근위대의 노래'(작사 리광근, 작곡 모영일, 바단조, 4/4박자)가 발표되었다.[8]

노래를 통한 근위대 운동은 '가극노래 따라 배우기'와 함께 진행되었다. 단지 근위대 노래를 따라 부르는 것만이 아니라 '가극노래 따라 배우기'를 하는 과정은 인민들이 직접 가극을 보지 않더라도 극장을 기억하고 극장에서 빠져들었던 감정상태를 재현하도록 하는 효과를 낳았다. 물론 직접 관람하는 것에 비할 수는 없겠으나, 여기에는 언제 어느 곳에서나 그 기억과 감정상태를 재확인할 수 있다는 장점이 있다. 또한 작업하는 중간에도 부를 수 있어서 더욱 효과적이다. 이것이 음악의 힘이다.[9] 이에 따라 '가극노래 따라 배우기'는 가장 높은 평가를 받는 혁명가극 「피바다」와 「꽃파는 처녀」가 제일 먼저, 그리고 가장 길게 『조선예술』에 연재되면서 진행되었다. 1973년 1호부터 7호까지는 혁명가극 「피바다」의 노래가 '불후의 고전적 명작 『피바다』 중에서 혁명가극 「피바다」 노래를 따라 배우자'라는 제목으로 연재되었다. 그리고 1974년 1호부터 6호까지는 혁명가극 「꽃파는 처녀」의 노래가 '불후의 고전적 명작 『꽃파는 처녀』를 각색한 혁명가극 「꽃파는 처녀」의 노래 중에서'라는 제목으로 연재되었다.

'「피바다」 근위대'와 '「꽃파는 처녀」 근위대' 대원들은 작업 시작 전이나 끝난 후, 또는 작업 중간에 해당 가극의 노래를 함께 부르며 극장을 작업장으로 불러들이고 다시 속도전의 결의를 다졌다. 이런 성공은 북한의 대표적 음악단체인 만수대예술단의 노래를 모아 1974년 9월에 발행된 『만수대예술단노래집』에 수록된 '남성4중창곡 최령감네 평양구경'(작사 백인준, 작곡 림헌익, 내림마장조, 12/8박자, 1960년)의 가사에서도 알 수 있다.[10] 본래 이 노래는 1960년에 5음계 자진모리풍의 민요식 노래로 발표된 것이다. 그런데 발표된 이후 시대상에 맞게, 평양의 발전상에 따라, 약간씩의 개사가 이뤄졌다. 1974년에 당시 활발히 조직되고 널리 보급되던 '「피바다」 근위대' 운동을 담은 내용으로 개사되어 현재에 이르고 있다. 3절의 "대극장엘 찾아가서 혁명가극 구경하니/너무나도 감격하여 마주보며 하는 말이/우리 마을 젊은이들 여기에서 본을 받아/「피바다」 근위대로 영예 떨쳐 가는구나" 하는 대목이 그 부분이다. '「피바다」 근위대' 운

《피바다》근위대의 노래

조로
해조
리 ... (악보)

안성기 작사, 오완국 작곡

자력갱생 한길에 위훈 빛나라
우리는 생산과 기술의 주인
보수와 신비주의 짐부셔 나가며
대고조의 진창에 펼쳐나섰다
(후렴)

3. 그 어떤 난관도 두렴 몰라라
기적과 혁신으로 통과나간다
세월을 주름잡아 달리는 그 길에
사회주의완전승리 다가오리라
(후렴)

《꽃파는 처녀》근위대의 노래

행진조로
(최소조)

리광근 작사, 모영일 작곡

1. 우리는 농촌의 젊은세대
꽃파는 처녀의 근위대이다
한길의 혁명정신 가슴에 안고
사회주의 우리농촌 꽃피워간다
나가자 수령님의 친위대답게
나가자 꽃파는처녀 붉은근위대

2. 나라 없고 땅 없이 억눌려 살던
지난날을 그 어찌 우리 잊으랴
사상 기술 문화 혁명 힘있게 밀어
더 좋은 문화농촌 건설해간다
(후렴)

3. 《피바다》근위대와 어깨를 걸고
혁명의 한길에 앞장서 간다
우리의 힘과 지혜 모두다 바쳐
공산주의 새봄을 꽃피우리라
(후렴)

「피바다」 근위대'의 노래, 「꽃파는 처녀」 근위대'의 노래

두 노래는 중앙의 작곡가들에 의해서 만들어진 후 지방의 문화회관을 거쳐 노동자들에게 정책적으로 보급되었고, 작업장 현장에서 불렸다. 우선부가 어려운 일반 대중을 위해 긴단하고 내중적인 숫사보를 사용했다. 왼쪽 악보 밑의 사진을 보면 노동자들이 작업 전에 「피바다」 근위대 붉은기'를 배경으로 노래를 부르며 속도전을 결의하고 있다.

만수대예술단 음반
작업장에서 대중들은 가극의 노래를 함께 부
르며 극장을 작업장으로 불러들였다. 만수대
예술단 등 북한의 대표적 예술단체들은 수
시로 음반을 내며 이러한 과정을 도왔다.

동은 사람들이 혁명가극 「피바다」를 모범으로 삼아 사는 것을 목표로 시
작된 운동임을 보여주고 있다.

이러한 근위대 운동은 1975년 11월 김정일에 의해서 3대혁명 운동을
전면에 내걸고 시작된 새로운 대중운동인 '3대혁명붉은기쟁취운동'에 자
리를 내주게 된다. 그러나 근위대 활동의 폐기가 아닌 발전적 계승의 의미
였다. 이는 3대혁명붉은기쟁취운동의 최초 발원지에서 '「피바다」 근위대'
와 '「꽃파는 처녀」 근위대'가 선봉에 섰다는 데서 확인할 수 있다. 발원지
중 하나인 검덕광산에서는 12월 1일에 3대혁명붉은기쟁취운동을 위한
종업원 궐기 모임을 가졌는데, 이때 '「피바다」 근위대'가 앞장섰다. 다음
날 열린 또다른 발원지 청산협동농장의 3대혁명붉은기쟁취운동을 위한
농장원 궐기 모임에서는 '「꽃파는 처녀」 근위대'가 앞장섰다. 이로써 3대
혁명붉은기쟁취운동이 본격화되었다.[11]

이처럼 '「피바다」 근위대' '「꽃파는 처녀」 근위대' 운동은 1973년부터
1975년까지 가장 활발히 진행된, 김정일식 음악정치를 활용한 대중운동

이었다. 그리고 가극을 통한 따라 배우기식의 이 운동은 현재까지도 1970년대 사회주의 건설 과정에서 대중적 영웅주의를 불러일으킨 자랑스러운 대중운동의 역사로 기록되고 있다.[12]

극장과 작업장의
경계 상실

「피바다」 근위대'는 다음과 같이 일컬어진다. '불후의 고전적 명작 「피바다」를 혁명의 교과서로, 투쟁의 무기로 삼고 「피바다」의 주인공들, 공산주의자들처럼 수령님께 충성을 다하려는 불같은 마음을 안고 영웅조선의 혁명적 기개를 온 세상에 떨치는 「피바다」 근위대'원들로 말이다. 이들은 가극의 주인공과 같은 삶을 작업장에서 실현하기 위한 돌격대원이자 선진 대오라고 할 수 있다. 이 글의 첫머리에 가상으로 꾸며진 글의 실제 주인공 청진시 김책제철소 금속공장건설사업소 천리마설비조립직장 천리마연공작업반의 '피바다」 근위대' 대장 리춘섭은 1974년 당시 작업장에서 다음과 같이 대원들을 북돋웠다.

> 불후의 고전적 명작 「피바다」의 주인공 어머니가 폭약을 빼내기 위해 광산 마을로 들어갈 때 과연 무엇을 먼저 생각하였습니까? 닥쳐올 위험을 먼저 생각했습니까? 아닙니다. 수령님께 무한히 충직한 어머니의 가슴에는 오직 혁명가는 그 어떤 역경 속에서도 맡겨진 혁명 임무를 무조건 끝까지 관철해야 한다는 확고한 신념이 차 넘쳐 있었습니다. 그렇다면 우리는 어떻게 행동해야 합니까?[13]

가극 「피바다」의 주요 장면과 박문협의 유화 「전후 40일 만에 첫쇠물을 뽑는 강철전사들」
'「피바다」 근위대' 대장 리춘섭은 광산마을에서 폭약을 빼낸 혐의로 붙잡혀 고문을 받는 주인공 어머니를 예로 들며 작업반 대원들을 북돋웠다(위). 결국 어머니와 큰아들 원남이 승리를 기뻐하며 껴안는 마지막 장면(가운데)을 상상하며 작업반 대원들이 박문협의 그림과 같이 생산에 박차를 가하기를 바랐던 것이다(아래).

〈표 3〉 「피바다」 근위대'와 「꽃파는 처녀」 근위대'의 조직과 운영

당적 지도

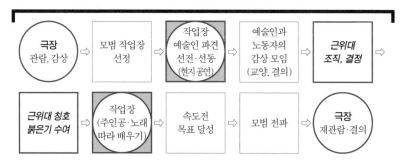

• 동그라미는 음악을 매개로 하는 극장의 상황을, 네모는 노동을 매개로 하는 작업장을 상징하도록 해서 근위대가 조직되고 운영되는 과정을 나타내었다. 그중 동그라미와 네모가 겹쳐 있는 과정은 작업장에서 진행되는 공연을 상징하는 것이다. 즉 극장과 작업장의 경계가 상실되는 과정이다.

이처럼 '근위대' 활동은 1970년대 북한 사람들을 지배하고 있었다. 그렇다면 그 구체적인 모습이 어떠했는지 좀더 깊이 들여다보자. 우선 전형적인 「피바다」 근위대'와 「꽃파는 처녀」 근위대'의 조직과 운영을 나타낸 표 3을 보자.

'근위대' 운동의 기획은 치밀한데, 이미 생활 속에서 시작되기 때문이다. 먼저 노동생활과는 별개의 문화생활로 항일혁명문학예술인 「피바다」와 「꽃파는 처녀」를 인민들이 감상한다. 극장에 가서 직접 관람하기도 하지만, 상황에 따라 텔레비전 등으로 볼 수도 있다. 또는 일상생활에서 주제가들을 부르기도 하고, 소설로 읽으면서 자연스레 그 이야기와 그에 따른 감정들에 익숙해지게 된다.

한편 그런 일상의 과정과 별개로 속도전의 생산 증대 관점에서 당과 국가는 모범 작업장을 선정한다. 모범을 정하고 모범을 일반화시키는 전통

적인 북한식 대중운동의 형태이다. 그렇게 선정된 작업장에는 해당 작업장의 규모에 따라서 중앙, 도, 시 등의 예술단체들이 조직되어 파견된다. 파견된 예술인들은 일반 선전·선동과 함께, 규모에 따라서 영화를 상영할 수도 있으며, 가극의 토막을 노래와 엮어 공연할 수도 있다. 그러면서 일상에서 본 「피바다」와 「꽃파는 처녀」 작품을 작업장으로 불러내는 것이다. 공연이 끝난 후에는 예술인과 노동자 들의 감상 모임이 꾸려진다. 물론 해당 상황에 따라 예술인들이 참여하지 않고 노동자들만으로 이루어지기도 한다. 보통 이런 모임을 '우등불 모임'이라고 부르는데, 모닥불을 가운데 놓고 둘러앉아 영화나 공연에 대한 감상을 발표하고 영화와 공연을 교훈 삼아 속도전의 결의를 다지게 된다. 여기서 중요한 당적 지도의 한 과정이 이뤄지는데, 주로 작업반 세포비서나 작업반장, 사회주의노동청년동맹위원장 등의 간부가 앞장서서 근위대 조직을 제기한다. 그후 노동자들의 의견을 모아서 근위대 조직을 결의한다.

이후 공업 분야의 작업반에는 「피바다」 근위대' 칭호와 「피바다」 근위대 붉은기'가 수여되고, 농업 분야의 작업반에는 「꽃파는 처녀」 근위대' 칭호와 「꽃파는 처녀」 근위대 붉은기'가 수여된다. 이에 따라 작업장에는 해당 붉은기가 게양되고 근위대원들은 생산 증대를 위한 돌격대로서 작업에 임하게 된다. 작업 과정에서는 항일혁명문학예술 작품의 주인공과 같이 수령과 당의 요구를 충직하게 따르는 속도전의 노동생활을 하게 되며, 작품 주인공의 대사들을 되뇌게 된다. 주인공을 따라 배워 주인공처럼 사는 것이 근위대원들의 목표가 되는 것이다. 작업 중간에는 근위대의 노래와 함께 해당 가극의 노래들을 부르면서 극장과 작업장의 경계를 허물고 계속해서 주인공으로 각성하는 과정을 밟게 된다.

다음은 1973년에 당시 평안남도 문덕군의 룡림협동농장 제4·5작업반장이었던 김원녀가 우등불 모임에서 작업반원들에게 생산 증대를 독려하며 한 말이다.

> 동무들, 꽃분이는 자기 대신 앞 못 보는 순희가 거리에 나와 꽃을 파는 것을 보고 골목으로 끌고 가서 이렇게 말했어요. '우린 암만 가난해두 거지는 아니야, 언니는 천대받구 업심을 받으며 꽃을 팔지만 너는 그런 짓을 해서는 안 돼!' 얼마나 힘이 나는 말이야요. 그는 아무리 곤난해도 자기 힘으로 살아가요. 꽃분이가 혁명에로 힘있게 나간 것처럼 우리도 힘을 더 내서 올해는 논 정보당 10톤씩 내자요.[14]

만약 김원녀 작업반장의 독려가 성공한다면, 이 작업장은 목표를 이른 시기에 달성할 수 있을 것이다. 그리고 그러한 성공 사례는 모범이 되어 전국으로 전파된다. 이로써 한 주기가 완성되며, 다시 근위대원들은 조직적으로 가극을 관람하고 재결의하는 과정을 거치게 된다. 물론 일상의 개인으로서의 관람이 다시 이루어질 수 있다. 그리고 다시 작업장으로 돌아가게 되며, 이런 반복된 과정으로 극장과 작업장, 극의 주인공과 현실 노동자의 삶은 경계를 상실하게 되고 일체화되는 효과를 가진다.

마지막으로 가장 중요한 것은 이러한 일련의 진행 과정이 이른바 당의 지도에 의해서 진행된다는 점이다. 그러니까 대중의 문화생활과 노동생활을 '당'이 사상생활로 지도하고 있다고 해석할 수 있다. 당연하게도 모범 작업장 선정과 예술인 파견, 근위대 칭호와 붉은기 수여 등의 모든 과정에 당 차원의 지도가 함께 진행된다.

뮤지킹과
감정 훈련

북한의 1970년대는 1960년대 경제성장의 자신감을 바탕으로 완전한 사회주의 국가를 건설하고자 한 때이다. 이는 주체사상의 정립 과정과 함께 진행되었으며, '항일혁명문학예술'은 북한의 사상적 일체화를 이루어 내는 데 중요한 역할을 했다. 하지만 항일혁명문화예술은 문화를 통한 사상적 일체화에 그치지 않고 노동생활과도 연결되어 함께 진행되었음을 눈여겨봐야 한다. 즉 항일혁명문학예술이 극장에 머물지 않고 1970년대 북한의 노동 현장에서 「피바다」 근위대' 「꽃파는 처녀」 근위대'로 재현된 것이다. 3대혁명붉은기쟁취운동으로 이어진 이 대중운동은 주로 경제 영역에서 생산단위를 중심으로 증산에 초점이 맞추어져 1950년대 후반부터 1960년대까지 이어진 천리마운동과는 차이가 있다. 생산단위가 아닌 김정일 중심의 '당'이 전면에 나서서 직접 지도했다는 점이 가장 큰 차이점이다.[15]

물론 이런 사례가 유일한 것은 아니다. 이 운동의 진행 방식은 현재까지도 이어지는 북한의 일반적인 대중운동 방식이기도 하다. 그 가운데 초기의 성공 사례로서 음악을 통한 대중운동, 달리 말하면 1970년대식 음악정치라고 할 수 있는 「피바다」 근위대'와 「꽃파는 처녀」 근위대' 운동은 내용미학의 전통을 잇는 '뮤지킹'이라는 개념으로 가능했고, '음악'의 보편적 특성을 살린 '감정 훈련'을 극장이 아닌 현실에도 적극적으로 적용했다는 데 의미가 있다.

내용미학, 뮤지킹, 감정 훈련 등 어려운 말을 쓰기는 했지만, 북한 음악

경계를 상실한 작업장과 공연장
당과 국가는 예술작품을 감상한 노동자들이 주인공과 자신을 일체화하도록 했다. 작품의 내용과 형식에 담겨 있는 집단주의와 위계화가 작업장의 노동관계망에도 그대로 담겨 있기 때문에 북한 사람들에게 이는 전혀 이상한 일이 아니다.

이 실제로 어떻게 만들어지는지를 알면 이 말들을 쉽게 이해할 수 있다. 우선 뮤지킹의 개념은 북한 음악의 특징과도 연결된다. 북한 음악은 가사를 중심으로 내용이 형식이나 외부 현실과 통일됨을 지향한다. 또 내용이 개인의 관계만이 아니라 개인이 확대된 집단, 그리고 당적·국가적 방향성과 연결되어야 한다. 그래야만 진정한 음악이라고 여기는 것이다. 또한 그것을 사회주의 음악의 특징이라고 본다. 그렇기 때문에 뮤지킹의 일원인 관객들이 작업장으로 돌아가서 해당 작품의 내용과 원리들을 재현해내고 적용시킬 수 있었던 것이다. 달리 말하면 극장에서 본 삶과 작업장의 삶을 분리하지 않는 셈이다. 뮤지킹의 관점에서 보면 극장의 배우보다 오히려 이것이 더욱 본질적인 음악하기에 접근한 경우라고 할 수 있다.

어쨌든 내용과 형식에서 '집단주의와 위계화(지도와 대중)'의 관계망이 구현된 항일혁명문학예술을 극장에서 작품으로 감상하고 주인공과 일체화된 관객은, 그것을 벗어나서도 그 관계망을 작업장에서 다시 노동자로서 구현하게 된다. 극장이 자연스레 작업장으로 연결되는 것이다. 북한 사람들에게 이것은 전혀 어색한 일이 아니다. 작품의 내용과 형식에 담겨 있는 집단주의와 위계화가 작업장의 노동관계망에도 그대로 담겨 있기 때문이다. 대표적인 것이 공장에서 구현되어 예술단에도 적용된 '대안의 사업체계'라는 경제관리 방식이다. 대안의 사업체계 역시 북한식 집단주의인 당위원회의 지도가 그 핵심을 이루고 있다.[16] 이미 체득되어 있는 몸의 기억이 항일혁명문학예술로 다시 불려나오는 것이라고 볼 수 있기 때문에 극장과 작업장의 경계는 흐려지고 일체화는 자연스럽다.*

뇌과학자인 안토니오 다마지오Antonio Damasio는 우리 인간이 특정 대상과 특정 정서 간의 관계를 지각하고 어떤 대상과 상황을 우리의 환경에 허락하느냐, 그리고 어떤 대상과 환경에 우리의 시간과 관심을 쏟아붓느냐를 결정함으로써, 고의로 자신의 정서를 조절할 수 있다고 한다. 그리고 기억하는 과정을 통해 기억이 만들어진 당시의 정서까지도 불러올 수 있

---

* 「피바다」 근위대'와 「꽃파는 처녀」 근위대' 운동과 같은 방식은 '음악'의 보편적 특성을 살린 '감정 훈련'을 극장이 아닌 현실에 적극적으로 적용한 데에 의미가 있다. 필자는 다른 글에서 '감정 훈련'의 의미와 의의에 대해서 '이성과 언어' '감정과 음악'을 대비시켜 설명한 적이 있다(전현식 「'피바다식 혁명가극'과 감정훈련: '집단주의'와 '지도와 대중'을 중심으로」, 『현대 북한연구』 13권 3호, 2010, 201~40면). 그 글에서는 주로 감정의 중요성과 음악의 효과에 대해서 강조했는데, 뇌과학자 로돌포 R. 이나스(Rodolfo R. Llinás, 1934~)의 또다른 연구를 보면 인지와 의식 자체가 고정행위패턴(Fixed Action Patterns, FAP)을 유발하는 감정 상태에서 진화했다고 할 정도로 감정의 중요성에 대해서 강조하고 있다(로돌포 R. 이나스 『꿈꾸는 기계의 진화: 뇌과학으로 보는 철학 명제』, 김미선 옮김, 북센스 2007, 223~45면). 이 글에서는 훈련된 감정의 재현에 대해서 말하고자 한다. 이것은 근위대 대원들이 극장을 벗어나 작업장에서 다시금 해당 작품을 재현하고자 할 때 중요한 논의이다. 달리 말하면 극장에서 '훈련된 집단의 통일된 감정'을 작업장에서 다시 불러내야 하기 때문이다. 그것은 다시 몸으로 이어지고 노동으로 이어진다.

다고 말한다. 게다가 현실 속에 실재하는 이미지이든 기억으로부터 되살려 재구성한 이미지이든 그 효과는 동일하고, 그것이 정서적으로 유효한 자극이라면 곧 정서가 뒤따르게 된다고 말한다. 단지 그 강도에서만 차이가 있을 수 있는데, 수많은 연기자들이 연기를 할 때 이런 방식을 쓴다는 것이다. 즉 특정 생각은 특정 정서를 불러일으키고 반대로 특정 정서는 특정 생각을 불러일으킨다는 말이다. 이것은 근래에 밝혀진 '거울 신경세포'mirror neuron로도 확인할 수 있다.17

이런 연구 결과는 극장 안에서 진행되는 공연과 음악을 통한 감정 훈련으로 개인의 감정, 나아가 사회적 감정의 일치를 기획할 수 있음을 의미한다. 앞서 언급한 항일혁명문학예술이 담고 있는 집단주의와 위계화의 체득이 뮤지킹으로 가능함을 보여주는 연구 결과이기도 하다. 감정과 가장 밀접한 예술의 갈래가 음악이기 때문이다. 그리고 관객이 극장을 벗어난 작업장에서도 기억으로 극장에 있을 때의 감정을 불러일으키고 그때의 몸상태가 되어서 배우의 삶을 살 수 있음을 보여준다. 배우가 연기를 하듯이 말이다.

그런데 관객이 배우의 삶을 현실에 재현하기 위해서는 기억 외의 다른 것이 필요하다. 음악은 관객이 공연 당시의 감정상태를 불러일으키는 것을 적극적으로 기획하고 주재할 수 있게 한다. 앞서 살펴보았듯이 노동자들이 작업장에서 공연을 관람하거나 작업 시작 전후, 중간에 해당 작품의 노래를 부르는 행위들이 바로 그것이다. 음악은 노동자의 연기를 단순히 보조하거나 도와주는 것이 아니라 적극적인 주재자가 되어 소리의 진동으로 실제 주인공을 불러내어 노동자의 귀와 온몸에 전달해준다. 작업장에서 신체상태의 환각을 가능하게 하는 가상 체험의 훈련 도구가 바로 '음악'인 것이다. 이렇듯 음악은 기억과 훈련된 감정을 불러일으킴으로써 감정의 일치를 이뤄내고, 극장과 작업장의 경계를 무너뜨린다. 그럼으로써 북한 노동자들은 항일혁명투사가 되어 작업장이라는 극장에서 항일투쟁의 삶을 연기할 수 있었다. 여기에 '「피바다」 근위대'와 '「꽃파는 처녀」 근위대' 운동의 의미가 있다.

김정일부터 김정은까지의 음악정치

'음악정치'는 북한에서 2000년대 초반부터 사용하기 시작한 용어이다. 그래서 1970년대를 논하는 이 글의 시대적 배경과는 맞지 않지만, 지금까지 살펴본 것과 같이 '「피바다」 근위대' '「꽃파는 처녀」 근위대' 운동은 본격적인 북한식 음악정치의 시작이라고 보아도 크게 무리가 없다. 북한에서는 1967년 이후 유일사상체계를 확립하고 1970년대 들어서면서 3대혁명을 강조했는데, 근위대 운동은 이를 위해 경제운동과 사상운동을 결합하고 김정일 중심의 '당'이 문학예술작품, 특히 음악을 매개로 진행한 대중운동이었기 때문이다.

음악을 이용해 정치를 한다거나 음악과 정치가 서로 연결되어 있다는 생각의 기원은 더 이른 시기에서도 찾아볼 수 있다. 조선 성리학의 음악에 대한 관점, 즉 악관樂觀이 담겨 있는 『악학궤범』의 머리말에는 "군도君導에 따라 악도樂道를 바르게 해서 백성을 다스리고 풍속을 바르게 해야 한다."라는 말이 있다. 물론 성리학의 '악樂'과 현대의 '음악'이 같은 개념은 아니겠지만, 일맥상통하는 점이 있음은 분명하다. 어쨌든 이러한 성리학의 악관과 북한의 음악정치는 음악과 정치의 상관성에 높은 비중을 두었다는 점에서 통한다.

　성리학의 악관과 북한의 음악정치는 음악과 정치의 연결 말고도 비슷한 점이 또 한 가지 있다. 성리학의 악관에 따르면 백성과 하늘은 임금과 지배층의 권위에 가로막혀 직접 만나지 못한다. 이처럼 북한의 음악정치도 인민 대중이 주도하는 것이 아니라 항상 '당적 지도'에 따라야 한다. 북한의 대중운동은 항상 이렇게 '위로부터의 대중운동'이었다. 조선과 같은 '계급질서'가 현재에도 적용된다고 보면 북한식 당적 지도는 당연히 문제를 낳는다. 이는 인민 대중 내부에서 출발해야 할 감정 훈련이 외부에서 비롯될 수 있음을 말해주기 때문이다. '당적 지도'라는 방식이 권력에 의한 강제라면 극복해야 할 대상이 될 것이다. 일반적으로, 특히 북한의 사상체계에 따르면 외부의 압력을 극복하고자 하는 것이 주체의 본성이기 때문이다. 위계화, 즉 지도와 대중이라는 원리가 작동하는 음악정치는 개인이든 집단이든 주체의 진정한 해방을 이뤄내기 힘들다. 다음과 같은 점 때문에 더욱 개인이든 집단이든 주체의 해방을 가로막는다.

　「피바다」 근위대'와 「꽃파는 처녀」 근위대' 운동은 일종의 '가상 현실 체험'이다. 그런데 그 현실 체험은 항상 모범, 즉 전형典型의 고귀한 삶을 체험하는 것이다. 바로 「피바다」의 어머니, 「꽃파는 처녀」의 꽃분이가 사는 삶이다. 현실의 존재로서 '내'가 주체가 되어 기획한 가상의 세계를 체험하는 것이 아니라, 현실의 존재인 '내'가 위로부터 주어진 비현실의 존재인 '전형'을 따라 가상의 세계를 체험하는 것이다. 결국 독립된 개체인 '나'는 사라지게 된다. 이렇게 되면 타의로 무대에 선 배우가 무대에서 내려온 뒤 정체성의 혼란을 겪는 것과 같은 일이 벌어질 수 있다. 간혹 배우들이 텔레비전에 나와서 내가 누구인지 모르겠다 고백하는 것이 바로 그런 경우다.

북한은 항일혁명문학예술을 대중화시켜 전인민을 수령을 정점으로 하는 항일무장투쟁의 감성으로 통합하고자 했다. 이렇게 문화를 통한, 특히 항일혁명문학예술인 음악을 통한 사상적 일체화는 북한의 내구성과 항상성을 높이는 데 중요한 역할을 했다. 이러한 방식의 1970년대 음악정치는 변수가 한정된 '북한'이라는 공간이었기 때문에 가능했을지 모른다. 북한의 극장은 자율적인 예술작품을 감상하는 장소가 아니었다. 항일혁명투사들의 무장투쟁을 경험하지 못한 인민 대중이 이를 가상의 현실 체험인 공연을 통해 간접 경험하게 하고, 항일혁명투사들의 삶을 인민 대중의 일터인 작업장으로 끌어들이기 위한 장치였다. 이러한 과정에 충실한 인민이 북한이 만들어내고자 한 '주체형의 공산주의적 인간'이었다. 일제 강점기 항일혁명투사의 삶을 현재의 북한사회에서 구현해내는 사람 말이다. 이런 대중운동을 주도한 사람이 바로 문학예술혁명을 이끈 김정일이었다.

근위대 운동의 방식은 북한의 대중운동 방식의 하나로 굳어졌고 현재까지도 이어지고 있다. 2010년 경희극 「산울림」^{국립연극단}의 재창조와 전국적 관람, 그리고 이어지는 '청년동맹일꾼들의 실효모임'을 보면 그것을 확인할 수 있다.[18] '실효모임'은 주로 문학예술작품을 통해 사상·정신적으로 배운 내용을 사업과 생활에 구현하여 실제 효과를 내자는 결의를 다지는 모임을 말한다. 「피바다」 근위대' 「꽃파는 처녀」 근위대' 운동처럼 문학예술작품을 모범으로 하는 대중운동 방식인 셈이다. 이러한 유사성 외에 2010년 경희극 「산울림」 운동이 김정은이 후계자로서 진행한 대중운동이라는 점이 흥미롭다. 이는 북한에서 1970년대식의 성공적인 음악정치를 계속해서 꾀하고 있음을 알려주기 때문이다.[19] 앞으로 북한에서 새로운 내용과 방식의 현대식 대중운동과 음악정치가 등장할지 지켜볼 일이다.

강반석과 김정숙을
본받아

박영자

1970

"헌신적 노력으로
수령의 위업을 받들어"

백두의 설한풍을 헤치며 혁명의 사령부를 결사옹위한 항일의 녀(女)투
사들처럼 경애하는 김정은 동지의 사상과 권위를 옹호·보위하며 김정
은 동지의 두리(둘레를 뜻하는 북한말)에 단결하고 또 단결하여야 한
다. (…) 녀성들은 오늘의 총진군에서 공민적 의무를 다하며 강성국가
건설의 중요 전선들을 힘 있게 지원하여야 한다. 가정을 화목하게 하고
사회주의 생활문화를 꽃피워나가는 것은 우리 녀성들의 응당한 본분이
다. 녀성들은 어머니로서, 아내로서, 며느리로서 가정과 사회 앞에 지닌
도덕적 의무와 책임을 다해나가야 한다.

3대 수령 김정은 집권 후인 2012년 7월 30일, 김일성의 남녀평등권 법
령 공포일(1946년 7월 30일)을 기념하는 조선노동당 기관지 『로동신문』
사설의 일부이다. 이 사설을 통해 김정은 시대의 북한정권이 여성에게 요

항일혁명투쟁에 나선 김일성과 김정숙
북한정권이 요구하는 여성상의 전형은 김일성의 어머니 강반석과 부인 김정숙이다. 이는 김정은 체제인 현재까지 이어지고 있다.

구하는 윤리와 역할을 확인할 수 있다.

첫째, 3대 세습의 김정은 '수령 결사용위의 혁명적 기상'이다. 둘째, 강성국가 건설을 위한 '애국적 헌신성과 공민적 의무'이다. 셋째, '사회주의 생활문화를 꽃피워나가는 어머니, 아내, 며느리로서의 도덕적 의무와 책임'이다.

그렇다면 이러한 윤리와 역할을 체화한 인물은 어떤 사람일까? 북한정권은 두 명의 여성을 역할 모델로 내세웠다. 김일성의 어머니 강반석과 김정일의 어머니 김정숙이다. 북한의 여성조직인 민주여성동맹 ^{약칭 여성동맹.} ^{여맹}의 기관지 『조선녀성』은 같은 시기인 2012년 7월호에서 김일성의 여성해방 의지를 받들어 북한 여성들이 나아갈 길을 제시했다는 강반석에 대해 다양한 방식으로 선전했다. 사설 「위대한 수령 김일성 동지께서 녀성운동 발전에 쌓으신 불멸의 업적을 영원히 빛내여나가자」로부터 「사회주의적 생활양식을 철저히 세우자」「후방가족 어머니의 긍지」「시대의 꽃이 되리」「자녀들이 생활규범과 규칙을 잘 알도록」「부모들은 자녀들에 대한 가정교양에 마음을 합쳐야 한다」 등 사회와 가정 내에서의 혁명적인 어머니 역할을 강조했다.

또한 『조선녀성』 2012년 9월호에서는 '항일의 녀성 영웅 김정숙 동지의 서거 63돐을 맞으며'를 특집으로 하고, 「새 조국 건설의 나날에 높이 발휘된 백두산 녀장군의 수령 결사옹위 정신」「건국의 초행길에 남기신 어머님의 당부」 등의 기사를 통해 김정숙의 삶과 정신을 치켜세웠다. 또 김정숙 관련 도서 『영원한 태양의 해발』 중에서 「김일성 장군님은 너희들의 아버지이시다」「나라를 사랑하는 마음으로」「총은 마음으로 쏘아야 한다」 등 세 꼭지를 소개하며 김정숙처럼 어버이 수령을 목숨 바쳐 사수하는 여성이 될 것을 규율했다. 이처럼 김정은 시대인 현재까지도 이어지는, 강반석과 김정숙을 모델로 한 북한 여성의 사회생활 지표는 언제 형성되었고 북한식으로 제도화되었을까?

해방 후 한국전쟁 전까지 위로부터의 개혁을 통해 북한 여성의 정치·사회적 지위는 전 시대와 비교해서 놀랄 만큼 향상되었으며, 그 같은 개혁은 당시 서구 선진 자본주의 국가의 양성평등 정책에 비해서도 진일보한 것이었다. 그러던 것이 냉전과 남북한 대립구조에 따른 한국전쟁의 발발과 군사주의적 산업화, 그리고 수령을 중심으로 한 사회적 위계체제의 공고화가 이어지고, 김정일로의 세습 후계체제가 구축된 1970년대부터 북한의 양성평등 정책은 양성불평등 징책으로 변형되었다. 이 양상은 1980년대 이후 뚜렷해진 경제 위기 및 1990년대 고난의 행군을 거치며 '선군의 체제 생존전략'과 맞물려 현재까지 지속되고 있다.

체제 변화와 맞물린 북한 여성의 역사에서 1970년대는 어떤 의미를 가지는 것일까? 이 시기 북한 여성의 모델로 전면화된 강반석과 김정숙의 신화를 깊이 들여다보며 그 해답을 찾아보자. 그 과정에서 1970년대 북한 여성들의 삶의 단면은 어떠했는지, 그리고 오늘날 북한 여성들의 삶은 어떻게 전개될 것인지 확인해볼 수 있을 것이다.

북한 여성, 이중역할의 의미와 배경

해방 후 소련군의 영향 아래에서 식민체제 종식과 사회주의 국가 건설을 추진한 북한정권은 민족국가 건설과 여성해방 논리를 연계하여 '여성을 국민화'했다.* 북한의 여성해방 모델은 스탈린 시대 소비에트 여성정책에 바탕을 두고 있었다. 즉 전통적 어머니 역할과 근대적 노동자·농민 역할을 동시에 수행하는 이중역할 모델이다.

북한의 이중역할 모델은 사회주의 근대화 전략에 따라 사회와 여성을 재구성하는 것으로, 이는 해방 후 전개된 토지개혁법·노동법·남녀평등법 등 각종 법제도 구축 및 여성에게 선거권이 부여된 선거사업을 통해 전개되었다. 이 과정에서 여성은 민족국가 건설의 주체로 재구성되었다. 이때

---

* 여성을 국민화하는 방식은 크게 네 가지였다. 첫째는 정치, 경제, 통제, 공적 선전을 통해서이며, 둘째는 지도층의 언설, 미디어, 이미지 조작 등을 통해서이다. 셋째는 대중 동원을 통해서이고, 넷째는 생활과 풍속의 구성 또는 재구성을 통해서이다. 이 네 가지 수준에서 이루어지는 여성의 국민화는 민족국가 건설 이데올로기를 동반하였다. 박영자 「북한의 민족주의와 여성」, 『국제정치논총』 45집 1호, 2005, 87면; 우에노 치즈코 『내셔널리즘과 젠더』, 이선이 옮김, 박종철출판사 2000, 23면.

민족국가 건설은 여성해방의 선행조건이었다.[1]

사회주의적 민족국가 건설을 위한 노력은 한반도 전체의 민족국가 건설 의지로 확장되었다. 널리 알려진 것처럼 이러한 야심은 한국전쟁으로 이어졌다. 전쟁 과정에서 북한은 김일성을 중심으로 한 권력 집중화와 대중 동원 메커니즘을 체계화했다. 전시 북한 여성은 위기에 빠진 가정과 민족국가를 구하기 위해 헌신하는 주체로 설정되었으며, 전선원호와 후방을 책임지는 역할로 사회활동이 강제되었다.[2]

전후 북한정권은 자립경제에 기초한 사회주의 국가 건설을 위한 산업화를 주도하며, 1958년 전산업의 국유화 이후 '사회주의적 애국주의' 담론을 전면화했다. 공장과 기업소 그리고 각 대중조직에서는 애국적 결의와 충성이 모든 활동의 핵심 사안이 되었고, 생산활동과 애국적 충성을 강제하는 여성의 노동계급화와 혁명화가 진행되었다. 1960년대 북한은 중소 분쟁 과정에서 독자적인 노선을 모색하게 된다. 또한 1967년 갑산파 숙청과 1968년 푸에블로호 사건으로부터 조성된 국제적 긴장관계는 수령에 대한 충성이 제도화되는 계기가 되었으며 북한의 전시체제를 강화했다. 이러한 정치·사회적 배경으로 이후 북한에서는 남성 중심적이고 위계적인 군사문화와 성별 위계가 제도화되었다.[3]

이 시기 '사회주의적 애국주의'는 가장 중요한 정치이데올로기였으며, 당과 수령에 대한 절대적 충성이 곧 민족과 국가에 대한 헌신이라 여겨졌다.* 이 같은 강력한 애국주의의 전면화와 절대 권력 강화 과정에서 북한

---

* 북한 문헌은 애국의 중요성을 다음과 같이 강조한다. "조국은 사람들의 과거와 오늘과 미래와 하나로 결합되어 있는 것으로 하여 사람들에게 특별한 사랑과 감정과 헌신적인 복무의 정신을 불러일으킨다. 사람들이 자기가 살고 있는 조국을 언제나 귀중히 여기고 극진히 사랑하며 오매에도 잊지 못하고 그의 륭성번영을 위하여 성실하게 땀과 로력을 바치며 거기에서 크나큰 긍지와 자부심을 느끼는 것은 바로 조국과 사람들 사이의 이러한 도덕적 관계에 바탕을 두

의 산업화는 진행되었고, 1970년 11월 2일 '사회주의 공업화의 완료'를 공포한 조선노동당 제5차 대회가 열렸다. 이 대회에서 여성의 혁명화·노동계급화, 가정의 혁명화 그리고 사회주의 생활문화 등을 결정했다.[4] 이어 1972년 수령제라는 위계적 지배체제를 주석제로 제도화한 '조선민주주의인민공화국 사회주의 헌법'[*]이 제정되었다.

한편 1970년대 들어서면서 북한은 흉작과 외채 누적 그리고 군사비 과중 등으로 경제 위기에 직면했다. 1973년의 남북한 1인당 국민총생산GNP을 비교하면 남한 396달러, 북한 418달러로 북한이 앞서고 있었다. 그러나 1974년에 들어서 남한 542달러, 북한 461달러로 남한이 북한을 앞서게 되었다. 이처럼 1974년을 분기점으로 1인당 GNP가 남한에 뒤지기 시작하고, 동구 사회주의권의 개혁·개방 흐름이 나타나자 북한정권은 독자적인 체제논리를 전개했다.[5] 1974년 당내에서 공식 후계자로 인정받은 김정일은 1975년 2월 16일 '속도전 청년돌격대'를 조직해 세력 확장을 도모하며 후계자 입지를 굳히기 시작했다.[6]

절대 권력의 가계세습 체제로 접어들면서 여성에게는 가정의 혁명화와 함께 혁명가를 양성하는 어머니로서의 역할이 강조되었다. 아버지와 아들로 이어지는 가부장적 위계체제가 국가 차원에서 이루어진 탓이다. 따

고 있다. 조국에 대한 사랑의 감정은 조국과 민족을 단위로 하여 강한 전통력을 가지고 공고 발전된다." 김경숙 『공산주의생활륜리』, 평양: 사회과학출판사 1990, 162면.

[*] 여성 관련 조항은 다음과 같다. 제61조 혁명투사, 혁명열사가족, 애국열사가족, 인민군후방가족, 영예군인들은 국가와 사회의 특별한 보호를 받는다. 제62조 여자는 남자와 똑같은 사회적 지위와 권리를 가진다. 국가는 산전·산후휴가의 보장, 여러 어린이를 가진 어머니들을 위한 노동시간의 단축, 산원, 탁아소 및 유치원망의 확장, 그밖의 시책을 통하여 어머니들과 어린이들을 특별히 보호한다. 국가는 여성들을 가정일의 무거운 부담에서 해방하며 그들이 사회에 진출할 온갖 조건을 보장한다. 제63조 결혼 및 가정은 국가의 보호를 받는다. 국가는 사회의 세포인 가정을 공고히 하는 데 깊은 배려를 돌린다. 김일성 「조선민주주의인민공화국 사회주의 헌법」, 『김일성저작집』 27권, 평양: 조선로동당출판사 1984, 635면.

북한의 체제 선전 프로그램, 아리랑 축전
김일성에서 김정일로 이어지는 절대 권력의 가계세습 체제는 북한 여성들에게 혁명가를 양성하는 어머니로서의 역할을 강조했다. 해방 후와 비교해 직장과 가정 내의 양성평등이 퇴조한 것이다.

라서 광범위하게 진행된 여성의 혁명화·노동계급화 정책에도 불구하고, 직장과 가정 내의 양성평등은 퇴조하는 경향을 보였다.[7]

이 시대에 대표적인 북한의 여성상은 남편과 아들에게 헌신하는 강반석과 긴정숙이었다. 이 두 인물은 1970년대 중반을 기점으로 진행된 양성평등 정책의 퇴조를 상징한다.[8]

혁신적 노동자 길확실로부터
강반석으로

강반석과 김정숙 전에는 길확실 같은 여성 혁신노동자가 역할 모델로 제시되었다. 여성 혁신노동자의 조건은 당과 김일성에 대한 충성과 생산 증대, 그리고 헌신적 애정과 생활 관리로 반원들을 모범 노동자로 만드는 것이다. 구체적으로 헌신성, 동료에 대한 사랑과 애정, 인내심 있는 행동으로 뒤처진 노동자들을 선진 노동자로 만드는 것, 노동자 생활을 관리하는 것 등이다. 즉 노동자들의 어머니가 되는 것이다.[9]

길확실의 수기는 각종 단행본과 신문 등을 통해 북한 전역에 선전되었고, 여성 노동자들이 많은 공장에서는 조직적으로 학습되었다. '노력혁신자'라 불리던 길확실이 받던 특혜도 당대 여성들의 주목을 끌었다. 그 특혜란 구체적으로 도급임금제에 의한 더 많은 임금의 지급, 무료 견학과 혁명전적지·혁명사적지 답사, 정양소·휴양소 이용의 우선권 등이다. 길확실은 각종 통제 및 감시 대상에서 제외되기도 했으며 사회적 지위가 상승했고 어디를 가나 칭송과 대우를 받았다. 그런 까닭에 여성 노동자들은 노력영웅이 되고자 했으며, 길확실의 삶을 본받으려는 내면화 과정이 진행되었다.[10]

이에 반해 남성 혁신노동자에게는 국가계획을 선도하는 혁신적 행동이 요구되었다. 그 행동이란 구체적으로 생산과제 수행을 위해 불면·불휴하며 목표를 달성하는 것, 어떠한 갈등이 있어도 당의 정책과 수령의 지시를 고집스럽게 관철시켜나가는 것, 기계 문제로 생산에 차질이 있을 때는 기계 자체를 만들거나 기술 혁신을 주도하는 것 등이다. 이러한 공장 내 남녀 간 역할 차이는 성역할의 위계를 나타낸다. 노동자들의 어머니가 되는 것은 남성 노동자들에게는 요구되지 않았던, 여성 혁신노동자의 덕목이었다. 여성 노동자에게 공장에서 중요한 역할을 하는 남성 노동자의 생활을 관리하고 내조하는 역할을 부여한 셈이다. 즉 공장 내 성역할을 위계적으로 구조화한 것이다.[11]

1970년대 중반 이후 북한 계획경제의 문제점이 사회적으로 드러났다. 많은 수의 공장과 기업소가 자재 및 원료 부족 등으로 불안정하게 가동되었다. 또한 사회주의 진영의 내부 개혁 흐름이 가시화되면서 대외 지원도 줄어들었다. 북한정권은 대내외적 위기 속에서 독자적인 '주체형 사회주의' 구축을 위해 민족주의를 활용하여 전통문화 복원 사업을 전개해나갔다. 한편 자재 부족과 전력난으로 공장가동률이 떨어지자 여성의 노동계급화 정책에 변화가 생겼다. 이전 시대에 비해 여성의 직장생활을 독려하는 분위기가 줄었으며, 노동력 수요가 감소함에 따라 기혼여성을 직장에서 가정으로 돌려보내는 흐름이 나타났다.[12] 이 과정에서 여성의 노동계급화에 대한 선전 및 교육 내용도 사회주의 대건설을 위한 다양한 경제활동 추동으로 바뀌었다. 또 이 시기부터 북한 여성 노동자의 모델이 여성 공장 노동자 길확실에서 강반석으로 변화하기 시작했다.

1974년 국제부녀절을 전후로 "사회주의 대건설을 위한 총진군 운동에서 녀성들의 역할을 더욱 높이자!"라는 구호와 함께 여성 대상 생산증대 운동이 강화되었으며, "보람 있게 일하며 존엄 있게 사는 녀성들"이 다양하게 영웅시되는 등 장소와 직업을 막론하고 북한 여성들이 인민생활 향상의 주체가 되어야 한다고 상조하는 분위기가 나타났다.[13] 1975년 3·8 국제부녀절 65돌 기념 중앙보고회에서는 여맹 위원장이자 김일성의 부인이기도 한 김성애가 "나는 조선녀성해방운동의 선구자이며 조국의 독

북한의 여성잡지 『조선녀성』
북한정권은 여성 노동력 활용 차원에서 여성정책에 접근했다. 『조선녀성』 등의 잡지는 당의 요구에 맞는 여성상을 소개하고 선전하는 매체로 기능했다.

립과 녀성들의 자유와 해방을 위하여 한생을 바치신 조선의 위대한 어머니 강반석 녀사께 최대의 영광을 드립니다."라며 여성의 사회적 해방을 이룬 인물로 강반석을 치켜세웠다. 『로동신문』은 「전체 녀성들은 온 사회의 혁명화, 로동계급화를 더욱 힘차게 다그쳐나가자」라는 제목의 사설을 통해, 가정에서의 생산활동을 포함한 여성의 다양한 경제활동을 독려하고 나섰다.[14]

이후 북한의 『로동신문』 및 『조선녀성』은 각지의 여성 노동자들을 소개하며 강반석이 어머니 역할뿐 아니라 어려운 시기 가정경제를 책임지고 헌신적으로 일상생활을 꾸려나가는 이중역할을 혁명적으로 수행했음을 강조하고 각종 선전매체 및 여성사업을 통해 이를 따라 배우게 했다. "혁명의 초소를 믿음직하게 지켜선 우리 녀성들(녀성들로 꾸려진 청진철도국 천리마사도역에서)"[15] "조선혁명의 길 위에 쌓아 올리신 불멸의 혁명업적" 및 "빛나는 생애와 숭고한 풍모를 따라 배운다(평양제사공장 조사 1직장에서)."16 "인민경제의 주체화를 철저히 실행하자"17 등 당시 선전 매체의 제목들에서 그러한 정황을 확인할 수 있다.

그렇다고 기혼여성들이 공장에서 가정으로 복귀하는 흐름이 북한정권의 여성 노동력 활용 정책의 변화를 의미하는 것은 아니었다. 북한정권은 각 지역과 인민반에서 자체의 수입원을 증대하여 '자력갱생'할 것을 강조했으며, 지방 산업이나 가내작업반을 통해 중앙의 재정 부담을 줄이고 적절한 일자리가 없는 여성의 생산활동이 재개되게 했다.* 또한 가내작업반이나 편의협동조합을 조직하여 각종 편의봉사시설을 운영하도록 했다. 구체적으로 이발, 식료품 가공, 옷 가공, 일용품 수리, 목욕탕 운영, 빨래, 구멍탄 제작 등을 하는 가내작업반을 조직하도록 했다. 그 목적은 지방 예산 수입을 증대하여 중앙의 부담을 덜기 위해서였다. 가내작업반을 운영하는 데 필요한 원자재와 설비들은 국가에서 대주기도 했으나, 대부분은 주로 여성들이 배치된 상업망에서 자체로 수매하여 운영하도록 했다.18

가내작업반 강화에는 지방 산업을 발전시키려는 의도도 작용했다. 지방 산업을 증대하면서 지방의 공장·기업소와 연계하여 생활필수품을 생산하는 가내작업반을 많이 조직하게 한 것이다. 당시 지방 공업 부문 간부들은 생활필수품을 많이 생산해도 생산액이 얼마 올라가지 않는다며 생활필수품 생산을 등한시했다고 한다. 이에 대해 김일성은 "지방 산업 공장

---

* 김일성은 1978년 4월 11일 개최된 당 중앙위원회 정치위원회와 중앙인민위원회 연합회의에서 다음과 같이 강조했다. "지금 탄광, 광산 마을에 있는 가정부인들이 일거리가 없어 놀고 있다고 하는데 그것은 말이 되지 않습니다. 일꾼들이 창발성을 내지 않고 조직사업을 잘하지 않아 그렇지 생산협동조합이나 가내작업반 같은 것을 조직하면 가정부인들에게 일감을 얼마든지 보장해줄 수 있습니다. 정 일거리가 없으면 하다못해 수세미나 오이 같은 것을 심도록 하여도 좋을 것입니다." 김일성, 「지방 예산 수입을 더욱 늘일 데 대하여」, 『김일성저작집』 33권, 평양: 조선로동당출판사 1987, 173~74면.

들에서는 생산액을 높이는 것이 중요한 것이 아니라 여러 가지 생활필수품을 많이 생산하여 인민들의 생활을 높이는 것이 중요"함을 강조했다.[19]

가내작업반 증대 정책은 1978년 4월 18일 채택된 '조선민주주의인민공화국 사회주의로동법'에 반영되었다. 노동법 제31조에 "국가는 녀성근로자들이 사회적 로동에 적극 참가할 수 있도록 온갖 조건을 보장한다."라는 조항 아래, 직장에 나가지 못하는 여성들도 가내작업반이나 편의협동조합 등에서 생산활동을 하도록 법제도화한 것이다.[20] 이 과정에서 1970년대 북한 여성들은 다양한 생산 현장에서 생활의 발전과 위기 극복의 주체로 살아야 했다.

혁명적 어머니, 강반석과 김정숙

북한의 가정에서 어머니는 생활경제의 책임자인 동시에 혁명하는 남편을 보조하고 혁명의 후비대를 양성하며 사회주의 생활문화 구현을 통해 가정의 혁명화를 이루는 주체였다. 이에 비해 아버지는 혁명과 권위의 상징이었지만 가정의 혁명화를 위한 특별한 역할을 강제받지는 않았다. 이러한 부부간 위계는 양성兩性 자녀 간 위계와 가사노동에도 직·간접적으로 반영되었다.

강반석은 북한정권의 여성관을 대표한다. 소위 혁명성이라는 이데올로기만 빼면 어릴 적엔 아버지의 뜻에, 결혼해선 남편의 뜻에, 남편 사후엔 아들의 뜻에 따라 사는 삼종三從이 체현되어 있는 여성상이다. 북한정권은 강반석을 다음과 같이 선전한다.

강반석 녀사는 조국의 광복을 위하여 싸우신 남편 김형직 선생의 혁명
활동을 자기의 모든 것을 다 바쳐 도와주신 방조자였으며 친근한 전우
였을 뿐만 아니라 김일성 동지를 조선 민족의 탁월하고 위대한 수령으
로 키우신 어머니이시며 조국의 광복과 녀성들의 해방을 위하여 녀성
대중을 혁명에로 불러일으키는 투쟁을 직접 조직·지도한 훌륭한 혁명
가였다.[21]

1967년 유일지배체제라는 김일성의 절대 권력이 확립되면서 북한 여
성의 귀감은 그의 어머니인 강반석이 된다. 물론 1962년 북한의 제1차 전
국어머니대회에서도 북한 여성의 이중역할 및 자녀 양육에 대한 강조는
있었다. 그러나 그 절대적 모델이 강반석은 아니었다. 오히려 해방 후와
한국전쟁 시기 모범을 보인 다양한 여성 영웅들이 칭송되었다. 북한 공식
문헌에서 북한 여성의 지표로서 강반석을 소개한 것은 1967년 7월 31일
자 『로동신문』에 실린 「그이는 우리 모두의 어머니시다」라는 기사이다.
특히 강반석은 북한의 기혼여성이 따라 배워야 할 지표였다.

1970년대 각급 여맹은 '『강반석 녀사를 따라 배우자』 100번 읽기 운동'
을 전개하며 모든 여맹원이 이 책을 암기하게 했다. 또한 강반석 기념관
참관과 탄생지 견학이 3월 8일 국제부녀절과 7월 30일 남녀평등권 발포發
布 기념일에 맞추어 대대적으로 전개되었다. 대표적으로 1972년 7월 30일
자 『로동신문』에 실린 참관기 「강반석 어머님께서 걸으신 영광의 새벽길」
은 강반석 기념 사적지인 평양시 만경대 칠곡사적관을 찾은 전국 각지 여
성들을 자세히 소개하고 있다. 이와 함께 「모든 녀성들은 수령님께 끝없
이 충직한 혁명전사가 되자」라는 기사에서는 남녀평등권 법령 발포를 통
해 '여성해방을 이루어준 김일성'에 대한 보은과 충성의 심성이 강조된다.

그리고 추모회 및 각종 기념대회를 통해 북한 여성은 강반석을 모델로 한 여성관을 교육받았다. 대표적으로 1972년 7월 31일자 『로동신문』 1~3면에는 「조선의 위대한 어머니 강반석 녀사의 빛나는 생애와 고귀한 업적은 우리 인민과 녀성들의 심장 속에 영생불멸할 것이다」 「강반석 녀사께서 남기신 불멸의 업적은 별처럼 빛나고 있다」 등의 관련 기사가 실렸다. 이들 기사에 따르면 여성동맹 주최로 이루어진 강반석 서거 기념 중앙추모회에서는 "김일성 수상님께서 창시하신 녀성해방에 관한 독창적인 사상을 받들고 강반석 녀사께서 녀성운동의 길에 나서신 때로부터 조선녀성운동은 비로소 가장 올바른 지도이론과 전략전술에 의하여 지도되기 시작했으며 자기 발전의 새로운 길에 들어서게 되었다."라며 강조하고 선전했다.

노동 현장의 여성들에게 행위 모델로 강반석이 전면화된 1970년대 중반 이후 그 흐름은 더욱 노골화되었다. 1975년 3·8 국제부녀절 기념식에서 김성애가 수령의 여성해방 뜻에 가장 충직했다며 북한지역 모든 여성의 영웅으로 강반석을 추앙한 후, 여맹은 "위대한 수령님의 주체사상으로 온 사회를 일색화하는 력사적 위업을 실현하기 위하여 녀맹조직들과 녀성들은 모든 것을 다 바쳐 투쟁하자."라고 결의했다.[22] 또한 「조국의 광복과 녀성해방을 위한 길에 남기신 영생불멸의 고귀한 혁명업적」이란 기사를 통해 "수령님께서 밝혀주신 투쟁의 길을 따라" 헌신적 노력을 다한 "탁월한 녀성 정치활동가"로서 강반석이 강조되었다.[23]

1970년대 후반에는 이러한 흐름이 제도화되어, 연재글 「별처럼 빛나는 혁명적 생애(불요불급의 공산주의 혁명투사이신 강반석 어머님의 불멸의 혁명업적이 깃들어 있는 중강, 포평을 찾아서)」 및 「은혜로운 품속에서 보람차게 일하며 존엄 있게 사는 녀성들」[24]의 게재 등을 통해서 지속적으로 반복·교육·선전되며 강반석은 북한 여성에게 살아 있는 신화이자 인생의 목표로 자리 잡았다.

이 과정에서 북한의 여성 신화가 제도화된다. 신화의 내용은 전통적 여성성과 수령제를 근간으로 한 '북한식 사회주의'의 혁명성이 접목된 것이다. 이렇듯 1970년대 강반석은 정권과 여맹에 의해 재구성된 북한 여성의 절대 지표였다. 또한 '사회주의 생활문화'와 '가정 혁명'의 역할 모델이기도 했다.

한편 김정일 후계체제가 가시화된 1970년대 중반 이후에는 김일성의 아내이자 김정일의 생모인 김정숙이 다음과 같이 "위대한 수령님께 끝없이 충직한 주체형의 혁명투사"로 선전되었다.

> 온 사회의 주체사상화를 실현하는 성스러운 위업이 찬란히 꽃피고 있는 오늘, 혁명의 어머니 김정숙 녀사를 따라 배워 어머님처럼 위대한 수령님께 모든 충성을 다 바치며 대를 이어 주체의 혁명위업의 승리를 위해 끝까지 싸워나가려는 것은 전체 근로자들의 한결같은 지향으로 혁명적 의지로 되고 있다.[25]

김정숙과 강반석 모델은 동질성과 차이가 있다. 동질성 측면에서, 남편인 김일성에게 모든 것을 다 바쳐 헌신했다는 김정숙의 생애는 북한 전체 구성원에게 '충성의 귀감'이다. 또한 자식인 김정일을 훌륭히 키워 혁명의 대를 잇게 한 혁명적 어머니의 최고봉으로 선전된다. 그러나 김정일 후계체제 확립 이후 백두산 3대 상군김일성, 김정일, 김정숙으로 불린 김정숙은 강반석과 달리 '주체형의 혁명투사'의 의미가 강조된다.

1979년 『조선녀성』의 연재글 「숭고한 그 모범 거울로 삼아」를 보면, 여

김일성·김정숙 부부
김일성의 후계자로 김정일이 확실시된 1970년대 중반 이후 북한은 김일성의 아내이자 김정일의 생모인
김정숙을 "위대한 수령님께 끝없이 충직한 주체형의 혁명투사"라고 부르며 치켜세웠다.

성 노동자나 근로자들이 김정숙이 수령에게 바쳤다는 "뜨거운 충성심을
따라 배우기" 위한 학습활동 등이 구체적 사례를 중심으로 다양하게 소개
되고 있다. 또한 연재글 「영원히 빛나는 충성의 별」에서는 강반석과는 다
소 구별되는 김정숙의 '위대한 역할'을 다음과 같이 소개한다.

> (김정숙 녀사는) 조국에 개선하신 후에도 좀체 새 옷을 해 입으시지 않
> 으셨다. (…) 집 주변의 빈 땅을 모조리 일구시고 손수 배추며 새알당콩
> 을 심어 가꾸시어 그것으로 김치도 담그시고 장도 담그시어 식찬을 검
> 소하게 차리시는 녀사이셨다. 이처럼 나라와 인민을 위하여 자신부터

먼저 생활을 검박하고 근면하게 하시며 위대한 수령님께서 내놓으신 높으신 뜻을 꽃피워나가시는 길에서 충성을 다 바쳐가시는 녀사이셨기에 모든 일꾼들과 인민들은 녀사에 대한 뜨거운 경모의 정을 금치 못하였다. (…) 녀사의 뜨거운 마음을 더욱더 깊이 느낀 차수리작업장 로동자들의 심정도 그처럼 뜨거웠다. 그들은 어버이 수령님의 은덕으로 나라의 주인이 되고도 주인의 구실을 제대로 못하고 있는 자신들을 깊이 뉘우쳤다. 그들은 존경하는 김정숙 녀사의 말씀을 가슴 깊이 새기고 녀사의 그지없이 아끼고 사랑하며 살림살이를 간지게 하여 새 조선의 주인다운 기풍을 튼튼히 세워나갈 것을 저저마다 굳게 결의하였다.[26]

김정일 후계체제 수립 과정에서 북한체제 수립 및 수호의 정통성과 투쟁성을 상징하는 이미지로 김정숙을 부각시키면서, 김정숙의 대를 이은 충성의 마음이 강조되었다. 대표적으로 당시 '김정숙 따라 배우기'를 위해 불려진 '어머님의 충성을 따르렵니다'라는 제목의 노래 중 핵심 의미를 담은 가사는 다음과 같다. "어머님 동상을 우러러보며 뜨거운 마음들 충성 불타네 (…) 수령님 목숨으로 보위하시며 혁명의 꽃으로 붉게 피셨네 (…) 어머님 부르시던 혁명의 노래 오늘은 우리가 부르옵니다 (…) 아 어머님 김정숙 어머님 영원한 충성을 따르렵니다."[27] 이와 같은 노래와 함께 김정숙을 모범으로 하여 "보람 있게 살며 일하는 녀성들"이 선전됐다.[28]

양성평등 정책의
굴절과 변형

북한이 정치·경제적 저발전 상태에서 해방 이후 각종 민주개혁과 생산력의 커다란 발전을 보여준 것처럼, 초기 북한의 여성정책과 인권, 그리고 여성의 사회 진출에 관련된 각종 법과 제도는 놀라울 정도였다. 그러나 한국전쟁 이후 북한의 양성평등 정책은 굴절되었다.

초기 여성의 정치·사회적 지위는 전 시대와 비교해 놀랄 만큼 향상되었으며 전쟁 이후보다도 높았다. 1948년 8월 25일 개최된 최고인민회의 제1기 대의원 선거에서 선출된 대의원 총수 572명 중 여성 대의원 수는 69명이었다. 반면 1962년 10월 8일 개최된 최고인민회의 제3기 대의원 선거에서 선출된 대의원 총수 383명 중 여성 대의원 수는 35명이었다. 권력의 실세인 노동당 중앙위원 또한 1946년에는 총 42명 중 2명이 여성이었으나 1961년에는 총 85명 중 2명으로 여성의 사회 진출이 왕성했던 산업화 시기에 오히려 그 비율이 낮아졌다.[29] 전후 여성의 사회활동이 지속적으로 늘어났음에도 여성의 정치·사회적 지위의 향상에 대한 고려는 오히려 적어진 것이다.

전쟁은 북한의 국가통제 체제와 김일성 세력이 강화되는 결정적 계기가 되었다. 전시 총동원 체제와 노동당의 지도는 김일성과 노동당 권력을 강화시켰다. 그리고 전사회적 집단화를 통해 전후 산업화의 기반을 형성하게 했다. 한편 전시 점령군에 의해 자행된 만행과 학살은 북한 주민이 국가주의를 내면화하게 했으며, 북한의 각종 감시와 통제제도가 정당성을 갖게 했다. 북한정권은 국가와 가족의 일체화를 추진했고, 여성은 스스

여성들과 함께한 김일성
초기 북한의 여성정책은 놀랄 만큼 혁신적이었다. 1948년 최고인민회의 제1기 대의원 572명 중 69명이 여성이었고, 권력의 실세인 노동당 중앙위원은 1946년에 42명 중 2명이었다.

로 또는 강제에 의해 '가족과 국가의 일체화'를 경험했다. 이 과정에서 전쟁으로 인한 가족사적 복수와 권력에 대한 충성이 연계되었고 해방 후 전개된 남녀평등 정책이 1단계 굴절하게 된다.[30]

북한사회가 산업화에 들어서며 중공업 우선주의와 국방 강화가 핵심 과제가 되었고, 양성평등에 대한 고려는 북한정권의 관심 밖으로 밀려났다. 세계적 냉전체제하에서의 남북한 대립과 경쟁, 그리고 전쟁으로 인한 노동력 부족 및 급속한 산업화 정책은 위로부터 여성들의 혁신적 노동자화가 강력히 추진될 수 있게 했으며, 남한의 신사임당 같은 전통적인 어머니상에 사회주의적 혁명성이 결합되며 혁명적 어머니화가 진행되었다.[31]

특히 1960년대 말부터 북한사회는 군사주의 정책을 확장하고 수령체제를 확립해나갔다. 1970년대 중반 이후 북한은 경제적 경쟁에서 남한에 뒤지기 시작했는데, 당시 사회주의권에서 개혁·개방 흐름이 드러난 것과는 달리 북한에서는 유일사상 10대 원칙의 절대규율화, '사회주의 애국주의' 담론 강화, 김정일로의 부자세습 후계체제 수립 등에 의해 체제 전반에 위계성이 강화되었다. 이 과정에서 '혁명적 어머니' 역할론에서는 절대 권력자에 대한 충성과 그를 보위하는 혁명 후비대의 양성이 더욱 강조되었다. 그리고 양성평등 정책의 2단계 굴절이 이루어진다. 이와 함께 초기 북한의 양성평등 정책은 양성불평등 정책으로 제도화되었다.

강반석과 김정숙으로 대표되는 여성 신화는 '사회·정치적 생명체론'과 '사회주의 대가정' 논리로 발전했고, 여타 20세기 사회주의 국가에서 찾아보기 힘든 수령에 대한 충성을 자녀에게 훈육하는 것이 어머니의 역할로 제시되었다. 이러한 북한정권의 여성정치는 지속적인 정치·사회화 과정에서 북한 여성에게 상당히 내면화되었다. 이 내면화는 경제 위기 상황에서 능동적으로 생존을 책임지고 있는 북한 여성의 삶과 북한사회의 현상 유지를 설명하는 한 변수이다.[32]

눈여겨봐야 할 것은 1970년대부터 본격화된 기혼여성 1차 구조조정 및 가내작업반 정책이 역설적이게도 북한의 암시장 형성 및 고난의 행군 이후의 시장 발전에 중요한 역할을 하는 한편 여성이 북한 시장화의 주역이 되게 했다는 점이다. 특히 김정일이 '8·3 인민소비품생산운동'으로 가내작업반 증대 정책을 대대적으로 펼친 것[33]이 고난의 행군 이후 현재까지 북한에 8·3노동자 및 8·3공장 식으로 비공식적인 직업과 생산기관이 형성되는 계기로 작용했다. 자체의 노동력(공식적으로 집계되지 않는 비공식 노동력)과 자재로 만들어진 생산물을 생산자 개인 또는 생산단위가 약

70퍼센트를 갖고, 상위 기관이나 국가에 30퍼센트 정도를 바치는 식으로 자율 분배 및 처분할 수 있도록 한 것이, 북한사회에 인센티브, 비공식 노동, 시장경제의 기초가 형성되게 한 것이다. 나아가 이는 북한 여성들이 생존 및 발전 전략으로 북한사회를 아래로부터 변화시키는 요인으로 작용했다.[34]

해방 이후에는 서구 선진 자본주의 국가와 비교해도 진일보했던 북한의 양성평등 정책은 오늘날 퇴조를 거듭하고 있다. 북한 여성의 주체적인 삶의 역동성이 이런 흐름을 바꿀 수 있을지 지켜볼 일이다.

김정은 집권 이후에도 강반석과 김정숙을 모델로 한 여성상이 규율되고 있다. 김정은 체체 출범 직후에 '수령 옹위'가 강조된 것만 빼고는 크게 달라진 것은 없다. 이를 세분화하면 세 가지 역할이다. 첫째, 자식과 남편이 국가를 위해 마음 놓고 일할 수 있도록 "헌신적인 노력"으로 일상을 꾸려나가는 경제생활 책임자이다. 둘째, "무한한 헌신으로 사회주의 대가정을 가꾸어나가는" 지역 생활공동체의 보호자이자 지원자이다. 셋째, "아들딸들을 많이 낳아 키워 혁명의 대, 조국의 대를 굳건히 이어나가는" 3대 세습의 대를 이어 "충성둥이"를 재생산하는 양육자이다.[35]

김정은 시대에 김정숙을 모델로 한 여성상에서는 고난의 행군 이후 북한의 공장가동률이 현저히 저하되고 공식 계획경제가 붕괴되면서 가정의 생존을 위해 내핍을 감내하며 북한의 시장화를 주도하는 북한 여성의 주체적인 삶의 역동성은 보이지 않는다. 이 과정에서 더이상 남편의 폭력을 참지 않고 이혼을 요구하며 결혼을 회피하거나 출산을 억제하는 등 권력으로부터의 이탈을 꿈꾸는 현재 북한 여성의 모습은 찾기 어렵다. 마찬가지로 21세기 현재 삶의 양상과 의식에 상당한 변화를 보이고 있는 북한 여성의 독립적인 자기계발 요구 또한 보이지 않는다.

북한체제의 변화 과정에서 북한 여성들의 일상생활과 의식은 많은 변화를 보였다. 그러나 3대 세습의 김정은 정권이 요구하는 여성의 역할에서는 1970년대와 다른 질적 변화가 보이지 않는 것 같다.

[그때 동아시아는?]

일본: 고도성장을 넘어 선진국으로
중국: 마오쩌둥 시대의 종언

강진아

1970

일본: 고도성장을 넘어 선진국으로

닉슨독트린의 충격

1960년대의 베트남전쟁과 오키나와 반환 약속으로 미일 동맹이 강화되면서 일본은 아시아에서 중국을 견제할 역할을 떠맡은 듯했다. 1972년 5월 15일, 미군이 점령하던 오키나와 섬이 일본에 반환되었다. 일본의 사토 에이사쿠佐藤榮作 총리는 그 업적으로 1974년 노벨평화상을 수상했다. 그러나 1970년대에는 '닉슨독트린' 아래 미국과 중국 관계가 급진전되고, 미국이 베트남에서 손을 떼고 1975년 베트남전쟁이 끝나면서 새로운 국면이 조성되었다.

미국은 베트남전쟁 개시 이후 국가재정의 40퍼센트가 넘는 전비 소모로 재정 적자에 허덕이는 한편, 막대한 대일 무역 적자로 이중고에 시달리고 있었다. 닉슨 정부는 미국 경제를 구하기 위해 베트남전쟁의 조기 해결과 이를 위한 중국과의 관계 개선을 전향적으로 검토하기 시작했다. 또 한편으로는 재정 및 국제수지 적자를 완화하기 위해 미 달러 가치를 내리기로 결심하고 전후 금-달러 고정환율을 기축으로 하는 국제통화기금IMF

마오쩌둥과 닉슨
1971년 키신저 미 국무장관이 저우언라이 총리와의 만남을 가진 후, 닉슨 대통령의 방중이 공표되면서 전세계는 깜짝 놀랐다. 1972년 2월 닉슨 미 대통령과 마오쩌둥의 역사적인 만남이 이어졌다.

체제를 사실상 포기하기로 했다. 중국 역시 베트남전쟁 이래 외교적 고립이 상당히 고통스러웠던데다가, 일본이 경제적·안보적으로 급부상하는 현상을 우려하고 있었기 때문에 미국과 이해관계가 일치했다.

1971년 7월 비밀리에 중국을 방문한 키신저Henry A. Kissinger 미 국무장관은 저우언라이周恩來 총리와 만났다. 회담이 끝난 뒤 닉슨 대통령의 방중 계획을 포함한 합의사항이 공표되면서, 일본을 비롯한 전세계가 깜짝 놀랐다. 그로부터 한 달도 되지 않은 8월 15일, 일본이 미국과의 전쟁에서 항복한 날에 닉슨 대통령은 신경제정책을 발표했다. 금과 달러의 교환 정지, 10퍼센트의 수입과징금, 일본 섬유 수입 규제를 겨냥한 섬유제품의 수입 할당이 선언되었다. 이튿날인 16일에 일본 주가는 폭락했다. 도지라인 Dodge Line 이래 1달러당 360엔이던 고정환율은 1971년 12월 10개국 재무장관회의에서 금 1온스당 35달러에서 38달러로, 엔과 달러의 환율은 1달러당 308엔으로 조정되었다. 그러나 변동환율제로 사실상 이행하면

서, 달러 가치는 계속 하락했고, 1달러당 264엔으로 '엔고円高 시대'가 시작되었다. 엔 가치의 강세와 약세를 가리키는 '엔고·엔저円低, 일본어로는 円安'는 이때 처음 생겨난 말이다.

1972년 2월 닉슨 대통령의 중국 방문으로 미중 관계가 가까워지면서, 일본 역시 대중 관계 개선에 나섰다. 사토 내각을 뒤이은 다나카 가쿠에이田中角榮 내각은 중일 국교 회복을 일차적인 과제로 삼고, 미국과의 사전 조율을 거쳐, 1972년 9월 다나카 수상이 베이징을 방문했다. 이때 발표된 중일공동성명으로 중국은 전쟁배상 요구를 포기하고, 일본은 중화인민공화국을 중국 유일의 합법정부로 인정하여 타이완과 단교했다. 이로써 중일전쟁이 끝난 지 27년 만에 양국의 국교가 정상화되었다. 공동성명 제8조에 교섭을 시작하기로 명문화됐던 중일평화우호조약도 우여곡절 끝에 1978년 8월에 체결되어, 양국은 아시아 지역에서 어떤 국가의 패권霸權 시도에도 반대한다고 합의했다.

석유파동과
광란물가

정계 입문 전 건축업을 했던 다나카 총리는 중일 수교를 성사시켜 높은 지지율을 얻자, 자신감에 차서 이른바 '일본열도개조정책日本列島改造政策'을 추진했다. 국토의 균형성장을 모토로, 대규모 공업지대를 조성하고 신칸센新幹線과 고속도로를 확대해 교통망을 확충하며, 지방에 중소도시를 건설해 인구를 분산시킨다는 야심찬 계획이었다. 아름다운 명분을 내세웠지만 결국은 토목공사를 일본 전역에 일으키겠다는 것이었다. 건설 붐이 갑자기 불면서 땅값과 물가가 폭등했다. 또 개발과 관련된 관료의 부정부패 의혹이 끊이지 않았다. 1년 만에 1973년의 도매물가는 25퍼센트나 치솟았고, 국제수지에서도 100억 달러의 적자가 발생했다. 내부적으로 유례없이 경제가 교란된 상태에서, 10월부터 시작된 제1차 석유파동은 일본 경제에 결정타를 날렸다.

1973년 10월에 제4차 중동전쟁이 발발하자, 아랍 산유국은 석유 공시가격의 21퍼센트 인상을 결정하고, 1974년 1월에 다시 가격을 2배로 올렸다. 석유파동 전에 3달러 전후였던 석유 1배럴당 가격은 11달러로 4배 가까이 폭등했다. 아랍 산유국은 원유 생산 감축을 결정하고 미국과 네덜란드를 위시해 이스라엘을 지원하는 국가에 대한 석유 금수 조치를 취하는 집단행동에 나섬으로써, 미국의 엑슨Exxon, 모빌Mobil, 영국과 네덜란드의 쉘Shell을 비롯한 국제 석유자본으로부터 석유 가격 결정권을 빼앗을 수 있었다.

석유 가격의 상승은 에너지원을 중동 석유에 의존해온 일본 경제를 위협했다. 특히 다나카 내각이 추진한 건설 경기의 과열로 시중에 유동성이 과잉으로 풀려 인플레이션이 심각했던 상황에, 석유 수입가격 폭등은 1974년 소비자물가를 23퍼센트나 상승시켜 '광란물가狂亂物價'라는 신조어를 만들어냈다. 시중에서는 화장지와 세제 등의 사재기가 발생했다. 비상사태에 직면한 일본정부는 11월 '석유긴급대책요강'을 내놓았는데, 심야방송 자제, 네온사인의 조기 소등, 엘리베이터 대신 계단 이용하기 같은 에너지 절약을 위한 행정지도 위주였다. 종이 부족으로 주간지의 면수가 줄어들고, 출판업계에서는 인쇄 글자의 크기를 줄이고 페이지 여백을 줄이는 진풍경이 연출되기도 했다. 한편 일본 총리는 중동 각국을 방문해 일본은 중동문제에서 중립이라며 이스라엘 지원 국가 블랙리스트에서 일본을 빼달라고 요청했다. 1974년 일본 경제는 전후 처음으로 마이너스 성장(-1.2퍼센트)을 기록했다. 1975년에 일본정부는 세수 부족으로 인한 적자를 보존하기 위해 국채를 발행하기 시작했다. 제1차 석유파동으로 고도성장 시대는 막을 내리고, 일본은 저성장 시대로 접어들었다. 1976년에는 일본 전역을 토목공사로 뒤집어놓아 '광란물가'의 빌미를 제공했던 다나카 전 수상이 다국적 방위업체인 록히드Lockheed사로부터 거액의 뇌물을 수수한 혐의로 체포되는 전대미문의 사건이 발생했다. 그 과정에서 뇌물이 '땅콩'으로 불려 '땅콩'이 큰 유행어가 되었다. 이 록히드 사건은 전후 일본의 고도성장에서 고질병이 된 정경유착을 상징적으로 보여주었다.

제2차 석유파동은 1979년에 일어났다. 1979년 1월 이란혁명이 일어나, 팔레비왕조기 무너지고 호메이니Ayatollah Ruhollah Khomeini가 15년 만에 귀국하여 이란에는 반미 이슬람 원리주의 정권이 들어섰다. 이란에서 석유 생산이 일시 중단되었고, 국제 석유자본이 재차 원유 공급을 감축하고 가격을 인상해, 제1차 석유파동 못지않게 석유 가격이 올랐다. 1978년 말에

다나카 총리 체포
정계 입문 전 건축업을 했던 다나카 가쿠에이 수상은 본격적으로 일본열도 개조정책을 추진했다. 그러던 중 일본에 갑자기 건설 붐이 불면서 땅값과 물가가 폭등했다. 일본 전역을 '광란물가'로 몰아넣은 다나카 수상은 1976년 뇌물수수 혐의로 체포되어 또 한번 일본을 놀라게 했다.

배럴당 11달러 65센트이던 석유 가격은 35달러까지 치솟았다. 제1차 석유파동은 6개월 만에 끝났지만, 제2차 석유파동은 2년씩이나 장기화되었고 경제 전체에 준 비용 부담은 더 컸다. 그러나 일본은 제1차 석유파동을 통해 에너지 절감 기술을 확대하고 석유에너지 의존율을 적극적으로 낮춘 결과, 제2차 석유파동 때는 큰 충격 없이 플러스 성장을 유지할 수 있었다. 일본의 무역수지는 제1차 석유파동 기간인 1973~75년과 제2차 석유파동 기간인 1979~80년에 교역 조건의 악화로 적자를 기록했으나, 이때를 제외하고는 곧 흑자를 회복했다. 두 차례의 석유파동은 기업이 에너지 절약 투자를 본격화하고 원가절감 노력으로 기업합리화를 추진하는 계기가 되었다.

고도성장 이후의
일본사회

1968년에 일본은 자본주의 진영에서 영국, 서독을 누르고 미국에 이어 국민총생산GNP 세계 2위(소련 포함 세계 3위)에 올라섰지만, 1인당 GNP는 세계 20위로 브라질과 비슷한 정도였다. 일본 국민들이 높은 소비생활을 누리며 자국이 잘산다고 느끼게 된 것은 1970년대에 들어서부터이다. 1970년에 일본은 소련, 미국, 프랑스에 이어 세계에서 네 번째로 인공위성의 자력 발사에 성공하고, 같은 해에 아시아 최초로 만국박람회EXPO를 오사카에서 성공적으로 개최했다. 특히 1975년 처음 열린 선진국 수뇌회의, 이른바 G6에 유일하게 비서구 국가로 초대되어 참가했다. 일본은 구미와 어깨를 나란히 하는 나라, 잘사는 선진 국가라는 자부심을 갖게 됐다.

그러나 여성의 사회 진출은 다른 선진국에 비해 오히려 역행했다. 고도성장 말기에 생긴 신조어 중 하나가 '전업주부센교슈후'이다. 도시화가 진행되며 샐러리맨이 등장하고, 임금 인상으로 성장의 배분이 적절히 이뤄지면서 가내 수입이 늘어났기 때문에, 남자는 직장, 여자는 가정이라는 새로운 성별 분업이 성립했다. 1971~74년 사이에는 전후 제1차 베이비붐 세대인 단카이團塊 세대가 결혼해 아이를 낳으면서 제2차 베이비붐이 일어났다. '전업주부'들은 이 '단카이 주니어'를 낳고 양육해야 했다.

고도성장을 거치면서 일본의 세층구조는 피라미드형에서 중산층이 두꺼운 다이아몬드형으로 바뀌었다. 1970년대에 이르면 중산층의 60퍼센트 이상이 도시 화이트칼라 계층이었다. 1970년 초에는 엥겔계수가 35퍼센트까지 내려가, 의식주가 해결되고 다양한 추가적 소비가 가능해졌다. 소비는 미덕이 되었다. 일본 노사관계의 특징인 종신고용제, 기업별 조합, 연공서열형 임금제가 안정되고 풍요로운 소비를 뒷받침해주었다.

그러나 제1차 석유파동을 경계로 1975년 이래 일본 경제는 저성장 시대를 맞았고, 도시 중산층인 샐러리맨을 둘러싼 환경은 크게 변했다. 석유파동 이전인 1969년에 대학에서는 관념적 과격화가 성행한 반면, 취직 전선은 공전의 구직자 우위의 상황으로 대학을 졸업하면 누구라도 직장을 골라잡을 수 있었다. 그러나 1975년 이후 직장인은 인원 감축과 생산성 향상을 위한 가혹한 합리화에 시달리게 되었다. 감량경영減量經營, 무보수 잔업이나 과로사와 같은 용어가 이 시기에 새로 생겨났다. 매년 기업별 조합의 상례가 된 임금협상인 춘투春鬪에서, 임금인상률은 1974년에 30퍼센트나 되었으나, 1978년에는 5.9퍼센트로 떨어졌다. 노동운동은 퇴조하고, 노동자의 정치의식은 보수화되었다.

이러한 기업 합리화는 고통을 수반하면서도 일본 기업의 체질을 단련시키기도 했다. 특히 1957년 도요타자동차가 미국에 시범적으로 수출을 시작한 이래로 꾸준히 수출을 확대해온 자동차산업의 경우, 1973년 석유파동은 미국 시장에서 비약적인 성장을 하는 계기가 되었다. 풍부한 석유 자원을 바탕으로 연비는 나빠도 안락한 대형차 위주였던 미국 시장에서 연비 좋은 소형차 위주인 일본 자동차는 크게 매력적이지 않았다. 그런데 석유파동으로 석유 가격이 급등하면서 연비가 좋은 소형차 위주로 미국 시장이 바뀌기 시작한 것이다. 석유파동을 맞아 생산방식의 합리화와 연비 절약형 기술 개발에 노력해 경쟁력을 유지한 것이 일본 자동차산업이 이후 미국 시장에서 승승장구하는 원동력이 되었다.

대중소비의 양상 역시 달라졌다. 고도성장 시대는 대중소비의 시대였지만, 석유파동 이후에는 빈부격차가 벌어지면서 소비의 계층화가 진전

오사카만국박람회 기념 공원(왼쪽)과 1970년대 대형 슈퍼마켓(오른쪽)
1970년 오사카만국박람회는 1964년 도쿄올림픽과 함께 일본이 선진국에 진입했다는 자신감을 대내외에 과시한 행사였다. 석유파동으로 일본 경제도 어려움을 겪으며 소비형태가 달라졌다. 염가 판매로 승부하는 슈퍼마켓이 이때부터 인기를 끌었다.

되었다. 하층으로 갈수록 고급품 지향에서 가격 지향으로 소비 성향이 바뀌었고, 누구나 같은 것을 소비하는 대중소비 시대에서 계층별로 비슷하지만 다른 것을 소비하는 계층소비 시대로 전환되었다. 그 현상 중 하나가 '유통혁명'이라고 불리는 대형 슈퍼마켓의 급성장이다. 전국적 지점망을 갖춘 슈퍼마켓은 유통 단계를 줄이고 제조업자와 직접 흥정해 가격 인하를 강제했다. 할인 전략을 구사한 염가 판매로 승부하는 슈퍼마켓이 1970년대에 크게 성장하면서, 골목의 소매상점 입지가 좁아져 대형 슈퍼 입점 반대운동이 일어났다. 1974년에는 대규모 소매점포법이 제정되어 정부가 대형 슈퍼마켓 입점에 규제를 사했지만, 고물가 저임금 시대에 대자본의 과점 현상은 심화되었다.

1970년대에는 공해 문제에 대한 사회적 관점이 크게 환기되었다. 이미 1960년대 후반부터 일본사회에서 공해는 심각한 문제로 부상했으나, 일본정부의 대응이 좀더 적극적으로 바뀐 것은 1970년대에 들어와서이다. 1970년에 환경청環境廳을 설치하고 공해 규제를 강화했으며, 공해 방지의 책임을 기업에 지우고 그 비용을 기업이 부담하도록 했다. 이에 따라 일본 기업은 비용 절감을 위해 신속하게 수준 높은 공해 대책을 내놓았고, 공해 문제의 완화에 큰 진전이 있었다.

중국: 마오쩌둥 시대의 종언

외교적 고립의 탈출

중국의 1970년대는 1976년 마오쩌둥 ^{毛澤東}의 죽음과 문화대혁명 ^{약칭 문} ^혁의 종결을 전후로 크게 달라진다. 1966년에 시작된 문화대혁명은 극심한 사회적 혼란을 초래했으나, 이를 통해 다시 정권을 장악한 마오쩌둥은 국내에서는 극좌적 노선을 견지하고 사상 통제를 강화하면서도, 대외적으로는 미국에 접근하는 모순적인 모습을 보였다. 문혁 초기에 홍위병이 북한의 김일성 주석을 '수정주의자'로 비판하면서 '혈맹 ^{血盟}' 관계를 과시하던 북한과의 관계가 나빠졌다. 문혁으로 일본공산당과의 관계도 틀어졌다. 문혁파가 지도하던 중국공산당은 일본공산당에 수정주의 타도와 문화대혁명을 요구했는데, 일본공산당은 이를 내정간섭이라고 반발하고는 아예 중국공산당과 관계를 단설해버렸다. 소련과의 관계가 악화 일로를 걸어 전쟁 가능성까지 점쳐치고 있던 중국은 안팎으로 고립되었다. 외교적 고립을 벗어나기 위해 결국 중국은 미국 및 서구 진영과의 관계 개선을 고려하게 되었다.

미국의 입장 역시 베트남전쟁 직후의 강경한 대결 기조에서 선회하고 있었다. 1969년 7월 25일 닉슨 미 대통령은 장기간의 아시아 순방 중에 괌에 들러 긴장과 대결의 냉전체제를 청산하자는 닉슨독트린을 발표했다. 5일 전에 미 우주선 아폴로 11호의 달 착륙 성공 뉴스가 세계의 지면을 도배한 가운데, 25일은 아폴로 11호가 태평양 해상으로 귀환한 날이었다. 미국은 그해에 제7함대의 타이완 해협 순찰을 중단했고, 12월에는 미국인의 중국 여행 제한을 완화했다.

1970년 중국은 캐나다, 이탈리아와 국교를 수립하고, 1971년에는 나고야에서 세계탁구선수권대회를 마치고 귀국하는 미국 팀을 베이징에 초대해 친선경기를 가졌다(핑퐁외교). 파키스탄의 중재로 물밑 접촉을 계속하던 양국은 1971년 7월 키신저가 닉슨의 특사로 베이징을 비밀리에 방문해 저우언라이와 회담하면서 관계를 급진전시켰다. 중국과 미국은 이 비밀 회담과 닉슨 대통령의 중국 방문 합의를 15일에 전격 공개했다. 3개월 후인 1971년 10월에는 유엔에서 중화민국의 의석을 지키려는 일본과 미국의 안건이 부결되고, 중화인민공화국을 중국의 대표로 유엔에 맞이하자는 알바니아의 상정안이 표결에서 과반을 넘어 통과되면서, 중화인민공화국의 유엔 가입이 성사되었다. 저우언라이의 오랜 아시아·아프리카AA외교의 성과였다.

미국이 중국에 접근한 것은 소련을 견제할 세력으로 군사강국 중국의 역량을 평가하게 된데다, 국제사회에서 부상하는 중국의 존재감을 추인할 수밖에 없었던 측면도 있다. 1970년 4월 중국은 인공위성 둥팡훙東方紅 1호 발사에 성공함으로써 세계에서 다섯 번째로 위성의 자력 발사 능력을 보유한 나라가 되었다. 1957년 소련이 세계 최초의 인공위성 스푸트니크 1호 발사에 성공한 지 13년 만의 쾌거였고, 1970년 2월 일본이 세계에서 네 번째로 위성(오스미^{大隅} 위성) 자력 발사 성공을 자축한 지 두 달 만의 반격이었다. 그해 10월과 1971년 1월에는 연이어 핵실험을 성공시켰다. 1971년 3월에는 다시 과학 인공위성 발사에 성공하고, 9월에는 원자력 잠수함을 성공적으로 진수했다. 1971년 12월에는 미사일 구축함을 실전 배치하는 등 문혁의 혼란과 경제 파탄 속에서도 군사 현대화와 관련된 과학기술 투자와 첨단 군비의 확충은 오히려 가속화된 것이다.

이듬해 1972년 2월 닉슨 미 대통령은 중국을 방문해 마오쩌둥과 회담한 후 미중공동성명을 발표했다. 여기에서 양국은 패권주의 반대와 평화 공존에 한 목소리를 내고, 중국은 하나이며 타이완은 중국의 일부라는 중국의 주장을 채택했다. 양측 모두 소련을 패권국가로 의식한 데서 나온 합의였다. 미국과 중국의 국교는 이견의 조정이 꼬이면서 1979년에 가서야 이뤄지지만, 닉슨 방중을 계기로 중국은 1972년 9월과 10월에 각각 일본 및 서독과 국교를 정상화했고, 그후 벨기에 그리고 오스트리아와도 국교를 맺었다. 이에 따라 경제교류도 늘어나 1973년에는 중일무역협정 교섭이 시작되었으며, 1975년에는 유럽공동체^{European Community, EC}와의 무역 관계가 정식으로 수립되었다.

마오쩌둥의 죽음과 문혁의 종결

외교에서의 긴장 완화와 달리, 국내에서는 1973년 린뱌오^{林彪}사건으로 다시 한번 권력층이 요동쳤다. 린뱌오는 펑더화이^{彭德懷}와 경쟁관계에 있던 군부의 실력자였는데, 문혁 과정에서 마오쩌둥을 적극 지지하면서

1966년 당내 서열 2위로 승격되었다. 문혁 초기의 사회 혼란이 군의 투입으로 수습되면서 그의 권력은 공고해졌다. 린뱌오는 1969년 중국공산당 제9회 전국대회에서 마오쩌둥의 후계자로 공식 지명되었다. 그러나 1970년에 마오쩌둥이 류사오치劉少奇 이래 공석이었던 국가 주석 자리를 폐지하자 그는 이 직위를 부활시켜 마오쩌둥이 취임해야 한다고 주장했다. 이에 대해 마오쩌둥은 린뱌오가 국가 주석 직위를 노리는 것으로 받아들였고, 이후 양자 관계는 삐걱대기 시작했다. 1971년 9월 린뱌오는 마오쩌둥 암살 쿠데타를 기획했으나 실패로 돌아가자, 처자식을 데리고 소련으로 망명을 꾀했다. 하지만 탈출에 사용한 공군기가 연료 부족으로 내몽골 상공에 추락하는 바람에 탑승자 전원이 사망했다. 이것이 린뱌오 사건, 혹은 9·13사건의 내막이다. 그러나 이러한 경위가 정식으로 발표된 것은 2년이나 지난 1973년 8월 중국공산당 제10회 전국대회에서 저우언라이가 한 정치 보고에서였다. 실제 쿠데타의 진위 여부를 비롯해 정확한 내막은 여전히 수수께끼로 남아 있다.

그러나 문혁 과정에서 린뱌오가 마오쩌둥의 근신近臣으로 문화·정치공작을 주도한 장칭江靑 이하 4인방四人幇*과 권력을 두고 대립하고 있었고, 저우언라이와도 대립하고 있었다는 점은 명백하다. 린뱌오 사건 이후 4인방은 1973년 8월부터 비림비공운동批林批孔運動을 전개하여 린뱌오와 공자孔子를 묶어서 비판했다. 4인방은 중국사를 법가와 유가의 투쟁으로 보는 '유법투쟁儒法鬪爭' 역사관을 펼치면서 법가를 선으로 유가를 악으로 규정하고, 그 연장선상에서 린뱌오를 극악무도한 공자를 부활시키려고 한 음모가로 비판했다. 그러나 문혁의 영웅으로 떠올라 마오쩌둥 못지않게 우

---

* 마오쩌둥이 배후에서 조종한 문혁의 행동대원으로 권력의 핵심에 진입한 장칭, 왕훙원(王洪文), 장춘차오(張春橋), 야오원위안(姚文元)을 가리킨다.

상화된 린뱌오를 하루아침에 역적으로 몰아 인민의 적으로 비판하는 상황은 중국 인민들을 혼란스럽게 만들었다. 린뱌오 사건은 문혁에 참가한 홍위병 세대가 사회주의 유토피아를 건설한다는 문혁이 권력투쟁에 지나지 않았음을 깨닫고 환멸을 느끼는 계기가 되었다.

린뱌오 실각 이후 저우언라이는 피폐된 경제와 행정조직을 재건하기 위해 주력했다. 그의 노력으로 1972년과 1973년 사이에 문혁으로 실각한 당 간부들이 복권되기 시작했는데, 저우언라이는 마오쩌둥을 설득해 수용소에 있던 덩샤오핑鄧小平을 다시 발탁했다. 저우언라이의 병이 심각해지면서, 마오쩌둥에게 저우언라이의 뒤를 이어 파탄난 행정과 재정을 회복시킬 실무관료가 필요했기 때문이었다. 덩샤오핑은 1973년 3월에 국무원 부총리로 복귀했고, 저우언라이가 입원한 1974년 후반부터 사실상 국무원을 지휘했다. 1975년 1월에는 당 부주석과 정치국 상무위원, 중앙군사위원회 부주석 겸 총참모장에 취임해 저우언라이의 후계자 자리를 공고히 했다. 마오쩌둥의 문혁 노선이 아직 유지되고 있는 와중에도, 덩샤오핑은 그해 8월의 공업 지도방침을 정리하면서, 외국의 선진 기술과 첨단 설비를 도입해 수출입 확대를 도모해야 한다고 대담하게 주장했다. 덩샤오핑이 경제 회복을 지휘한 1975년 중국의 실질경제성장률은 8.3퍼센트로 크게 높아졌다.

이러한 덩샤오핑에 대해 4인방은 노골적으로 견제를 하고 나섰다. 린뱌오 사건 이후 4인방은 세력을 확대하여, 왕훙원이 당 부주석에 취임하면서 저우언라이를 견제하기 시작했다. 미림비궁 운동에서 표적을 저우언라이로 바꾸어 그를 공자처럼 겉과 속이 다른 악독한 인물이라고 비판하더니, 덩샤오핑이 저우언라이를 대신해 국정 전면에 나선 뒤에는 비판의 표적을 덩샤오핑으로 바꾸었다. '수호전비판水滸傳批判'은 바로 덩샤오핑 견제를 위한 정치운동이었다. 1975년 8월에 마오쩌둥이 중국 고전인 『수호전』의 주인공 송강을 투항자, 기회주의자로 비판하자, 4인방은 이 발언을 확대해서 문혁을 부정하는 투항자야말로 '현대의 송강'이라면서, 암암리에 문혁으로 처단되었다가 문혁파에 '투항' 복귀한 덩샤오핑을 빗대어 비판했다. 양자의 대립은 그다음 달에 농업 증산을 위한 회의에서 덩샤오핑이 인민공사를 정리하고 농업의 기계화를 추진해야 한다는 취지의 발언을 하자, 장칭이 자본주의 부활의 위험성을 경고하며 반박하고 나서면서 공공연하게 표면화되었다. 그해 11월에는 마오쩌둥마저 우경화에 대한 경고를 하고 나섰고, 그 직후 덩샤오핑은 주요 업무에서 소외되었다. 이듬해인 1976년 1월 8일 덩샤오핑의 정치적 후원자였던 저우언라이가 암으로 사망했다. 1월 15일에 열린 저우언라이 추도대회에서 조사를 읽은 덩샤오핑은 그 모습을 마지막으로 잠시 공식 무대에서 사라졌다.

저우언라이 사후 공석이 된 국무원 총리와 당 부주석 자리를 두고 권력 투쟁이 벌어졌다. 그러나 예상을 깨고 마오쩌둥은 4인방이 아닌 당 서열 13위의 화궈펑華國鋒을 총리대행에 임명했다. 이후 화궈펑과 4인방은 덩샤오핑을 '경제주의'로 비판하는 캠페인을 벌여나갔다. 그러던 중 중국 명절인 4월 4일 청명절에 30만 명이 넘는 인파가 저우언라이에 대한 추모를 표시하며 톈안먼天安門 광장 인민영웅기념비 앞에 자발적으로 몰려들었다. 추모의 자리는 곧 4인방과 당의 정책을 비판하는 집회로 바뀌어, 그 다음 날인 5일 제1차 톈안먼 사건으로 번졌다. 정치가의 죽음을 추도하는 민중의 자연발생적 집회는 건국 이후 처음 있는 일이었다. 위기감을 느낀 당 중앙은 이 집회를 '반혁명'으로 규정하여 강제 해산시킨 뒤, 화궈펑을 국무원 총리에 임명하고 덩샤오핑을 모든 직책에서 해임했다. 1976년에는 이것 말고도 많은 일이 벌어졌다. 7월 6일 인민해방군 창설자이자 중

덩샤오핑과 저우언라이(위), 그리고 마오쩌둥의 죽음(아래)

1976년 중국에서는 저우언라이의 죽음에 이어 주더와 마오쩌둥의 죽음이 이어졌다. 이 혼란을 수습할 적임자로 덩샤오핑이 당내에서 부상했다.

국공산당 원로인 주더朱德가 사망하고, 7월 28일에는 허베이성 탕산에서 진도 7.8의 대지진이 일어나 24만 명이 넘는 사망자가 발생했다.* 이 불길한 전조 뒤에 9월 9일 마오쩌둥이 사망했다. 저우언라이와 주더에 이어 마오쩌둥까지, 중국공산당의 세 원로 지도자가 연이어 사망하면서 한 시대가 막을 내리고 있었다.

마오쩌둥 사후 고립된 4인방은 군 원로 및 당 관료층의 지지를 얻은 화귀펑의 지시로 10월 6일 체포되었다. 1975년 덩샤오핑의 지도 아래 중국 경제는 정체 상태에서 뚜렷한 회복세를 보였기 때문에 마오쩌둥 사망 이후 덩샤오핑을 불러들이라는 당 내외의 목소리가 높았다. 화귀펑은 독자적인 역량이 아니라 4인방에 반대하는 여러 세력과의 연합과 타협으로 권력을 장악했기 때문에 당내 여론을 무시할 수 없었다. 화귀펑은 덩샤오핑의 충성 서약을 받고 그를 1977년 7월에 당 부주석, 국무원 부총리로 복직시켰다.

덩샤오핑의 권력 장악과
개혁·개방 노선의 출범

당내 기반이 약했던 화귀펑은 권력의 근거를 자신이 마오쩌둥이 지명한 후계자라는 것에서 찾을 수밖에 없었다. 또 온건파이기는 하지만 문혁파로 분류된 인물이었기 때문에 마오쩌둥이 강조한 정치투쟁보다 경제 회복을 우선시하는 덩샤오핑과는 공존하기 어려웠다. 하지만 시대는 정

---

* 탕산 지진의 사망자 수 추계는 25만 명에서 79만 명까지 다양하나, 20세기 들어 희생자 수가 가장 많았던 지진임에는 틀림이 없다.

치적 슬로건보다 경제 재건을 원하고 있었다. 1978년 12월 중국공산당 제 11기 중앙위원회 제3차 전체회의는 덩샤오핑의 노선이 당내에서 완전한 승리를 거둔 역사적 행사가 되었다. 이 회의에서 펑더화이를 비롯해 마오 쩌둥과 문혁에 반대한다는 이유로 실각했던 지도자들의 명예 회복, 1975년 덩샤오핑의 경제 회복 노선의 명예 회복이 이뤄졌으며, 제1차 톈 안먼 사건은 '혁명적 행동'이라고 판정되었다. 계급투쟁은 끝났으며 향후 당과 국가의 중점 공작은 경제개발과 정치안정임이 선언되었던 것이다. 화궈펑이 실각하고 덩샤오핑 시대가 완전히 열리는 것은 1981~82년에 가서의 일이지만, 이 시점에서 중국공산당의 진로는 덩샤오핑이 추진하 는 근대화 노선으로 결정되었다. 저우언라이는 죽기 1년 전인 1975년 제 4기 전국인민대표대회에서 정치 보고를 하면서 '4개 현대화'를 제기했는 데, 덩샤오핑의 노선은 이러한 저우언라이의 노선을 충실히 계승·발전시 킨 것이었다. 사실상 1980년대 이후 중국의 개혁·개방 노선은 명확한 청 사진 없이 새로운 도전과 상황에 허겁지겁 적응해나가며 길을 만들어나 간 것이었다. 그래도 평등 원리 대신에 경쟁 원리를 도입하고, 시장경제를 도입해 생산성을 높인다는 큰 방향은 이때에 정해져 흔들림 없이 견지되 었다.

최초의 개혁은 농업 부문에서 일찍 시작되었다. 1979년부터 농촌에 할 당된 의무공출을 1970년대 전반기 평균 수준으로 고정시켰다. 수매가격 은 1961년 이래 17년 만에 25퍼센트로 대폭 인상됐고, 농민들이 할당량 보다 더 생산한 농산물은 인상분의 50퍼센트를 너 얹어서 추가 수매해주 었다. 또 농토의 약 6퍼센트 정도 되는 텃밭에 대해서는 농민들에게 경작 품목 선정, 노동시간 적용, 작물 처분의 자율권을 인정해주었다. 농작물을 거래하는 자유시장도 부활했는데, 가격은 대체로 공정가격의 2배 가까이 높게 형성되었다. 할당량을 채운 농민들은 더 높은 가격을 받을 수 있는 추가 수매와 자유시장에서의 판매를 추구하게 되었다. 노동생산성은 높아지고, 농산물 가격은 다양해졌으며, 국가의 통제력은 약해졌다. 1953년 이래 농작물을 일률적으로 수매하던 유통 통제가 27년 만에 무너진 것이다.

또한 오랫동안 부유하던 인구정책에서는 1979년부터 인구 억제로 방향이 확정되어 한 자녀 정책이 추진되었다. 마오쩌둥은 경제발전을 위해 인구 억제가 필요하다고 한 경제학자 마인추馬寅初의 주장을 비판하면서, 많은 인력 투입으로 서방의 자본과 기술을 대신할 수 있다는 대중노선식의 경제성장을 계속 고집했다. 그 때문에 1970년대에는 1950년내보다도 더 빨리 인구가 늘어났다. 전후 베이비붐 시대인 1950년대에는 인구가 연평균 1350만 명씩 늘어났는데, 1965~73년에는 문혁에 따른 인구 감소가 있었던 1966년 한 해만 빼면 매년 2000만 명 이상 인구가 늘어났다. 문혁이 진정 국면에 들어간 1970년은 인구 증가폭이 최고치를 기록해 한 해 동안 2320만 명이나 늘어났다. 한 해에 한국 인구의 절반에 해당하는 숫자가 늘어난 셈이다. 저우언라이가 인구 억제를 정책적으로 추진하려고 했지만 마오쩌둥 사상과의 긴장관계 때문에 큰 성과를 내지 못했다. 덩샤오핑은 저우언라이의 인구 조절(계획생육計劃生育) 정책을 더욱 강화해 한 자녀 정책을 추진했다. 이로써 도시에서는 부부가 자녀를 한 명만 출산할 수 있었다.

공업 분야에서는 중공업에서 경공업 우선으로 궤도 수정이 이뤄졌다. 1979년 11월 전국계획회의全國計劃會議에서 '여섯 개의 우선' 원칙을 확인하면서, 자금·자원·기술·수송 면에서 더욱 유리한 경공업을 우선시하기로 결정했다. 또 1978년까지 금지됐던 외자와 외국 차관 도입이 가능해졌다. 이에 따라 중국은 타이완, 홍콩 등 아시아 신흥공업지역NIEs의 수출지향형 경제발전 전략을 모델로 광둥성과 푸젠성에 경제특구를 설립해 외자 도입과 수출용 경공업 발전을 도모했다. 건국 이래 외교·안보적 고립속에서 고수되어야만 했던 중공업 우선 정책이 마침내 수정되고, 경공업 발전에 기초한 수출지향형 공업화가 시작된 것이다.

　1979년 1월 1일에는 중국과 미국의 정식 국교가 수립되었다. 중국과 서방의 관계가 획기적으로 진척된 한편, 1979년 2월에는 국경분쟁으로 중국군이 베트남을 침공해 중월전쟁이 발발했다. 국경분쟁이 직접적 원인이기는 했지만, 1972년 닉슨의 중국 방문과 미중 접근 이래 중국과 베트남의 관계는 급속히 냉각되어왔다. 베트남은 중국의 행위를 일종의 배신으로 간주하고, 소련과의 관계를 밀착시켜나갔기 때문이다. 한편으로는 1980년대 초반 군비경쟁으로 가속화된 냉전 구도에서 중국은 사회주의 진영이었음에도 냉전에서 한 발 물러나 경제 건설에 매진할 수 있었다.

개혁·개방 이전의
경제와 사회

　개혁·개방 이전의 중국 통계는 신뢰성이 떨어진다. 대약진 시기에는 하부 단위의 과장 보고가 일상적이었고, 문혁 시기에는 국가통계국 업무가 대부분 중단되었기 때문이다. 『중국통계연감』이 전국적 통계를 매년 발표하게 된 것은 1980년부터이다. 그러한 한계를 감안해야 하겠지만, 1980년의 『중국통계연감』을 참고할 때, 문혁 시기의 경제가 파탄 상태였다고 보기는 힘들다. 문혁 초기 사회가 기능 부전 상태에 빠졌던 1967년

덩샤오핑과 포드 미 대통령의 만남
1970년대 중국은 중공업화를 추진하면서 관계가 악화된 소련의 도움을 받을 수 없었다. 이에 서방 측 기술 도입이 절실해졌다. 덩샤오핑은 거침없이 서방 국가를 끌어안았고, 이해관계가 일치했던 서방 측도 중국의 손을 잡아주었다.

과 1968년은 확실히 실질경제성장률이 각각 마이너스 7.2퍼센트, 마이너스 6.5퍼센트로 마이너스 성장을 보이는데, 그 직후인 1969년과 1970년은 각각 19.3퍼센트, 23.3퍼센트로 급격한 회복세를 보였다. 그후에도 덩샤오핑이 복귀했다가 다시 4인방에 의해 실각한 1976년의 실질경제성장률은 마이너스 2.7퍼센트였으나, 문혁이 시작된 1966년부터 1978년까지 장기적으로 보자면 평균 실질성장률은 6.6퍼센트로 낮은 성장률은 아니었다.

하지만 이 성장률이 주로 문혁 시기 10년에 걸친 군사산업화와 무리한 중공업 투자에서 나왔다는 점이 문제였다. 1970년대 내내 GNP에서 차지하는 군사산업과 중공업 투자율은 30퍼센트 이상을 유지했고, 1966년부터 1975년까지 10년 동안 국가투자의 40퍼센트가 삼선三線건설에 투자되었다. 삼선건설은 전쟁에 대비해 내지에 공업기지를 구축한다는 구상인데, 1980년대 개혁·개방 이후에는 연안지역 위주로 경제개발이 일어났기 때문에 제대로 설비가 가용되지 못하고 비효율적인 투자가 되어버린 측면이 크다. 그러나 그렇다고 하더라도 전체적으로 1960년대와 1970년대에 중국은 외교적 고립 속에서 마른 행주의 물을 짜듯이 잉여자본을 다 털어 중공업에 투자했기 때문에, 다른 어떤 국가보다 빠른 속도로 중공업 기반이 갖춰졌다. 이러한 투자는 1980년대 이후 중국이 국제적 고립에서 벗어나면서, 수입대체 공업화에서 다시 수출지향 공업화로 전략을 바꿔 급격하게 경공업을 발전시킬 때 보틀넥(생산 확대 과정에서 생기는 생산요소 부족에 의한 장애)을 해소하고 설비 확장을 추진해나갈 수 있었던 기반이 되었다.

1970년대 중공업화의 특색은 서방측 기술 도입이 중요해졌다는 것이다. 전쟁 일촉즉발의 상황으로까지 악화된 소련과의 관계 탓에 그 필요는 절실했으나 소련의 도움을 받을 수 없었기 때문이다. 1970년대 다칭大慶 유전이 본격적으로 가동되면서 중국이 석유 수출국으로 변신한 후, 강철·석유화학 등 중공업 플랜트 도입이 시작되었다. 대표적으로 1972년 우한武漢제철소에 서독과 일본의 기술을 도입해 압연 공장을 건설하는 프로젝트가 비준되었고, 1978년 신닛폰新日本제철소의 설계로 상하이에 바오산寶山제철소를 건설하는 프로젝트가 시작되었다.

1980년대로 연결되는 1970년대의 성과 중에, 소규모이지만 간과할 수 없는 분야가 농촌 공업이다. 1970년대의 인구 증가는 대부분 농촌에서 발생했다. 이 때문에 1970년대는 심각할 정도로 1인당 경지면적이 축소되었다. 그러나 농민들이 농촌에서 도시로 일자리를 찾아 이동하는 것은 허용되지 않았기 때문에, 농지가 부족한 상황에서 농촌 인구를 먹여 살리기 위해서는 농업 이외 부문의 고용 증가가 절실히 필요했다. 그러한 고려에서 1970년부터 인민공사 및 생산대대가 운영하는 기업, 즉 사대기업社隊企業이 정책적으로 장려되었다. 저우언라이의 지시로 이른바 '다섯 종류의 소규모 공업', 즉 소규모 제철소, 화학비료 공장, 탄광, 수력발전소, 기계 수리 공장의 건설이 장려되었다. 사실상 아이디어는 1980년대 이후의 향진기업鄕鎭企業과 유사한데, 다른 점은 업종이 농산물 가공업이 아니라 소규모이지만 중공업이었다는 점이다. 1953년 이래 농업생산물의 처분권은 국가가 장악하고 있었기 때문에 잉여농산물은 농촌에 남아 있지 않았다. 따라서 농촌 공업은 농업생산을 보조할 소규모 중공업 분야만 가능했다. 그러나 이 지시가 내려진 이후 고용 창출을 위해 사실상 경공업 및 서비스 부문도 농촌에서 시작되었다. 그 결과 1970년 중국 인구 중 농업 인구는 81퍼센트였으나, 1978년에는 71퍼센트로 내려갔다. 농촌 인구의 이동이 없는 상황에서 10퍼센트나 되는 인구가 농촌 내에서 비농업 취업을 달성할 수 있었던 것은 바로 사대기업의 활성화 덕분이었다. 그 속도는 1980년대를 거쳐 1990년까지 농업 인구가 70퍼센트에서 60퍼센트로 내려간 것과 거의 같고, 일본의 고도성장기인 1963~69년 7년간 농업인구비가 30퍼센트에서 20퍼센트로 내려간 것과 맞먹는다. 1978년에 개혁·개방과 더불어 본격적으로 농촌의 생산 자율화가 시작되기 전에, 이미 사대기업의 확대로 1970년대 국가의 농산물 유통 통제에는 구멍이 생겨나고 있었으며, 농촌 내에 농업 종사자와 비농업(사대기업) 종사자 사이에 생활 격차가 커지고 있었다.

한편 1970년대 중국사회는 여성 인력의 사회 진출 면에서 획기적인 시대였다. 1950년 혼인법으로 여성은 처음으로 남자와 똑같은 법적 지위를 확인받았다. 대약진운동 시기에는 가정에서 해방되어 사회적 노동에 참가함으로써 경제적 자립을 경험하게 되었다. 그러나 대약진운동이 참담한 실패로 돌아간 후 여성들은 대부분 가정으로 돌아갔다. 하지만 문혁 시기에는 부녀운동에 관심이 컸던 마오쩌둥의 영향도 있어, '여자가 천하의 반婦女半邊天'이라는 슬로건 아래 여성의 사회적 진출이 촉진되었다. 또 대약진운동 시기에 도시 여성 중에 국영기업에 들어간 여성 인력은 처음에 임시공·계약공으로 들어갔지만, 문혁 시기에 모두 정식 사원이 되었기 때문에 결과적으로 산업 현장에서 여성 인력의 비중은 크게 높아졌다. 그러나 도시의 경우 여성 인력의 진출은 자연증가율만으로도 공급 과잉이었던 도시 노동력을 한층 증가시켜, 베이비붐 세대의 청소년들이 신규 취업할 기회를 빼앗는 결과를 가져왔다. 이는 문혁 시기 도시 청소년들이 농촌으로 하방되어야 할 또 하나의 이유가 되기도 했다.

하방된 도시 청년들은 1974~75년 즈음부터 병을 핑계 대거나 여러 사유를 만들어 몰래 혹은 집단적으로 도시로 돌아오기 시작했다. 문혁 시기 전체적으로 농촌에 하방된 청년의 숫자는 1650만 명인데, 그중 도시로 귀환한 수는 1180만 명으로, 상당수가 도시로 돌아왔다. 도시에서는 이러한 추가적 인구 유입으로 1978~79년에는 주택 사정이 크게 악화되었다. 고용 기회의 부족으로 일자리를 달라는 청년들의 집단 시위가 상하이·베이징에서 나타나기도 했다. 중국의 지도자들은 어떻게든 고용을 창출하고 경제를 재건해야만 하는 상황이었던 것이다. 해외 투자 유치, 연안 도시에서의 경공업 건설과 수출지향 공업화, 농촌 향진기업의 장려는 봉착한 과잉인구와 실업 문제를 해결하기 위한 효율적인 답이었다.

공업 선진화를 위해 고급 인력의 양성도 필요했다. 문혁 시기 대학은 폐쇄 상태에 놓여 있었다. 1977년 겨울 덩샤오핑의 지시로 11년 만에 대학입학시험이 부활했다. 10년간 누적되었던 수험생들이 몰린 결과, 이해의 수험생은 570만 명이나 되었고, 경쟁률 역시 사상 최고인 29 대 1이었다. 정상적으로 여름에 치러진 1978년의 수험생 수와 합하면 이 두 해 수험생만 1160만 명이었다. 1981년부터는 지주나 반동 계급 출신의 자녀에게도 수험 자격이 주어져, 출신계급에 따른 교육차별이 사라지고 마침내 계급 구분 없는 경쟁사회로 돌입했다.

주

크게 본 1970년대

1 유신시대의 정치·경제·사회·문화상을 이해하는 데 다음 책들의 도움을 받았다. 전재
   호『반동적 근대주의자 박정희』, 책세상 2000; 오창헌『유신체제와 현대 한국정치』, 오
   름 2001; 안병욱 외『유신과 반유신』, 민주화운동기념사업회 2005; 조희연『박정희와
   개발독재시대』, 역사비평사 2007; 한홍구『유신: 오직 한 사람을 위한 시대』, 한겨레출
   판 2014; 권보드래 외『1970 박정희 모더니즘』, 천년의상상 2015.
2 홍석률『분단의 히스테리』, 창비 2012, 183면, 235면.
3 마상윤「안보와 민주주의, 그리고 박정희의 길」, 『국제정치논총』 43집 4호, 2003,
   43~44면, 179~83면.
4 민주화운동기념사업회 연구소 엮음『한국민주화운동사 1』, 돌베개 2008, 552~53면.
5 『산 지성』 3호, 1971, 3면.
6 허은「1969~1971년 국내외 정세변화와 학생운동세력의 현실인식」, 『한국근현대사연
   구』 49집, 2009, 157~58면. 당시 주요 언론, 지식인, 야당인 신민당도 반공법과 국가보
   안법 개정의 필요성을 제기했다(「비판대 오른 보안·반공법」, 『동아일보』 1971년 8월
   10일자;「신민당대표 연설요지」, 『동아일보』 1971년 9월 6일자 등).
7 민주화운동기념사업회 연구소 엮음『한국민주화운동사 2』, 돌베개 2009, 52면.
8 천주교정의구현전국사제단「우리의 결의」(1975년 1월 9일), 민주화운동기념사업회
   OPEN Archives(http://archives.kdemo.or.kr).
9 「한국 노동인권 헌장을 선언한다」, 기쁨과 희망 사목연구소 엮음『암흑속의 횃불 2』,
   1996, 455~56면.
10 심지연『한국정당정치사』, 백산서당 2004, 260~61면; 오창헌, 앞의 책 257~59면.

11 서중석「부마항쟁의 역사적 재조명」, 서중석·김상봉·정태석·한홍구·이은진·조정관 『부마민주항쟁의 역사적 재조명』, 부마민주항쟁기념사업회 부설 민주주의사회연구소 2009, 19~45면.

12 「개헌 저지 앞장설 터」, 『동아일보』 1969년 6월 10일자; 「정보활동의 한계」, 『동아일보』 1969년 10월 24일자.

13 「우리의 투쟁을 멈출 수 없다」(반독재호헌 전국학생총회, 1969. 9. 1.), 서울법대 학생운동사 편찬위원회 『서울법대 학생운동사 — 정의의 함성 1964~1979』, 2008, 84면.

14 문화공보부 『유신이념의 생활화』, 1975, 61면.

15 한국유신학술원 엮음 『우리의 신조 — 박정희대통령각하 어록선집』, 1977, 228면.

16 오명석「1960~1970년대의 문화정책과 민족문화담론」, 『비교문화연구』 4호, 서울대학교 비교문화연구소 1998; 김행선 『1970년대 박정희 정권의 문화정책과 문화통제』, 선인 2012.

17 「통일교육의 방향과 문제점」, 『동아일보』 1971년 9월 28일자.

18 「전국교육감 회의, 교련 등 안보교육 강화」, 『경향신문』 1971년 12월 14일자.

19 허은「동아시아 냉전의 연쇄와 박정희 정부의 '대공새마을' 건설」, 『역사비평』 111호, 2015년 여름호, 306~7면.

유신시대 학교와 학생의 일상사

1 박오정「라디오 학교 방송을 활용한 반공도덕 지도의 실제」, 『시청각교육』 1권 11호, 1970, 10면.

2 김주연「주체사관 정립을 위한 국사교육」, 『문교경북』 40호, 1973, 102면.

3 이일영「교련교육의 실제 — 남자 고등학교를 중심으로」, 『교육경남』 55호, 1977, 55면.

4 김민기「자매 부대를 다녀와서」, 『경복』 41호, 100면.

5 구재서「교련시범 발표를 마치고」, 『경복』 34호, 1973, 131~32면.

6 「상품 없는 국민교운동회 '어린이의 꿈'을 외면」, 『동아일보』 1976년 9월 10일자.

7 「국교운동회 '변질부활'」, 『동아일보』 1976년 9월 14일자.

8 경상남도 교육연구원 『멸공 정신 고취를 위한 경기 자료집』, 1975, 5면.

9 허은「유신시대 학생, 모의 수류탄을 던지다 — 총력안보체제 구축과 군사동원된 신체」, 『역사비평』 99호, 2012년 여름호 28~31면.

10 유승삼「숙제는 영원한 숙제인가 — 그 실태와 원인」, 『세대』 1979년 9월호 82면.

11 김종서「다인수(多人數)·과밀학교 및 학급의 문제」, 『새교육』 1976년 2월호, 1976, 29면.

12 「우리를 흥미있게 하는 것들」,『계우(桂友)』46호, 1972, 94면.

13 「특집/10대 내면세계의 조감도: 우리는 무엇을 생각하고 있는가?」,『계우』45호, 1971, 90면.

14 같은 글 99~100면.

15 「설문조사분석: 고교생의 사상개요」,『경복』33호, 1971, 231~32면.

16 「우리를 흥미있게 하는 것들」,『계우』46호, 1972, 124면.

17 1950년대 학도호국단 제도와 활동에 대해서는 연정은 「감시에서 동원으로, 동원에서 규율로 — 1950년대 학도호국단을 중심으로」,『역사연구』14호, 2004 참조.

산업전사에서 민주투사까지, 도시로 간 여공의 삶

1 한국은행『경제통계연보』, 1978, 1979, 1982에서 필자가 계산.

2 성공회대 사회문화연구소『1970년대 산업화 초기 한국노동사 연구 — 노동운동사를 중심으로』, 노동부 2002, 19면.

3 같은 책 20면.

4 같은 책 17면의 표 2-6 참조.

5 설동훈 「한국의 이농과 도시 노동시장의 변화, 1960~90」,『농촌사회』2집, 1992, 149~50면.

6 성공회대 사회문화연구소, 앞의 책 25면.

7 구해근『한국 노동계급의 형성』, 신광영 옮김, 창작과비평사 2002(Hagen Koo, *Korean Workers: The Culture and Politics of Class Formation*, Ithaca: Cornell University Press 2001), 64~65면.

8 성공회대 사회문화연구소, 앞의 책 71면.

9 김준 「아시아 권위주의 국가의 노동정치와 노동운동 — 한국과 대만의 비교」, 서울대학교 사회학과 박사학위논문 1993, 288~91면.

10 성공회대 사회문화연구소, 앞의 책 80~83면, 92면.

11 같은 책 88~89면; 고려대노동문제연구소 편『한국노동운동사』5권: 이원보『경제개발기의 노동운동, 1961~1987』, 지식마당 2004, 326면.

12 이원보, 앞의 책 209면, 320~21면.

13 노동청『근로자 센서스 보고서』, 1975, 61면.

14 김경일 「출세의 지식, 해방의 지식 — 1970년대 민주노동운동과 여성노동자」,『민주사회와 정책연구』9호, 2006년 상반기호 160면.

15 김지선 외「좌담회: 노동운동과 나」, 성공회대 사회문화연구소, 앞의 책 370면.

16 장미경「근대화와 1960~70년대 여성 노동자 ── 여성 노동자 형성 과정을 중심으로」, 『경제와사회』 61호, 2004년 봄호 116~17면.

17 성공회대 사회문화연구소, 앞의 책 43면.

18 같은 책 187면.

19 김경일「1970년대 민주노동운동의 쟁점 ── 여성과 지식의 문제를 중심으로」, 『역사비평』 73호, 2005년 겨울호 169면.

20 박해광「한국 산업노동자의 도시 경험 ── 70년대를 중심으로」, 『경제와사회』 61호, 2004년 봄호 136면; 장미경, 앞의 글 107면.

21 류제철「1970년대 여성노동자의 여가시간을 둘러싼 투쟁」, 『사회와 역사』 85집, 2010, 68면.

22 성공회대 사회문화연구소, 앞의 책 35면; 박해광, 앞의 글 141면.

23 성공회대 사회문화연구소, 앞의 책 37면, 298면.

24 박해광, 앞의 글 146~47면.

25 류제철, 앞의 글 71면.

26 같은 글 71~72면.

27 성공회대 사회문화연구소, 앞의 책 7면.

28 김지선 외, 앞의 글 392면.

29 성공회대 사회문화연구소, 앞의 책 258면.

30 같은 책 258면.

31 김지선 외, 앞의 글 381면.

32 같은 글 382면.

33 같은 글 379면.

34 성공회대 사회문화연구소, 앞의 책 159면.

35 김지선 외, 앞의 글 381면.

36 성공회대 사회문화연구소, 앞의 책 116~17면.

37 김지선 외, 앞의 글 393~94면.

38 성공회대 사회문화연구소, 앞의 책 155~56면.

39 같은 책 6~7면.

40 같은 책 147면.

41 김지선 외, 앞의 글 395~96면.

새마을운동과 농촌 탈출

1 2010년 새마을운동 40주년을 맞이하여 『조선일보』가 실시한 여론조사. 『조선일보』 2010년 4월 22일자.

2 『박정희대통령연설문집 3집(제6대편)』(이하 『연설문집』), 대통령 비서실 1973, 761면.

3 『매일경제』 1970년 10월 2일자.

4 이용기 「'유신이념의 실천도장', 1970년대 새마을운동」, 오유석 엮음 『박정희 시대의 새마을운동』, 한울 2014, 326면.

5 『경향신문』 1972년 3월 22일자.

6 내무부 『새마을운동 10년사』, 1980, 55~57면.

7 같은 책 160~65면.

8 황병주 「새마을운동을 통한 농업 생산과정의 변화와 농민 포섭」, 『사회와 역사』 90집, 2011 참조.

9 내무부, 앞의 책 183~85면.

10 유병용 외 『근대화 전략과 새마을운동』, 백산서당 2001, 47면.

11 같은 책 102~3면.

12 내무부, 앞의 책 281면.

13 이창섭 「1972년 초 박정희 정권의 독농가 육성 정책」, 부산대학교 사학과 석사학위논 문 2012, 57~58면.

14 김보현 「박정희 시대 국가의 통치 전략과 기술」, 오유석 엮음, 앞의 책 참조.

15 「연두 기자회견」(1977.1.12.), 『연설문집 6집(제8대편)』, 155면.

16 『새마을』 1974년 6월호.

17 내무부, 앞의 책 51면.

18 같은 책 11면.

19 박정희 『민족중흥의 길』, 광명출판사 1978, 97~98면.

20 「제28주년 제헌절 경축사」(1976.7.17.), 『연설문집 6집』 69면.

21 윤길상 「새마을운동 관련 미디어 선전물을 통해 구성되는 근대 '국민'에 관한 연구」, 서울대학교 언론정보학과 석사학위논문 2001, 72면.

22 「제28주년 제헌절 경축사」(1976.7.17.), 『연설문집 6집』 69면.

23 『민족중흥의 길』 104~6면.

24 「새마을 소득증대 촉진대회 치사」(1972.5.18.), 『연설문집 4집(제7대편)』 228면.

25 내무부 『새마을운동 — 시작에서 오늘까지』, 1979, 45면.

26 내무부 『새마을운동 10년사』 99~100면.

27 농수산부『농림통계연보』, 1980, 98면.

28 1975~79년 1만 제곱미터당 생산량은 일본이 4.25톤 한국이 4.46톤이었다(박진환『박정희 대통령의 한국 경제 근대화와 새마을운동』, 박정희대통령기념사업회 2005, 78면).

29 이만갑『한국농촌사회연구』, 다락원 1981, 293~94면.

30 김혜진「새마을운동의 기반형성과 전개양상에 관한 인류학적 연구 ― 경기도 안성시 한 농촌마을의 사례를 중심으로」, 서울대학교 인류학과 석사학위논문 2007, 77면.

31 리세영『풍덕마을의 새마을운동』, 서울문화인쇄 2003, 304~9면, 400~8면.

32 같은 책 335~37면, 362~63면, 368면.

33 하재훈「박정희 체제의 대중통치 ― 새마을운동의 구조·행위자 상호작용을 중심으로」, 경북대학교 정치학과 박사학위논문 2006, 213면.

34 새마을운동중앙회『새마을운동30년자료집』, 2000, 16면.

35 내무부『새마을운동 ― 시작에서 오늘까지』 46면.

36 조영탁「1960년대 이후 양곡관리정책의 변화와 그 성격에 관한 연구」, 서울대학교 경제학과 박사학위논문 1993, 100면.

37 김혜진, 앞의 논문 74면.

38 빈센트 브란트「가치관 및 태도의 변화와 새마을운동」, 서울대학교 새마을운동 종합연구소『새마을운동의 이념과 실제』, 1981, 481~82면.

39 김영미『그들의 새마을운동』, 푸른역사 2009.

40 정호영「박정희 체제의 지배 메커니즘과 대중의 동의」, 서강대학교 정치외교학과 석사학위논문 2007, 55~57면.

41 에릭 울프『농민』, 박현수 옮김, 청년사 1978, 170면.

42 한국농촌경제연구원『한국농정50년사』, 1999, 908면.

43 이문구『우리동네』, 민음사 2005, 50~51면.

44 내무부『새마을운동10년사』 54면, 60면.

45 최인이「1970년대 농촌 여성들의 자본주의적 개인 되기」, 오유석 엮음, 앞의 책 105면.

46 「지방 초도순시 후 경북도청에서의 유시」(1972. 2. 7.),『연설문집 4집』 144면.

47 김춘복·송기숙·신경림·홍영표·염무웅「좌담: 농촌소설과 농민생활」,『창작과비평』 46호, 1977년 겨울호 23면.

문화계, 획일주의에 맞선 저항의 우회로

1 박정희 『민족중흥의 길』, 광명출판사 1978, 44면.

2 같은 책 32면.

3 은정태 「박정희시대 성역화사업의 추이와 성격」, 『역사문제연구』 15호, 2005, 248~49면.

4 문화공보부 『문화공보 30년』, 1979, 242면.

5 박유희 「박정희 정권기 영화 검열과 감성 재현의 역학」, 『역사비평』 99호, 2012년 여름호 43~44면.

6 「춘몽의 유죄판결과 영화계의 충격」, 『경향신문』 1969년 10월 4일자.

7 박유희, 앞의 글 68~69면.

8 김은경 「유신체제의 음악통제 양상에 관한 연구」, 『민주주의와 인권』 11권 2호, 2011, 85~87면.

9 조문식 「다시 돌아본 '동아투위'」, 『말』, 2009년 1월호, 112면.

고도성장기 서민의 체감경제

1 「과소비 79 사치세태 어디까지 왔나」, 『동아일보』 1979년 2월 23일자.

2 이정은 「1970년대 초중반 두 차례의 경제위기와 박정희정부의 대응」, 『한국사학보』 38호, 2010, 259면.

3 박태균 「8·3조치와 산업합리화 정책」, 『역사와 현실』 88호, 2013, 135~36면.

4 「실질임금 떨어져, 작년 9월비 월급은 25%, 물가는 28% 올라」, 『동아일보』 1974년 10월 17일자.

5 최인호 「공삼돌씨의 하루, 어느 샐러리맨의 구두쇠일기」, 『동아일보』 1974년 2월 23일자.

6 송은영 「유신체제기 사회적 공간의 위계화와 '동경-원한'의 감정구조」, 『역사문제연구』 29호, 2013, 86~87면.

7 김승옥 「무진기행」, 『무진기행: 김승옥문학전집 1』, 문학동네 1995, 179면.

8 황점석 「서울에서 지방에 보내는 편지: 우리의 아름답고 정열에 찬 꿈은 고향에 있었습니다」, 『다리』 1970년 11월호 146면.

9 염기용 「서울에서 지방에 보내는 편지」, 『다리』 창간호, 1970년 9월호 160면.

10 권영자 「서울에서 지방에 보내는 편지: 동생 내미에게」, 『다리』 1970년 10월호 146~47면.

11 손석기 「지방에서 서울에 보내는 편지」, 『다리』 창간호, 1970년 9월호 163면.

12 심상곤「지방에서 서울에 보내는 편지: 농촌! 그것은 절대다수의 '푸로'가 죽다 못해 사는 빈궁의 표상인가?」,『다리』, 1971년 2월호 147면.

13 전강수「1970년대 박정희 정권의 강남개발」,『역사문제연구』 28호, 2012, 15면.

14 손정목『서울 도시계획 이야기 3권』, 한울 2003, 107면.

15『토지개발』 1980년 6월호.

16「현대판 불가사리(3): 부동산투기의 현장과 생태 ─ 복부인(하)」,『경향신문』 1978년 2월 16일자.

17「근로자 한달 봉급인 몇 만원이 하룻밤 요정대로 소비돼서야」,『동아일보』 1973년 9월 27일자.

18 이상록「1970년대 소비억제정책과 소비문화의 일상정치학」,『역사문제연구』 29호, 2013, 150면.

19 윤태걸「사치세 징수하라 ─ '과소비' 기사보고 놀라움 금치 못해」,『동아일보』 1979년 3월 2일자.

20「고소득층일수록 과소비」,『동아일보』 1979년 3월 20일자.

안방극장과 대중의 문화생활

1 이 글은 필자의 논문을 바탕으로 재구성했는데, 참조한 논문은 다음과 같다. 임종수「텔레비전 안방문화와 근대적 가정에서 생활하기 ─ 공유와 차이」,『언론과 사회』 12권 1호, 2003년 겨울호; 임종수「1960~70년대 텔레비전 붐 현상과 텔레비전 도입의 맥락」,『한국언론학보』 48권 2호, 2004; 임종수「1970년대 텔레비전, 문화와 비문화의 양가성」,『언론과 사회』 16권 1호, 2008년 봄호.

2「우리 곁에 다가온 TV 붐」,『경향신문』 1962년 1월 20일자 3면.

3「쉴 줄 모르는「텔레비·붐」─ 수상기 월부 매력에 끌린 만태」,『동아일보』 1962년 3월 22일자 4면.

4「TV 탄생 반년, 그 실태와 시청자들의 요망」,『경향신문』 1962년 7월 3일자 4면.

5 고도임「충남 외암리 민속 마을의 안방 사용과 가구 보유실태 연구」,『대한가정학회지』 37권 10호, 1999; 고도임·윤복자「한국 전통 농가 안방의 주생활 변화과정: 1950년대 이후 평택군 오성면의 농가를 중심으로」,『대한가정학회지』 31권 2호, 1993; 고도임『경기도 전통농가의 주생활 연구』, 성심여대출판부 1994.

6 박부진「공간이용을 통해 본 가족관계의 변화 ─ 한국 농촌가족을 중심으로」,『한국문화인류학』 24집, 1992; 박부진「한국사회의 공간문화와 성차」,『여성·가족생활연구논

총』4집, 1999.

7 김학삼·진정「농촌주택의 공간구조 변화에 관한 연구」,『공학연구』 26집, 1995; 최정
호「텔레비전 방송과 한국인의 생활양식」, 김동철 교수 정년퇴임 기념논문 간행위원회
엮음『언론과 커뮤니케이션의 제문제』, 나남 1993.

8 오명환「한국TV드라마 변천사 고찰 — 일일연속극을 중심으로」,『방송연구』 1985년
봄호.

9 「「안방극장」에 탈선」,『동아일보』 1962년 5월 29일자 4면.

10 「저속한 TV 장면 좀 더 품위 있기를」,『동아일보』 1962년 8월 21일자 5면.

11 「20대 주부가 함께 있는 시간 길다」,『일간스포츠』 1979년 10월 14일자 5면.

12 김문겸『여가의 사회학』, 한울 1993, 197면.

13 「이렇게 보고 듣는다」,『중앙일보』 1966년 9월 22일자 6면.

14 「여가: 한국인의 부부관계」,『경향신문』 1973년 3월 15일자 5면.

15 「TV 라디오 시청이 대부분」,『주간한국』 1976년 8월 1일자 13면.

16 「시간은 많으나 활용은」,『일간스포츠』 1979년 8월 13일자 2면.

17 「'스포츠'를 가장 좋아한다」,『일간스포츠』 1977년 4월 2일자 6면.

18 「노인28: 조사분석한 노후복지를 위한 그 생활실태」,『경향신문』 1973년 2월 24일자
6면.

19 「광복 30년, 통계로 본 서울 5」,『중앙일보』 1975년 8월 22일자 8면.

20 「TV 라디오 시청이 대부분」,『주간한국』 1976년 8월 1일자 13면.

21 박숙희「안방의 텔레비전」, 백지숙·엄혁·이유남 엮음『TV: 가까이서 보기 멀리서 읽
기』, 현실문화연구 1993, 117~18면.

22 조우현「TV와 백치문화」,『주부생활』 1976년 4월호 85면.

23 김춘복「도시문화에 멍드는 농촌」,『신동아』 1979년 8월호 204면.

24 최정호「텔리비전과 전통문화」, 이환의 엮음『80년대의 도전 — 한국TV』, 전예원 1979.

25 진웅원「훔치고 베끼는 몹쓸 버릇」,『뿌리깊은 나무』 1978년 6월호 161면.

26 정순일『한국방송의 어제와 오늘 — 체험적 방송 현대사』, 나남 1991, 181면.

27 박준영「TV외화 편성의 현황과 과제」,『방송연구』 1983년 가을호 70~71면.

28 박용규「AFKN-TV의 특성과 문화적 영향(1957~1996)」,『언론과학연구』 14권 3호,
2014.

29 진웅원「훔치고 베끼는 몹쓸 버릇」,『뿌리깊은 나무』 1978년 6월호 161면.

30 최창봉·강현두『한국문화예술총서 11: 우리 방송 100년』, 현암사 2001, 224면.

31 이상회「대중문화 30년의 주체성과 이질성」(1977), 이상회 엮음『TV방송과 대중문

화』, 전예원 1983, 271~72면.

32 이강수『한국대중문화론』, 법문사 1987, 190면.

33 「일제 저질 범람…TV 어린이 만화」,『중앙일보』1975년 4월 5일자 5면.

34 육창웅「어린이 프로 오늘과 내일: 어린이는 어른의 아버지다」,『신문평론』1976년 5월
   호 68면. 그중에서 KBS는 수입물보다 자체 제작 프로그램을 더 많이 편성했지만 TBC
   와 MBC 등 상업방송은 자국 프로그램 1편당 5~6편이 수입물이었다(『중앙일보』
   1975년 8월 23일자 4면).

35 한국방송공사『한국방송 60년사』, 1987, 377면.

36 같은 책 417면.

37 박준영, 앞의 글 68~81면.

38 「라디오, TV의 어린이 프로, 비교육적 요소 많다」,『중앙일보』1975년 8월 23일자 4면.

39 하길종「태권도 뒤에 숨은 치사한 욕심」,『뿌리깊은 나무』1978년 9월호 160~61면.

사랑방 좌담회와 바람몰이, 그리고 지역 대결

1 이호철·남정현·전덕용·이정수·조봉연·박오진「좌담: 지성은 살아 있나? — 민주주
   의와 선거와 지성인」,『다리』1971년 6월호 14~15면.

2 최갑수「서양의 민주주의 — 이념과 변용」,『역사와 현실』87호, 2013.

3 최한수『한국선거정치론』, 대왕사 1996, 291면, 332~59면.

4 서중석『대한민국 선거이야기』, 역사비평사 2008, 149~50면; 장을병「과연 선거는 공
   명했는가 — 4·27과 5·25선거가 남긴 문제들」,『신동아』1971년 7월호.

5 조남조·허준「대통령 선거 양당 분투기」,『월간중앙』1971년 6월호.

6 "Telegram from the Embassy in Korea to the Department of State," Apr. 26, 1971,
   POL 14 KOR S, Subject-Numeric Files 1970-1973, RG 59, National Archive at
   College Park(이하 NA로 약칭).

7 신상초·양호민「대담: 돈은 얼마나 뿌리나 — 71년 선거의 4대 수수께끼」,『월간중앙』
   1971년 3월호.

8 김충식『남산의 부장들 1』, 삼영인쇄사 1992, 295면; 유용원·강창성「대담: 71년 대선
   땐 7백억원 거뤘다」,『월간조선』1992년 3월호;『동아일보』1971년 4월 29일자.

9 『동아일보』1970년 12월 3일자;『동아일보』1970년 12월 5일자; 이정석 외「대통령선
   거를 결산한다」,『신동아』1971년 6월호; 이호철 외, 앞의 글.

10 『동아일보』1971년 4월 29일자; 민주수호국민협의회 엮음『자료집』, 민주수호국민협

의회 1971, 34면;「4·27선거 무효선언」,『자유의 종』15호, 1971년 5월 3일.

11 지명관「4·27선거의 사상사적 의미」,『기독교사상』1971년 6월호 75면.

12 이시카와 마스미『일본전후정치사』, 박정진 옮김, 후마니타스 2006, 9면.

13 조남조·허준, 앞의 글; 김운태「정권승계의 전개과정」,『정경연구』1971년 6월호.

14 "Telegram from The Embassy in Korea to the Department of State," Apr. 9, 1971;
"Telegram from The Embassy in Korea to the Department of State," Apr. 14, 1971,
POL 12 KOR S, Subject-Numeric Files 1970-1973, RG 59, NA;『동아일보』1971년
4월 8일자.

15 홍석률「1971년 대통령 선거의 양상 — 근대화정치의 가능성과 위험성」,『역사비평』
87호, 2009년 여름호.

16 홍석률「1971년의 선거와 민주화운동 세력의 대응」,『역사비평』98호, 2012년 봄호.

17 홍석률「1971년 대통령 선거의 양상 — 근대화정치의 가능성과 위험성」471~72면.

18 『동아일보』1969년 10월 2일자.

19 「사랑방좌담 방청기」,『동아일보』1969년 10월 11일자.

20 홍석률, 앞의 글 466~67면.

21 서중석, 앞의 책 164~67면.

22 탁진환「전주시 선거인의 정치의식 — 1971년도 양대 선거를 중심으로」,『극동논총』
1집, 1973; 박상훈『만들어진 현실』, 후마니타스 2009, 18면, 49면.

23 홍석률, 앞의 글 480~85면.

북한의 대중운동과 음악정치

1 홍국원「《피바다》근위대의 붉은 기발을 높이 휘날리며」,『조선예술』루계 211호,
1974년 4호, 평양: 문예출판사 1974, 66~71면.

2 감정훈련과 함께 진행된 개별 가극의 실제 운영원리는 다음 책을 참고하길 바란다. 천
현식『북한의 가극 연구 —「피바다」와「춘향전」을 중심으로』, 선인 2013.

3 『조선문잉년감: 1973년』, 평양: 조선중앙통신사 1973, 254~78면.

4 「수령님께 충직할 일념을 안고 사회주의 농촌을 꽃피워가는「꽃파는 처녀」근위대원
들」,『조선예술』루계 198호, 1973년 3호 55~57면.

5 오영재「「꽃파는 처녀」근위대원들에게」;「땅에 정들어, 마을에 정들어…」,『조선문학』
루계 310호, 1973년 6호, 평양: 문예출판사 1973, 84~85면.

6 조벽암「아침에 있은 일」,『조선문학』루계 311호, 1973년 7호 96면.

7 김학순「위대한 수령님의 교시를 높이 받들고 농업을 공업화 현대화하며 6개년 계획의 알곡고지를 앞당겨 점령하는 데 적극 이바지하겠다: 제5기 제1차 최고인민회의에서 한 토론(1974. 3. 20~25)」,『북한최고인민회의자료집3: 4기1차회의~5기7차회의』, 국토통일원 1988, 828~31면.

8 「「피바다」근위대의 노래(악보)」,『조선예술』루계 219호, 1975년 1호 표지 3면; 「「꽃파는 처녀」근위대의 노래(악보)」,『조선예술』루계 220호, 1975년 2호 표지 3면.

9 음악이 과거와 현재의 가상의 감정을 효과적으로 다루면서 인지능력을 발전시킴으로써 사회적 유대감과 응집력을 높였다는 자세한 내용은 다음 책을 참고하기 바란다. 대니얼 J. 레비틴『뇌의 왈츠 ― 세상에서 가장 아름다운 강박』, 장호연 옮김, 마티 2008.

10 「남성4중창곡 최령감네 평양구경」,『만수대예술단노래집』, 평양: 문예출판사 1974, 153~59면.

11 김창성『영광스러운 당중앙의 현명한 령도 밑에 진행되는 3대혁명붉은기쟁취운동』, 평양: 과학백과사전출판사 1983, 45~48면.

12 로영·리경십·박영민「5대 혁명가극은 주체조선의 영원한 재보이다」,『로동신문』 2008년 6월 23일자 2면.

13 홍국원, 앞의 글 69면.

14 「수령님께 충직할 일념을 안고 사회주의 농촌을 꽃피워가는「꽃파는 처녀」근위대원들」56면.

15 정영철『김정일 리더십 연구』, 선인 2005, 284면.

16 '예술단'에 적용된 '대안의 사업체계'에 대해서는 다음 글을 보기 바란다.「백두산창작단의 창작솜씨를 따라 배우자 ― 불후의 고전적 명작「한 자위단원의 운명」을 영화에 옮기는 과정에서 백두산창작단 창조집단이 이룩한 귀중한 경험」,『조선예술』루계 174호, 1971년 1호 53~64면; 현종호·홍국원『우리 식 문학예술사업체계의 확립과 작가, 예술인 대오육성 ― 친애하는 지도자 김정일 동지의 문학예술업적(3)』, 평양: 문예출판사 1990, 70~79면.

17 안토니오 다마지오『스피노자의 뇌 ― 기쁨, 슬픔, 느낌의 뇌과학』, 임지원 옮김, 사이언스북스 2010, 37~99면.

18 「청년동맹일군들의 경희극「산울림」실효모임」,『조선중앙통신』 2010년 6월 11일자 (http://www.kcna.co.jp/calendar/2010/06/06-11/2010-0611-011.html, 검색일: 2011년 11월 5일).

19 최근 김정은 시대 음악정치의 모습은 다음 글을 참고하기 바란다. 천현식「모란봉악단의 음악정치」,『2015 북한 및 통일 관련 신진연구 논문집』, 통일부북한자료센터 2015,

505~614면.

강반석과 김정숙을 본받아

1 박영자「북한의 근대화 과정과 여성의 역할」, 성균관대학교 정치학과 박사학위논문
  2004, 120~64면; 박영자「북한의 민족주의와 여성」, 『국제정치논총』 45집 1호, 2005,
  87면.
2 박영자「북한의 민족주의와 여성」 87면.
3 같은 글 88면.
4 김일성「조선로동당 제5차대회에서 한 중앙위원회 사업총화보고」, 『김일성저작집』
  25권, 평양: 조선로동당출판사 1983, 232~354면.
5 통일원 정보분석실『최근 북한주민 의식변화 동향』, 국토통일원 1992, 22~23면; 박영
  자, 앞의 글 88면.
6 박영자, 앞의 글 88면. 이 운동은 3대혁명소조운동과 함께 진행되었으며, 1975년 11월
  3대혁명붉은기쟁취운동으로 발전하였다. 정영철「김정일 체제 형성의 사회정치적 기
  원 — 1967~1982」, 서울대학교 사회학과 박사학위논문 2001, 190~200면.
7 박영자, 앞의 글 88면.
8 같은 곳.
9 길확실『천리마 작업반장의 수기』, 평양: 직업동맹출판사 1961.
10 박영자「북한의 남녀평등 정책의 형성과 굴절」, 『아시아여성연구』 43집 2호, 2004,
   322면.
11 박영자「북한의 여성노동 정책 — 노동계급화와 수평적·수직적 위계를 중심으로」,
   『북한연구학회보』 8권 2호 2004.
12 박영자「북한의 민족주의와 여성」 96면.
13 『로동신문』 1974년 3월 8일자.
14 『로동신문』 1975년 3월 8일자.
15 『로동신문』 1975년 7월 30일자.
16 『로동신문』 1977년 7월 31일자.
17 『조선녀성』 1979년 4월호.
18 김일성「지방예산수입을 더욱 늘일 데 대하여」, 『김일성저작집 33권』, 평양: 조선로동
   당출판사 1987, 177~78면.
19 김일성「인민정권기관 일군들의 역할을 더욱 높일 데 대하여」, 같은 책 212~13면.

20 김일성 「조선민주주의인민공화국 사회주의로동법」, 같은 책 191면.

21 조선민주녀성중앙위원회 『강반석 녀사를 따라 배우자』, 평양: 조선민주녀성중앙위원회 1967, 1~2면.

22 『로동신문』 1975년 3월 8일자.

23 『로동신문』 1975년 7월 31일자.

24 『로동신문』 1977년 7월 30일자.

25 『주체형의 혁명투사의 빛나는 귀감이신 김정숙 녀사』, 평양: 근로단체출판사 1980, 4~5면.

26 리금옥 「걸음마다 나라를 생각하시며」, 『조선녀성』 1979년 7월호 25~26면.

27 연재글 「영원히 빛나는 충성의 별」을 통해 김정숙의 다양한 전투 신화가 소개되는데 그 핵심은 수령의 신변안전과 부대의 전투승리를 위해 용감무쌍하게 싸웠음을 내용으로 한다. 리관식 「무송현성전투에 깃든 불멸의 이야기」, 『조선녀성』 1979년 8월호 9~10면.

28 『로동신문』 1979년 3월 8일자.

29 리경혜 『여성문제해결경험』, 평양: 사회과학출판사 1990, 73면. 한편 여성의 혁명화·노동계급화가 추진된 1967년 이후 최고인민회의 여성 대의원 비율은 급상승하여 1970년대 이후에는 20퍼센트를 유지했다. 그러나 1960년대를 경과하며 북한의 최고인민회의는 형식 권력이었으며, 실제 권력은 노동당 중앙위원회에 있었다. 1970년 11월 현재 노동당 중앙위원 총 117명 중 여성 정위원은 6명으로 아주 낮은 비율을 보였다. 손봉숙·이경숙·이온죽·김애실 『북한의 여성생활』, 나남 1992, 242면.

30 박영자 「북한의 남녀평등 정책의 형성과 굴절」 313~14면.

31 박영자 「북한의 여성정치 — '혁신적 노동자-혁명적 어머니'로의 재구성」, 『사회과학연구』 13집 1호, 서강대 사회과학연구소 2005, 385면.

32 같은 글 385~86면.

33 김정일 「주민들에 대한 상품공급사업을 개선하는 데서 나서는 몇 가지 문제에 대하여」, 『김정일선집 8권』, 평양: 조선로동당출판사 1998, 140면.

34 Park Young Ja, "North Korean Gender Roles and Changes in Women : Under the Military-First Politics and the Economic," 『여성연구』 79권 2호, 한국여성정책연구원 2010; 박영자 「북한의 젠더시스템과 여성 삶의 전략」, 『동북아연구』 16집, 경남대 극동문제연구소 2011.

35 「녀성들은 강성국가 건설의 최후승리를 향하여 억세게 싸워나가자」, 『조선녀성』 2014년 3호 3~4면.

기획위원

김성보 연세대학교 사학과 교수. 연세대학교 사학과에서 박사학위를 받았다. 주요 저서로 『남북한 경제 구조의 기원과 전개』 『사진과 그림으로 보는 북한 현대사』, 주요 논문으로 「남북국가 수립기 인민과 국민 개념의 분화」 「1960년대 남북한 정부의 '인간개조' 경쟁」 등이 있다.

김종엽 한신대학교 사회학과 교수. 서울대학교 사회학과에서 박사학위를 받았다. 주요 저서로 『연대와 열광』 『에밀 뒤르켐을 위하여』 『우리는 다시 디즈니의 주문에 걸리고』 『左衝右突』 『시대유감』 『87년체제론』(편저) 등이 있다.

이혜령 성균관대학교 동아시아학술원 HK교수. 성균관대학교 국문학과에서 박사학위를 받았다. 주요 저서로 『한국 근대소설과 섹슈얼리티의 서사학』 『검열의 제국』(공저), 주요 논문으로 「해방 (기): 총 든 청년의 나날들」 「친일파인 자의 이름」 등이 있다.

허은 고려대학교 사학과 교수. 고려대학교 한국사학과에서 박사학위를 받았다. 주요 논문으로 「유신 시대 학생, 모의 수류탄을 던지다」 「1970년대 박정희 정부의 총력안보체제 구축과 학교의 역할」 「동아시아 냉전의 연쇄와 박정희 정부의 '대공새마을' 건설」 등이 있다.

홍석률 성신여자대학교 사학과 교수. 서울대학교 국사학과에서 박사학위를 받았다. 주요 저서로 『분단의 히스테리』 『통일문제와 정치·사회적 갈등』 『박정희시대 연구』(공저), 주요 논문으로 「4월혁명과 이승만 정권의 붕괴과정」 「5·16쿠데타의 원인과 한미관계」 등이 있다.

지은이

허은 고려대학교 사학과 교수.

김경일 한국학중앙연구원 사회과학부 교수. 서울대학교 사회학과에서 박사학위를 받았다. 주요 저서로 『신여성, 개념과 역사』 『여성의 근대, 근대의 여성』 『근대의 가족, 근대의 결혼』 『한국 근대 노동사와 노동운동』 『이재유 연구』, 주요 논문으로 「1970년대 민주노동운동의 쟁점」 등이 있다.

황병주 역사문제연구소 상임연구위원. 한양대학교 사학과에서 박사학위를 받았다. 주요 저서로 『1970 박정희 모더니즘』 『대중독재』 『근대를 다시 읽는다』(이상 공저), 주요 논문으로 「새마을 운동을 통한 농업 생산과정의 변화와 농민 포섭」 「유신체제기 평등·불평등의 문제설정과 자유주의」 등이 있다.

이상록 국사편찬위원회 편사연구사. 한양대학교 사학과에서 박사학위를 받았다. 주요 저서로『대중독재의 영웅 만들기』『일상사로 보는 한국근현대사』『근대의 경계에서 독재를 읽다』(이상 공저), 주요 논문으로「1970년대 소비억제정책과 소비문화의 일상정치학」「1970년대 민족문학론」「1960~70년대 민주화운동 세력의 민주주의 담론」등이 있다.

임종수 세종대학교 신문방송학과 부교수. 한양대학교 신문방송학과에서 박사학위를 받았다. 주요 저서로『디지털, 테크놀로지, 문화』(공저), 주요 논문으로「한국방송의 기원」「『선데이서울』에 나타난 여성, 섹슈얼리티 그리고 1970년대」(공저) 등이 있다.

홍석률 성신여자대학교 사학과 교수

천현식 국립국악원 학예연구사. 북한대학원대학교에서 박사학위를 받았다. 주요 저서로『북한의 가극연구』『예술과 정치』(공저), 주요 논문으로「'피바다식 혁명가극'과 감정훈련」「모란봉악단의 음악정치」등이 있다.

박영자 통일연구원 연구위원 및 통일부 정책자문위원. 성균관대학교 정치학과에서 박사학위를 받았다. 주요 저서로『북한주민의 임파워먼트』『북한의 시장화와 정치사회 균열』(공저), 주요 논문으로「북한의 근대화 과정과 여성의 역할」「북핵과 김정은 체제의 권력구조」「체제변동기 북한의 계층·세대·지역 균열」등이 있다.

강진아 한양대학교 사학과 교수. 도쿄대학교에서 박사학위를 받았다. 주요 저서로『동순태호』『문명제국에서 국민국가로』『1930년대 중국의 중앙·지방·상인』, 주요 역서로『다시 보는 동아시아 근대사』『베이징의 애덤 스미스』『미완의 기획, 조선의 독립』등이 있다.

이미지 제공처

이 책은 다음의 단체 및 저작권자의 허가 절차를 밟았습니다.
이미지를 제공해주신 분들께 진심으로 감사드립니다.
수록된 사진은 대부분 저작권자의 사용 허가를 받았으나,
일부 저작권자를 찾지 못한 경우는 확인되는 대로 허가 절차를 밟겠습니다.

고려대학교   46(위, 아래)
경향신문사   81, 97(오른쪽), 108, 117, 156, 211(왼쪽), 216
국가기록원   97(왼쪽), 126(왼쪽 위, 왼쪽 아래), 148(왼쪽), 175, 180(전체), 189(왼쪽), 192(전체), 207(위)
동아일보   65(아래 오른쪽)
서울특별시   65(위), 70, 93(위, 아래), 159, 163(전체)
성효숙   76
수원고등학교   57(오른쪽)
안경모   225(오른쪽)
인병선   225(왼쪽)
조선일보   151, 204, 208
최광호   52
허은   41(아래)
e-영상역사관   189(오른쪽), 201(위, 아래)

* 위 출처 외의 이미지는 (주)창비의 자료사진과 퍼블릭 도메인을 사용했습니다.
* 퍼블릭 도메인을 제외한 모든 이미지는 재사용 시 해당 단체 및 저작권자의 재허가 절차를 밟아야 합니다.

**한국현대
생활문화사
1970년대**

초판 1쇄 발행 / 2016년 8월 30일
초판 2쇄 발행 / 2022년 5월 20일

지은이 / 허은 김경일 황병주 이상록 임종수 홍석률 천현식 박영자 강진아
기획 / 김성보 김종엽 이혜령 허은 홍석률
펴낸이 / 강일우
책임편집 / 윤동희 최란경 신채용
조판 / 박아경
펴낸곳 / (주)창비
등록 / 1986년 8월 5일 제85호
주소 / 10881 경기도 파주시 회동길 184
전화 / 031-955-3333
팩시밀리 / 영업 031-955-3399 편집 031-955-3400
홈페이지 / www.changbi.com
전자우편 / nonfic@changbi.com